山东省“十二五”高校人文系列规划教材专家委员名单

GAOXIAO YIXUE RENWEN XILIE GUIHUA JIAOCAI

"十二五"医学人文系列规划教材

大学生礼仪

DAXUESHENG LIYI

主 编 徐晓霞

山东人民出版社

编委会成员名单

主　编　徐晓霞

副主编　孙海娅　冯宪萍　张秀平　薛雅卓

编　者　(按姓氏笔画)

王立榕　王德国　孙海娅　冯宪萍

张秀平　张丽娜　杨　莉　吴冬梅

徐晓霞　薛卫京　薛雅卓

前 言

我们的祖国是一个具有五千年历史的文明古国，素以“礼仪之邦”享誉世界。在大力弘扬优秀的传统文化，大力提倡社会主义精神文明的今天，礼仪越来越受到重视，显示着它的无穷魅力。任何社会的交际都离不开礼仪，而且人类越进步，人类的社会化程度越高，人们就越需要礼仪来调节社会生活和人际关系。礼仪是人际交往的前提，是交际生活的钥匙。讲究礼仪既是文明的表现，同时也是建立良好人际关系的需要。随着社会的发展和对外交流的增多，礼仪的内涵也更加丰富，掌握和运用礼仪已成为一个人成功的重要因素。

早在几千年前，孔子就说过“不学礼，无以立”。知书达理，待人以礼，是当代大学生的一个基本素养。礼仪可以彰显大学生不凡的气质风度、促进人际关系和谐、升华道德情操、促进社会主义和谐社会的构建。礼仪教育的实质是教人如何尊重人、如何与人相处，在大学生中开展礼仪素质教育，不仅有助于大学生继承我国优秀的传统文化，对大学生建立良好的人际关系、加快社会化进程也有一定的促进作用。

礼仪教育是道德教育的重要内容，对于当代大学生而言，他们需要的礼仪教育并非是高深的理论教育，而是简单易行、通俗规范的礼仪知识。因此，加强对大学生的礼仪教育，需要家庭、学校、社会的共同努力。把礼仪教育纳入课堂，开展丰富多彩的礼仪文化活动，对于重塑当代大学生的文明形象，培养文明有礼的新一代大学生有着重要和深远的意义。

本教材共包括八章，主要学习礼仪的基本知识、个人礼仪、社交礼仪、家庭礼仪、校园礼仪、求职礼仪、公务礼仪、涉外礼仪等，在内容上从大学生现代交际的实际出发，重点介绍大学生应有的语言、行为举止和相应的礼节礼貌，具有较强的针对性和实用性。本教材是在编者多年积累教案的基础上，参考并吸收了有关礼仪方面的著作和文献资料编写而成的。在此，谨向这些书的作者、编者表示感谢。

徐晓霞

2010.1

目 录

第一章 概论

中国素以“礼仪之邦”著称于世,讲“礼”重“仪”是中华民族世代相传的优良传统。礼仪,作为在人类历史发展中逐渐形成并沉淀下来的一种文化,始终以某种精神的约束力支配着每个人的行为。礼仪是人类为维系社会正常生活而要求人们共同遵守的最起码的道德规范。它属于道德体系中社会公德的内容,是人们在长期共同生活和相互交往中逐渐形成的,并以风俗、习惯和传统等形式固定下来。对一个人来说,礼仪是一个人的思想道德水平、文化修养、交际能力的外在表现;对一个社会来说,礼仪是一个国家社会文明程度、道德风尚和生活习惯的反映,作为一个国家、一个民族社会风貌、道德水准、文明程度、文化特色、公民素质的发展水平。

第一节　礼仪的含义与特征

一、礼仪的含义

什么是“礼仪”?所谓“礼”,是由一定社会的道德观念和风俗习惯形成的,大家共同遵守的礼节。“仪”是指人的容貌、举止,它包含了仪容、仪表、仪态和仪式等多种意思。“礼仪”指的就是人类社会交往中应有的礼节仪式。礼仪属于道德范畴,是对礼貌、礼节和仪式的统称,它是人们相互交往过程中外在表现的行为规则和形式的总和。这种行为规则和形式是在长期的社会生活、风俗习惯基础上形成的,包括人们共同遵守的品行、程序、方式和外在的风度等。

“礼”和“仪”既相互联系,又有所区别,“礼”是内在的,是人们对自己、对他人的尊重、敬意的态度,而“仪”是外在的,通过一定的形式、程序、动作等表现出来的“礼”。所以,“礼”是“仪”的本质,而“仪”则是“礼”的现象。只有“礼”和“仪”完美结合,才是完整的礼仪。

礼仪的本质,从不同的角度可以有不同的回答,而每一种回答只是概括了礼仪的某个方面的本质。从道德的角度,礼仪是一个人为人处世的行为规范和行为准则;从个人修养的角度来看,礼仪是一个人内在修养的外在表现,也就是说,礼仪表现了个人的素质、修养,反映了个人对于交往的认知和应用;从交往的角度,礼仪是人际交往中的一种艺术,是人与人之间沟通的桥梁;从民俗的角度,礼仪是在人际交往过程中必须遵守的 一种惯例,是一种习惯形式,即在人与人交往过程中约定俗成的一种习惯做法;从美学的角度,礼仪是一种行为形式美,是人的心灵美的一种外化。

礼仪作为一种行为规范,它的本质要求人们按照公众认可的行为准则来规范自己的行为,以使人们的生活秩序安定并且和谐。礼仪作为一种交往程序,源于生活,又服务于生活,为社会成员所普遍遵守。礼仪属于社会意识形态和上层建筑范畴,它既受社会生活的影响,又受经济基础的制约,正所谓“仓廪实而知礼节,衣食足而知荣辱”。礼仪的内容大都以约定俗成的民族习性、特定文化为依据,集中反映了一定范围内人们共同的心理、文化和习惯。

礼貌、礼节、仪式三个概念既有联系又有区别,但大多数情况下,人们把三者视为一体,混合使用。

(一) 礼貌

礼貌是指人在相互交往过程中为了表示对他人的尊重和友好,在仪表、仪容、仪态以及语言和动作上谦虚和恭敬的体现。它体现时代的风尚和人的道德品质,体现了人们的文化层次和文明程度。在不同的时代、不同的国家、不同的民族以及不同的行为环境中,虽然礼貌表达的形式和要求有所不同,但其基本要求是一致的,即应当做到:诚恳、谦恭、和善和适度,与之相反的是傲慢、粗野、蛮横和轻率。在日常生活中,一个微笑、一声“您好”等,都是礼貌的具体表现。

(二) 礼节

礼节通常是指人们在交往过程中表现出来的符合礼的要求的各种行为规则及惯用形式,是对待他人态度的外在表现和行为规则的总和。它包括待人接物的方式、招呼和致意的形式、公共场合的举止风度、各种重大社交活动的规范程序等。

礼节是礼貌的具体表现形式,是礼仪的重要组成部分。如中国古代的跪拜,现代世界大多数国家通行的点头致意、握手,一些国家的拥抱、亲吻等,都属于礼节的各种形式。

礼节是待人处世的规矩,是人类在长期的社会生活中自然产生、约定俗成的行为准则。它不是某个团体或个人制定的，也不像法律条文那样至高无上，但是，要想得到别人的理解、社会的承认，就必须遵守人与人之间交往的规则和方式，即遵守礼节。然而礼节又不是一成不变的，它是随着时间、空间或对象的改变而有所改变的。

（三）仪式

仪式是礼的程序形式，指在比较大的场合举行的具有专门程序的规范化的活动。一般都是较为隆重的，如发奖仪式、签字仪式、开幕式等。

综上所述，“礼仪”是对“礼”和“仪”的统称，是指人们在交往中形成的为大家所认同和遵守的，表达相互敬重、友善并以建立和谐关系为目的的行为准则、程序、形式的总和。

二、礼仪的特征

特点或者特征是某一事物区别于其他事物的显著标志。与其他学科相比，礼仪具有一些自身独特的标志，这主要表现在其具有规范性、多样性、传承性、简易性、差异性、时代发展性等。学习和掌握这些特征，对于加深礼仪的理解，更好地应用礼仪具有重要意义。

（一）规范性

礼仪是一种规范，礼仪规范的形成不是人们主观臆断、抽象思维的结果，而是人们在生产生活实践过程中的人与人、人与自然关系的结果，首先，在人们生产实践活动中，由于人们对自然的认知具有某种恐惧性和膜拜性，这种恐惧和膜拜转化为各种祈安求福的仪式，并长期流传下来，成为一种习惯、约束，从而形成一定的礼仪。其次，礼仪是一定社会和一定阶段的共同生活对人们的社会生活提出的要求，这种要求是人们在长期的社会实践中形成的，这种长期实践中形成的要求一经认可便成为规范，即一定的礼仪。再次，一定社会或一定阶段对这种社会要求和社会实践认识后，将其集中概括起来，用于人们的生活实践，便形成人们普遍遵守的行为准则。这种行为准则支配着人们的社会行为，若遵守这些准则便是合乎礼仪，否则便是失礼。由社交礼仪的规范性可以看出，社交礼仪的形成并不是单个或是几个人形成的，而是人们共同生活实践的结果。其准则约束对象也并不是单个人或几个人，而是一定范围内共同生活的人们。因此，社交礼仪具有规范性。

（二）多样性

礼仪与每个人都存在着密切的联系，它广泛涉及不同生活、学习和工作领域;同时,不管是在形式上还是在内容上,礼仪都是丰富多样的。如军人有军人的礼仪,教师有教师的礼仪,营业员有营业员的礼仪,等等。即使是从事同一职业的同一人,他在与人交往的过程当中,每个环节都有不同的礼仪要求。例如营业员在接待顾客时,其基本的礼仪要求表现为:美观端庄的服饰,独具魅力的微笑;当顾客走近柜台时,主动打招呼;顾客挑选商品时不厌其烦;顾客离开柜台时,表示欢迎再次光临,等等。如此种种礼仪,都反映了多样性的特征。

礼仪之所以具有多样性,这是因为在不同的社会生活中,人们的社会关系是多种多样的,即使是在同一社会内部,不同的社会组织,不同的家庭,人与人之间的关系也是多种多样的,因此,反映在礼仪的要求上,也就具有多样性的特征。正因为如此,对人们的礼仪要求也应根据不同的情况有所不同。

(三)传承性

社交礼仪是一个国家、民族的传统文化的重要组成部分。文化一般有精神文化和物质文化之分。物质文化是指看得见、摸得着的文化,如中国的故宫、万里长城等都是物质文化;精神文化是思想文化,心理观念、理论以及与之相关的科学、宗教、文学、艺术、法律、道德、礼仪社交等都属于精神文化。物质文化是文化的表层部分,精神文化才是文化的深层部分。一般来说,物质文化易改,精神文化一经形成就很难改变。传统的精神文化是一种精神沉淀,是一个民族经过数代人沉淀而形成的心理习惯。任何国家、任何民族的礼仪都是在古代礼仪的基础上继承和发展起来的,都是在长期的社会生活和道德实践中逐渐积累起来的,具有鲜明的民族特色。在人类社会发展的历程中,礼仪是将人们的习惯做法以准则的形式固定下来并将沿袭下去,经过一代又一代的“取其精华,去其糟粕”,去粗取精,使之世世代代随着社会的发展而不断丰富和发展。礼仪一旦形成,便具有一定的稳定性,作为一种良好的社会生活准则在社会发展中世代相传,是社会进步、人类文明的重要标志。当然,对于古代的礼仪既不能全盘否认,也不能全盘继承,而应该有抛弃、有继承、更有发展,以适应当今社会发展和时代的要求。

(四)简易性

礼仪的简易性是指在人们的社会生活和交往中易于被理解和接受,易于实现它的要求和作用。礼仪作为一种道德规范,是人们的行为准则中最简易、最普及、最易于实行的标准,是人们应当做到又不难做到的最低限度的行为要求。只要讲究礼仪，按照礼仪的原则和规范去做，就可以收到良好的效果。由于礼仪的易学易行，使其具有十分广泛的群众性，得到了广大群众的认可，在社会交往中得到了推广和应用。

(五)差异性

礼仪作为一种行为准则和规范是约定俗成的，这是各民族礼仪文化的一个共性。不同民族的缘起背景不尽相同；人们在共同生活实践中，对自然的认知也不尽相同；一定的社会或一定阶段对社会行为准则的要求也不尽相同；每个民族都有自己的共同语言、共同活动地域、共同风俗习惯等，这样，不同的民族就形成了不同的礼仪、礼节，这就是社交礼仪的差异性。不同民族、不同阶段、不同国家甚至不同地区的人们都有自己特定的社交礼仪。一般来说，"入乡随俗""客随主便"等就充分表现了社交礼仪的差异性。

(六)社会性

礼仪这种文化形态有着广泛的社会性。礼仪贯穿于整个人类社会的始终，与人类社会共存亡，只要有人类社会，就会有礼仪。礼仪遍及人类社会的各个领域如政治领域、文化领域、军事领域、宗教领域等。礼仪渗透于各种社会关系之中，只要有人和人的关系存在，就会有作为人的行为准则和规范的礼仪的存在。

(七)时代发展性

礼仪规范不是一成不变的，它作为一种社会历史的产物，随着社会自身的发展而不断发展完善。某一阶段被公认的礼仪准则规范随着历史的发展，有的被肯定，有的被否定，有的被充实，有的被抛弃。同时，一些新的内容又补充进来，不断推陈出新，使礼仪适应时代发展的要求。另一方面，随着对外交流的扩大，世界经济全球化和信息化的逐步到来，各国、各地区、各民族之间的交往日益密切，各自的礼仪也随之相互影响、相互渗透、相互取长补短，使各国、各民族的礼仪都具有自身的历史传统和民族特色，而任何时代的礼仪都反映时代的要求和时代的精神。

第二节　礼仪的基本原则

礼仪的原则是人们在社会交往中处理人际关系的出发点和指导。作为大学生，只有懂得和遵循礼仪的原则，才能在社会交往活动中运用自如。

一、尊重原则

礼的本质在于尊敬之心，尊重他人是礼仪的核心内容。在社会交往和接待活动中，必须以相互尊重为前提，尊重对方的人格，不妨碍和损伤对方的利益，同时又要保持自尊。对人要诚心诚意，做到宽厚、宽容、大度，尊重交往对象。要平等待人，对任何人都要做到一视同仁，不能因人而异、厚此薄彼。尊重是礼仪的情感基础，只有人与人之间彼此尊重，才能保持和谐愉快的人际关系。古人云："敬人者，人恒敬之。"就是说，尊敬别人的人，人会永远尊敬他。彼此相互尊重，人与人之间的关系才能和谐，才会减少摩擦和纷争。

二、遵守原则

礼仪是人们在长期的社会交往中所形成的共同遵守的道德规范与行为准则，反映了人们的共同利益和要求。在社会生活中，每个社会成员都有责任和义务共同维护和自觉遵守，都应该用礼仪来约束自己的一言一行、一举一动。如果违背了礼仪规范，就会受到公众的指责和舆论的谴责，交际也难以成功。

三、自律原则

礼仪的自律原则，要求人们从内心树立良好的道德信念和行为规范，并因此约束自己的行为，自觉按照礼仪规范去做，而无需他人的提示和监督。在交往中，要求别人做到的自己首先要做到，要"己所不欲，勿施于人"，严于律己、宽以待人，不断提高自我约束、自我克制能力，在礼仪上做到自觉自律。

四、适度原则

所谓度，是一定事物保持自己质的量的限度、幅度、范围，是和事物的质相统一的限量。适度的礼仪，也就是要根据礼仪的行为准则和道德规范，把交往中的言行举止控制在礼仪规范所要求的范围内，合乎情理，恰如其分。因为凡事过犹不及，礼仪运用太过或不到位，都不能表达敬重之情。具体要做到"四个适度"：

第一，感情适度。在与人交往时要彬彬有礼，不要低三下四；要热情大方，不要表现轻浮。

第二，谈吐适度。在与人交往时要热情友好，不要虚伪客套；要坦率真诚，不要言过其实；还要做到该讲的讲，不该讲的不讲。

第三，举止适度。在与人交往时要优雅得体，不要矫揉造作；要尊重习俗，不要粗俗无礼。

第四，装扮适度。在社交场合，衣着打扮要与人的身份、地位、所处的环境、自身的条件、穿戴时节相适应。

五、宽容原则

宽容就是要心胸宽广、雍容大度，能原谅别人的过失，设身处地为他人着想。在现代社会，宽容已被作为现代人的一种礼仪素质。"海纳百川，有容乃大""金无足赤，人无完人"，只要不是原则性的错误或者工作中大的失误，对人都应宽宏大量，不能求全责备，更不能吹毛求疵。对人宽容，能让别人改正错误和缺点；当自己的利益与他人的利益发生矛盾时，要克己奉人，而不是斤斤计较；当遭到别人误解时，要用宽容来消除怨恨。然而，我们提倡宽容，并不是随波逐流，人云亦云。宽容不是纵容，宽容不是怕得罪人，宽容不是不讲原则，要做到原则性与灵活性有机结合起来。

六、从俗原则

俗话说："十里不同风，百里不同俗。"由于不同的国家和不同的民族有着不同的文化背景和风俗习惯，在人际交往中，必须坚持入乡随俗，与绝大多数人的做法保持一致，切勿目中无人、自以为是。

第三节　礼仪的内容与作用

现代社会中礼仪无处不在、无时不在，渗透到日常生活中的方方面面。不同的职业、民族、宗教，在工作、学习、生活等方面，礼仪的要求是不同的。礼仪之所以被广泛提倡，受到社会各界的高度重视，主要是它对社会、对个人都具有很多方面的重要功能。

一、礼仪的主要内容

依据礼仪的适用对象、适应范围的不同，礼仪主要包括以下基本内容：

1.个人形象礼仪

包括言谈、仪容、仪表、举止、服饰等方面的礼仪要求，是建立良好的人际关系的基础。

2.家庭礼仪

家庭是以婚姻和血缘关系为基础的社会构成单位。礼仪从家庭走向社会，是礼仪的拓展，家庭礼仪教育是礼仪的良好开端。内容主要包括家庭间的称谓、问候、祝贺、赠礼、家宴、应酬等。

3.日常生活礼仪

一个有教养的人，除了要注意个人的形象外，还要注意平时好似不起眼的生活小节，即日常生活中的礼仪，如吃、住、行及公共场合的礼节等。

4.社交礼仪

社交是社会生活的重要内容，只要人们走出家门，就会遇到交往问题，处理得当就会密切人际关系，增进友谊。社交礼仪包括介绍、称呼、握手、致意、拜访、接待、交谈、馈赠、服饰、宴会、舞会等一系列的行为规范和准则。

5.公务礼仪

公务礼仪是人们在公务活动中应该遵守的礼仪规范，存在着自身的特殊性。讲究公务礼仪，可以提高公务活动的效率和成功率。这类礼仪通常包括工作礼仪、事务礼仪等。

6.商务礼仪

商务礼仪与一般的人际关系礼仪不同，它体现在商务中的各个环节。商务单位的每一个成员，如果能时时按照礼仪的要求去开展工作，对塑造商务单位的良好形象就会起到极其重要的作用。商务礼仪主要包括商务接待、商务洽谈、商务仪式等。

7.习俗礼仪

不同的国家、不同的民族存在着不同的民俗习惯，了解各民族的礼仪有助于促进交际的成功。习俗礼仪的主要内容包括日常生活礼仪、岁时节令礼仪、婚嫁丧葬习俗等。

8.涉外礼仪

主要是指外事行为的规范。外事行为规范既有国际惯例，也有各国根据自己的具体情况制定的有关规则。外事礼仪是我们在国际交往中必须掌握的礼仪风俗。遵守国际惯例、遵守所在国的礼仪习俗，是国际交往的重要原则之一。涉外礼仪主要有：涉外行为礼仪、涉外会晤礼仪、涉外宴请礼仪及常见的活动礼仪等。

二、礼仪的作用

现代社会中,无论是个人还是组织都非常重视礼仪知识的学习和运用,礼仪之所以受到社会各界的高度重视,主要是因为它对社会、对个人具有多方面的重要功能,其中最主要的功能有以下几个方面:

1.教育导向的功能

人的成长过程就是不断学习和受教育的过程。礼仪通过评价、劝阻、疏导、示范等教育形式,纠正人们不正确的行为习惯,倡导人们按礼仪规范的要求去活动。遵循礼仪规范的人,客观上对其他的人具有榜样示范的作用,使人们在实际交往活动中,耳濡目染,见贤思齐。一个人从不懂礼仪到懂得礼仪,从不知之多到知之甚多,行为由不自觉到自觉,主要是受到礼仪的教育和懂礼仪的人们的影响,以至按礼仪的要求去自觉规范自己的行为。我国历史上"负荆请罪""程门立雪""张良纳履"等生动的故事至今被人传为佳话,并潜移默化地发挥着教育功能。它教给人们在交往中如何尊重别人,如何谦恭礼让,如何使人际关系和谐等等,进而提高一个人的道德情操。

2.沟通协调的功能

礼仪作为社会交往的规范和准则,可促进人际关系的沟通和人们的社会交往,改善人们的相互关系。现代社会人际交往日益增多,人们通过社交来调节生活、建立友谊,交流感情、融洽关系、增长知识、扩展信息。要正确地交流就要讲究礼仪,人与人之间的相互观察和了解,一般都是从礼仪开始的。只有讲究礼仪,共同用礼仪来规范彼此的交际活动,才能更好地表达对对方的尊重之情,增进相互之间的了解和友谊。由于每个人的社会政治、经济、文化背景不同,性格、年龄、职业、性别存在差异,人们在交往中往往存在不同的价值取向;由于思想观念、价值观念不同,有时为了维护自身的利益,在交流中难免存在不同程度的矛盾和冲突。通过礼仪的学习和运用,有利于建立新型的人际关系,使人们在交流中讲文明、讲礼貌,严于律己,宽以待人,互相尊重,互相谦让,和睦相处,形成良好的社会风尚和社会环境。如果不讲究礼仪,即使你心里很尊重对方,想得到对方的好感,也不会给对方留下好的印象。因此,讲究礼仪可以唤起人们的沟通欲望,相互建立起好感和信任,进而形成和谐、美好的人际关系,促进交际的成功。

3.规范维护的功能

社会生活中无论是生产活动还是日常生活,人们都必须按一定的客观规律办事,都必须有正常的社会秩序,每个人的行为都要遵守一定的社会行为准则和规范,否则社会就会陷入混乱而无法正常运行。礼仪约束着人们的态度和动机,规范着人们的行为方式,协调着人与人之间的关系,维护着正常的社会秩序,在社会交往中发挥着巨大的作用。可以说,社会的运行稳定,社会秩序的井然有序,人际关系的协调、融洽,家庭邻里的和睦安宁,都要依赖于人们共同遵守礼仪的规范和要求。正是因为礼仪有规范和维护的功能,人人都应自觉地遵守礼仪规范,并使之逐渐成为社会的风尚和良好的道德习惯,从而形成一种十分强大的道德力量,保证社会正常的生产和生活秩序。

4.塑造形象的功能

形象是社交活动中一个人的外观、形体、言行等在对方心目中形成的综合化、系统化的印象,是决定交往是否成功的重要因素之一。出于自尊的原因,人人都希望自己在他人心目中有个好的形象,受到别人的信任和尊重,使人际关系和谐、融洽。礼仪是塑造形象的非常重要的手段,它讲究和谐,重视内在美和外在美的统一,使美好的心灵与美丽的仪表、优雅的举止形成一个有机的整体。俄国大文豪车尔尼雪夫斯基曾说:“要想成为一个有修养的人,必须具备三个品行:渊博的知识、思维的习性和高尚的礼节。”在社交活动中,言谈讲究礼仪可以变得文明,举止讲究礼仪可以变得高雅,穿着讲究礼仪可以变得大方,行为讲究礼仪可以变得美好。总之,一个人讲究礼仪就可以变得充满魅力。一个单位、一个企业讲究礼仪就可以在公众心目中塑造出良好的形象,使自己在激烈的市场竞争中立于不败之地,产生很好的社会效益和经济效益。现代人的竞争是综合素质和能力的竞争,大学生要生存并求得发展,必须学会适应和拓展其环境,必须与各种各样的人和事打交道,礼仪是人际交往的第一印象,也是人的整体形象好或差的一个重要指标。一个人的水平再高,能耐再大,如果不懂最基本的礼貌礼节,那么,当他与别人面临同样的机遇和选择时,则极有可能被淘汰。

5.推动社会精神文明发展的功能

礼仪是精神文明的一个重要组成部分,社会主义精神文明需要一定的形式来推动。礼仪是推动社会进步、发展社会主义精神文明建设的一种好形式。它是从精神文明建设的角度出发,通过仪表、举止和讲究礼貌、礼节来体现和培育人们,使人们有理想、有道德、有文化、守纪律。人们往往把礼仪看做是一个国家、一个民族文明程度的重要标志,看做是一个民族的精神面貌和凝聚力的体现,看做是一个人道德水准高低、有无教养的尺度。我国古代著名思想家颜元说过:“国尚礼则国昌,家尚礼则家大,身尚礼则身修,心尚礼则心泰。”大学生是社会文明程度的集中体现者,也是推动精神文明的建设者,通过学习礼仪、遵守礼仪,可以净化社会环境,提升个人和社会的精神品味,展示良好形象,推动精神文明建设,促进社会的和谐和发展。

第四节 礼仪的起源和发展

一、中国礼仪的起源和发展

中华民族文化传统源远流长。礼仪作为中华民族文化的重要内容之一,也有着悠久的历史。在五千年的历史演变过程中,逐渐形成了一套完整的礼仪修养和礼仪规范,其精髓深入人心,内化为中华民族的自觉意识并贯穿于行为之中。

(一)中国礼仪的起源

据人类学和历史学的研究,人类的礼仪主要源于历史的宗教祭祀。据《辞海》注释,“礼”字的本意是敬神。从繁体字“禮”的结构来看,左边是“示”字,意为祭祀敬神,右边是祭物,表示把盛满祭物的祭具放到祭台上,献给神灵以求福佑。这是因为在原始社会,生产力水平极其低下,人类处于原始、蒙昧的状态,对日月星辰、风雨雷电、山崩海啸、天崩地裂等自然现象无法解释,从而对自然界产生了神秘感和敬畏感,形成了对大自然的崇拜,并按人的形象想象出各种神灵作为崇拜的偶像。比如久旱思雨,人们想象“龙”主风调雨顺,便崇拜龙,祈求龙降雨水等。久之,便产生膜拜心理,祈祷神灵保佑平安,降福消灾。随着崇拜、祈祷的名目增多,便形成许多礼仪,例如祭天之礼仪、祭地之礼仪、祭祖之礼仪等。

礼仪还源于人类协调关系的需要。人类为了生存和发展,在与大自然抗争的同时,人类的内部关系,如人与人、部落与部落、国家与国家之间的关系也是人类必须解决好的问题。在群体生活中,男女有别、老少各异、扶老携幼既是一种天然的人伦秩序,又是一种需要保护和维护的秩序。可以说,维护群体生活的自然人伦秩序是礼仪产生的最原始动力。在此基础上,礼仪扩大到人际关系的其他方面。

礼仪又是约定俗成的。礼仪在许多情况下并不是哪个人创造的,往往是在个人与个人的交往过程中,在社会生活中共同认定而形成,并被大家一直遵守和沿用的。

(二)中国礼仪的发展

礼仪的发展受礼俗的影响很大。中华礼仪,一般由两部分组成:一为礼制,二为礼俗。礼制是国家规定的礼仪制度,礼俗是民间习惯形成的礼仪习俗。从人类学的角度观察,礼俗是先于礼制的。原始社会氏族部落的礼俗,完全处于一种自在的状态,只是为本部落或地区民族的有序生产而建立的行为规则,而且是约定俗成,没有人为的强制性。礼俗具有自发性、自在性和随习性的特点,所以它可以自在自为地发展,以至形成了后来丰富多彩的格局,创造了灿烂辉煌的中华文化。礼制是阶级社会的产物,是伴随国家产生而产生,也伴随国家发展而发展的。当物质生产的发展与精神文明的开化使民族部落逐渐融合统一,于是,便产生了朝章法典、礼仪制度。最初的礼制是承袭先进部落的礼俗制定的,然后以此规范万民百姓。在礼制的发展过程中,也不断吸取民间的优良礼俗,同时淘汰一些过时无用的礼制,这就是沿袭中的"损益"。礼仪是在历史的传承与对民俗的借鉴中不断改造发展起来的。礼制中亲亲尊长、敬老爱幼、迎来送往、喜庆凶吊、冠婚丧祭诸仪节,都有沿袭为制的特征。礼制把原来礼俗的规格提高了,使其庄严神圣,而且要求规范统一。礼制的主要功能是维护国家的统一和兴旺发达,而礼俗使社会在井然有序中又充满温馨和美好的人生情趣,二者互补互用,共同保证了人际交往和社会生活的有序进行。

1.奴隶社会的礼仪

随着生产力发展,原始社会逐步解体,人类进入了奴隶制社会,礼仪也被打上了阶级的烙印。奴隶主为了维护其统治,将原始的祭祀仪式发展成为符合奴隶制社会需要的伦理道德规范。礼仪成为维护奴隶主尊严和权威、调整统治阶级内部关系、麻醉和统治人民的工具。我国最早的三部礼仪典籍《仪礼》《周礼》《礼记》(合称"三礼"),全面系统地反映了周代的礼仪制度,标志着周礼达到了系统、完备的阶段,在这一礼仪体制中,祭祖已被列为国家正式活动,从而表明这时的礼仪已经表现出对于人的行为的制约和控制。奴隶社会的尊君成为礼仪的核心,奴隶和奴隶主没有平等可言,妇女更得不到起码的尊重。奴隶主通过礼仪制度不断地强化人们的尊卑意识,以维护统治阶级的利益,巩固其统治地位。在这个时期,我国出现了孔子、孟子、荀子等一大批礼学家，第一次形成了一整套完整的礼仪制度，提出了许多重要的礼仪概念和规范，确定了我国崇古重礼的文化传统。

2.封建社会的礼仪

奴隶社会的尊君观念在封建社会发展为“君权神授”的理论体系，即皇权是神给的，所以“天不变，道亦不变”。这“道”指的是著名的“三纲五常”，“三纲”即“君为臣纲，父为子纲，夫为妻纲”。“五常”即“仁、义、礼、智、信”，形成了完整的封建礼仪道德规范。到了宋代，封建礼制有了进一步发展，产生了封建礼学理论，并把道德和行为规范作为封建礼制的中心，“三从”“四德”就是这个时期妇女道德礼仪的标准，妇女的地位进一步下降。明清时代延续了宋代以来的封建礼仪，并进一步完善。封建礼仪集政治、法律、道德于一身，是统治阶级最重要的统治工具。但是它也为调整人类社会的相互关系，为中华民族形成具有特色的伦理道德准则提供了标准，在历史上发挥了一定的积极作用。

3.半封建半殖民地社会的礼仪

由于西方侵略者的坚船利炮的入侵，中国被迫打开了闭关锁国的大门，并进入了半封建半殖民地社会。西方侵略者进入中国的同时，西方的政治、经济、文化、思想以及资本主义的道德和礼仪也一同进入了中国。西方文明和文化的冲击，导致了中国传统政治秩序的瓦解和崩溃，也导致了中国传统伦理道德的瓦解。在礼仪制度和规范上，一方面，中国封建礼仪面临着“礼崩乐坏”，另一方面，又由于中国传统文化博大精深，资本主义礼仪规范只能部分为中国国民所接受。因此，这一时期，中国传统礼仪和资本主义礼仪相互撞击，在一定范围和一定层次上融合，形成中西合璧的礼仪大杂烩。资本主义的礼仪的传入方式虽不光彩，但由于其规范体现了自由、民主、尊重、和谐等思想，符合人类文明的发展方向，其文明程度超过了以往的各个社会，所以受到了中国进步阶层的欢迎，并逐步推广到社会生活的各个方面。资本主义礼仪的规范和实施，为中国传统礼仪注入了新的生机，简化了中国传统礼仪的繁文缛节，客观上促进了世界各国礼仪道德文化之间的交流和发展。

礼仪变迁的根源有两个方面：一是其内部思想哲学根源，二是其外部环境和物质条件。儒家学说宣传“礼教”，提倡修身、立诚为本，认为在各种伦理关系中，对人诚实才是礼的最高境界，在人际关系中，应以“中”为用，“中庸”的表现形式就是礼。为了求得社会和谐统一，儒家将各种人的关系划分为五类:君臣、父子、兄弟、夫妇、朋友,谓之“五伦”,并规定了相应的道德规范,这就是君惠臣忠、父慈子孝、兄友弟恭、夫义妇顺、朋友信诚。这些道德原则转化为具体的行为规范,就是各种各样的礼仪。在礼仪方面,儒家文化是主流,儒家的礼教影响中国几千年的文化,成为中国文化之精魂,道家则崇尚自然无为,法家主张以法代礼,墨家以义代礼,主张平等、博爱、利他。这些学派都分别影响着后代文化的发展,形成了灿烂多姿的中国文化。另一方面,历史发展中,政治制度、意识形态、生活方式的变化,也是礼仪变化的重要原因。古代称呼老爷、奴才的等级制度,是辛亥革命后在“临时约法”中明令废除的。礼仪的变化还与法律的发展有关。礼仪和法律都是社会公认的行为规范,但两者维护规范的力量不同。法律是依靠国家的权力来推行的,带有明显的强制性,而礼的维系力量主要来源于文化传统、风俗习惯、社会舆论和道德。随着现代社会的发展,法律不断完善具体,因而使许多礼仪规范变成了法律,如保护环境、保护妇女儿童的合法权益等,另一方面,某些曾作为法律规定的东西,现在可能被划分出来,纳入礼仪领域,如关于发型、服饰、称呼的礼节等。

(三)中国当代礼仪和特点

1.重视血缘和亲情

重视血缘和亲情是中华民族的历史文化传统,由于人际关系中最稳定的因素就是血缘关系,所以,在中国,人们信奉“血浓于水”的传统观念。中国人的家庭观念特别强,传统的家庭观念崇尚四世同堂的大家庭。在传统的大家庭里,家长具有绝对的权威,并维系家庭各个成员的关系,尊老敬老,“父母在,不远游”等传统思想,充分体现了中国传统的家庭宗教观念。另外,“故土难离”“落叶归根”等思想,也是这种思想观念的反映。

2.强调共性

中国人民非常重视共性,具有较强的民族感,在社会主义社会中强调集体主义原则,个人服从集体。人们比较注意他人和社会对自己的评价,而往往忽略自身的感受,在人际礼仪方面也往往反映出这样的倾向。而西方礼仪则强调个人至上、个性自由,特别注意维护个人的尊严,尊重个人的隐私。

3.谦虚谨慎、含蓄内向

中国人的性格一般宽厚平和、含蓄内向,忍耐力强,与人相处往往谦虚谨慎、克制自己,把谦虚作为一种美德,这种谦虚美德表现在人际交往中就是要善于控制自己的情感,避免自吹自擂和夸夸其谈。而西方人士则开放洒脱、不拘小节、感情外露。同样是别人真诚的赞美，西方人往往用“谢谢”表示接受对方的好意，而中国人往往用“做得不好”来表示自己的谦虚。

4.重视人情，礼尚往来

在相互交往中，中国人往往更富于人情味和感情色彩，强调礼尚往来。这里的“礼”主要指的是礼物，“礼尚往来，往而不来，非礼也；来而不往，亦非礼也”。就是说，在交往中，如果接受了别人的礼物而不回赠是很不礼貌的。通常，相互赠送礼物可以加强联系、表达感情。中国人往往送礼的名目繁多，形式各样，而西方人士在礼物的选择和送礼的形式上则简单得多。

“礼”在中国是一种重要的文化形态，它既包括一套以仁、义、礼、智、信为中心的价值观念，也包括一系列以礼节仪式为内容的风俗习惯。这些礼节仪式，是人类文化的产物，也是人类文明的结晶和标志，从而也使人和动物、文明和愚昧区别开来。每一个时代的仪式和礼节都会有变化，但所蕴含的基本精神，即相互尊重和信任、依赖和友谊，都是一致的。

(四)现代礼仪的发展趋势

在中国古代社会，“礼仪”的含义很广，既表现为已有的行为规范，又涵盖政治、法律制度。近代以后，礼仪的范畴逐渐缩小，礼仪与政治体制、法律典章、行政区划、道德等基本分离。现代社会中，礼仪则反映一定规则、习俗、程序，表示礼貌、敬重的仪式和礼节。现代礼仪的形成和变化有两种情况：一是在时代精神的指导下，产生或引入全新的礼仪制度形式；二是对传统礼仪加以改革，赋予新的内容。现代礼仪的发展趋势突出表现在以下几个方面：

1.礼仪的时代性日益增强

现代礼仪适应现代生活的要求，形式新颖、实用、简练、灵活，体现了高效率、快节奏的时代旋律。我国现代的许多礼仪形式，都是在辛亥革命建立共和国以后尤其是新中国成立以后才形成的。现代礼仪以科学精神、民主思想和现代生活为基础，摆脱了封建落后的成分，表现出新的社会关系和时代风貌。我国对国家重大活动、重要事件的仪式、程序以及官方人士与知名人士的位置安排都作出了具体规定。20世纪80年代以后，我国逐步恢复了礼炮、国宾护卫队等礼仪形式。1990年6月通过《国旗法》，对悬挂国旗的细节要求作出规定。每天，伴随着初升的太阳，在天安门广场举行的升旗仪式，成为全国人民心目中最庄严的礼仪活动。国家的重大活动的仪式，保证了国事活动的顺利进行；日常的行政、经济、文化、军事活动中执行的各种公务礼仪，也在不断完善；生日礼仪、社交礼仪和节庆活动正推陈出新，百花齐放。新的结婚礼仪，有旅行结婚、集体婚礼等。新的节日活动，有国际劳动节、青年节、儿童节、妇女节、老人节、教师节等。新的交际礼仪，有礼仪电报、祝贺卡、礼仪点播等。各种新颖的礼仪形式，生动体现了礼仪文化的生命力和革新精神。

2.礼仪内容日益丰富

现代社会中人际交往的范围和内容是过去任何社会都无法比拟的，人际交往活动已经渗透到社会生活的各个领域和各个方面。礼仪作为沟通交往活动的纽带和桥梁，其内容也就日益丰富。如(1)礼仪基本理论；(2)礼仪修养；(3)个人礼仪；(4)家庭礼仪；(5)社交礼仪；(6)公务礼仪；(7)商务礼仪；(8)外交礼仪；(9)书信礼仪等。人类行为的各方面又有其自身的礼仪规范，如语言礼仪、服饰礼仪、举止礼仪、接待礼仪等。各种礼仪都在不断丰富和发展，现代礼仪的适用更注重实际效果。它保留了礼仪之邦优秀文化的传统美德，又将传统礼仪冗繁削尽，同时又广泛吸收了先进地区和民族的礼仪形式(如礼炮、交际舞会等是从欧美等地传入我国)，也把现代科学技术文化生活引入了礼仪活动(如礼仪电话、礼仪点歌等必须借助现代化的信息传播工具)。

改革开放，把中国推到了世界面前。随着经济文化交流，也带来了世界各地各民族的礼仪风俗，文明古国的文化日益丰富，礼仪礼节越来越受到重视，并被广泛应用。素以“礼仪之邦”闻名于世的中华民族，在讲究礼仪方面必将以崭新的面貌自立于世界民族之林，为发展整个人类的礼仪文化作出自己卓越的贡献。

3.礼仪形式日趋简单化

在现代市场经济条件下，人们的生活节奏明显加快，礼仪作为体现这种变化的思想文化载体，也必然由繁琐冗长向日趋简单化发展。中国最古老的非语言交际礼仪是跪拜，它有一大套规范得十分详细具体的繁文缛节和动作要求。这种礼节形成于奴隶社会，在封建社会得到空前发展和加强，直到今天，在一些寺庙、道观及民间仍可见到其痕迹。这种礼节同阶级社会等级森严的社会制度和自然经济条件下节奏缓慢的生活方式相适应，而与社会主义市场经济条件下平等互利的同志式新型关系以及快节奏、高效率的经济方式格格不入。从跪拜到站立作揖，动作简便了许多，继之又以握手、点头、招手、微笑等形式代之，非语言交际礼仪已经简化得不能再简化了。

这些简化的礼仪适应了现代化的生活方式。当今许多场合，只以点头、微笑的身体情态礼仪，或再加上几句简洁的招呼语，一次完整的礼仪活动便告结束，以下便切入正题，有话则长，无话则短，尽可能地删繁就简，而把注意力更多地放在实际效果上。现代礼仪是时代发展和社会进步的反映，随着信息传媒的发展、社会交往的增加以及经济文化的交流，礼仪礼节越来越具有通用性、全社会性的特点。

二、西方礼仪的特点和内容

所谓西方礼仪，是指以英国、法国、美国等欧洲国家为代表的具有西方民族特点的礼仪文化，西方礼仪是同西方文明一起产生、协调发展的，它萌芽于古希腊，形成于17、18世纪的法国，其间又受到古希腊、古罗马、法兰西等国文化的影响。

（一）西方礼仪的特点

英语的"礼仪"一词，就是从法语"Etiquette"演变来的。在法国，"Etiquette"原意是法庭上用的通行证，它的上面记载着进入法庭应遵守的事项。作为法庭无论是在古代还是现代，为了展示司法活动的威严性，保证审判活动能够正常有序的进行，总是既安排得庄严肃穆，又要求所有进入法庭的人员必须十分严格地遵守法庭纪律。后来，其他公共场合也都制定了相应的行为规则，这些规则由繁到简，构成了一个系统，逐渐得到大家的认可。在社会交往中，人们只有遵守一定的规则和准则，才能体现人所特有的风范，才能保证社会得以正常维系和发展，所以当"Etiquette"一词进入英文后，便有了"礼仪"的含义，意即"人际交往的通行证"。后来又传到美国新大陆，这些规范迅速成为殖民地人民重要的人际关系的行为标准，英国式的宫廷礼仪在美国社会化，并迅速传播。美国"国父"华盛顿写了本关于生活礼仪的手册，希望达到社会教化的目的。由此，美国社会生活礼仪有了基本遵循的原则，而其中的主要部分也成为今天国际礼仪的重要依据。

由于各国的国情、文化和习惯的不同，西方礼仪同我国的礼仪有较大的差异。我们要在继承我国礼仪精华的同时，注意汲取西方礼仪的长处，为我所用。对西方礼仪既要学习借鉴，也不能全盘照抄、照搬。正确地认识西方礼仪及其特点，了解同我国礼仪的区别是很有必要的。

1. 强调个性，崇尚自由

西方礼仪处处强调以人为本，个人至上，个人在法律允许的范围内有绝对的自由。在社会交往中，强调以个人为单位，个人为对象，将个人的尊严看得神圣不可侵犯，十分注意维护个人的自尊。在待人接物时，把个人作为社交的主体，习惯以自己的立场作为行为的中心，很少因他人和环境的影响而说违心话，办违心事，认为人人都有自己的事，谁都不勉强他人或被他人勉强。在社会生活中崇尚个人力量，追求个人的利益。他们认为冒犯对方的隐私权是非常失礼的行为。所以在涉外交往中，“对女士不问岁数，对男士不问钱数”成为交往的惯例。

2. 尊重妇女，女士优先

在一切社会交往场合，为表示尊重妇女，特别强调女士第一，遵守女士优先的原则。交际活动中，总是给妇女以种种特权，关心妇女、帮助妇女、保护妇女。在社交中，不尊重妇女是十分失礼的，甚至被大家视为缺乏教养而引起公愤。例如，男女一道进出电梯，不管相识与否，男士都要让女士先行，在公共汽车上让座于女性更是起码的要求。

3. 简单务实，不求客套

西方礼仪强调交际务实，认为在交际活动中，既要讲究礼貌，表示对对方的尊重，又要简洁便利、实事求是，不要繁文缛节和造作。交往中，不提倡过分的客套，不欢迎过度的自谦、自贬，尤其反对自轻、自贱。例如，一个西方人到朋友家做客，他如果说不想喝茶，就肯定不想喝；他如果想喝，他肯定会说还要喝，这就跟东方人的做法有很大不同。

4. 平等、自由、开放

西方礼仪强调“自由、平等、博爱”，在交往中提倡人人平等，包括男女平等、尊重老人、爱护儿童。对儿童不是溺爱、娇惯，助长儿童的依赖性，而是尊重和培养儿童的自主精神。对儿童也如对成人一样，注意尊重儿童，有事以商量的口气对儿童说，不在儿童不了解时武断地下命令，儿童有错误如实指出，一般不训斥、打骂。在交往中，西方人士一般思想活跃，兴趣广泛，幽默风趣，开放自然，敢于发表自己的意见，富于竞争精神，具有外向型倾向，虽然西方礼仪并没有彻底改变旧时代礼仪的不平等性实质，但其礼仪的文明程度超过了资本主义社会之前的各个社会，有很多方面值得我们借鉴。

第五节　大学生的礼仪修养

礼仪修养教育是大学生思想成型、行为成熟不可或缺的一课，也是培养有知识、有文化、有品位、高素质的大学生的重要环节。人在大学时代,体魄成长基本定型,但思想不稳定,待人接物、为人处世不成熟,面临成人、成才的最后定位,因此可塑性很强。大学生通过加强礼仪修养,可以把内在的道德品质和外在的礼仪形式有机地统一起来,将自己已有的知识转化成素质、修养,在实践中再外化出来,以达到内在美与外在美的和谐统一。

一、大学生学习礼仪的必要性

通过礼仪学习能有助于提高大学生人际交往的能力,使大学生进一步懂得如何做人、如何做事,养成良好的行为习惯,塑造良好的自我形象,掌握为人处世应当遵循的行为准则,以利于大学生成才和事业的成功。

1.继承我国优秀传统文化的需要

中华民族的传统文化经过五千年的历史选择与积淀,有精华也有糟粕,能够传承到今天并被全民族广泛认同的,大多数是精华。礼仪是古代社会生活的重要组成部分,是古代人安身立命、经世治民、礼尚往来的最重要的行为准则。以儒家文化为主流内容的传统文化非常重视人际关系的和谐,它推崇仁爱,强调忠恕、信义。孔子创立的以"仁"为核心的人际关系准则,为人们确立了一个可以普遍认同的处理人际关系的准绳。大学生是社会的栋梁之材,也是传承、创新优秀文化的重要力量。因此,加强大学生礼仪教育,对于继承我国优秀的礼仪文明,弘扬我们中华民族优秀的传统文化有着重要的意义。

2.建立良好人际关系的需要

大学期间能否与他人建立良好的人际关系,对大学生的成长和学习有着十分重要的影响。心理学家约翰·戈特曼的研究结果显示,那些懂得以适当的方式解决身边问题和处理生活中烦心事的孩子,其身心更加健康,而且更会关心他人,更富有同情心,朋友更多,学习更好。戴尔·卡耐基的《成功之路》曾指出一条公式:个人成功 = 15%的专业技能 + 85%的人际关系和处世技巧。因此,通过人际交往活动,在交往中获得友谊,是大学生适应新的生活的迫切需要,也是建立良好的人际关系和成功走向社会的迫切需要。大学生如果能掌握基本礼仪规范及知识,掌握基本的交往技巧,遵循相互尊重、诚信真挚、言行适度、平等友爱等原则,就能很快与交往对象建立和谐、良好的人际关系。

3.提高大学生素质的需要

爱因斯坦曾说过,大学里出来的人,应该是一个全面发展的人,而不是某一方面的专门人才。大学生不仅要有坚实的基础知识、较强的工作能力,而且要学会做人、学会做事,具备优良的思想素质、品德素质和心理素质。目前,许多高校存在这样的现象:学生接受的是高层次教育,而其实际行为却连基本道德水平也达不到,其中相当一部分与缺乏必要的礼仪教育有关。礼仪是一种非法律社会规范(社会规范包括法律规范和非法律规律两大类别),主要包括道德规范、宗教规范、习俗、共同生活准则等,是调整社会成员行为的基本准则。大学生在日常生活中的一言一行,正是其个人素质的直接体现。当代大学生要提高自身素质,就应该认真地从礼仪学习着手。对大学生进行系统的礼仪教育,使其掌握基本的行为准则,不仅可以丰富礼仪知识,掌握符合社会主义道德要求的礼仪规范,懂得在实际生活中按照礼仪规范表现自己的行为,而且可以做到把内在的道德品质和外在的礼仪形式有机地统一起来,成为名副其实的、知书达理的现代文明人。

4.促进大学生社会化的需要

人在社会化过程中,需要学习的东西很多,而礼仪教育是一个人在社会化过程中必不可少的行为教育,礼仪是整个人生旅途中的必修课。在公共生活中,自觉地遵守社会礼仪规范的人,就被人们视为“成熟的人”,符合社会要求的人。反之,一个人如果不能遵守社会生活中的礼仪要求,他就会被视为缺乏修养的人,就会受到人们的排斥。大学生堪称“准社会人”,有着强烈的走向社会的心理愿望,但又普遍存在一些心理困惑。比如,走上工作岗位后如何与领导、同事打交道,如何进行自我形象设计,如何建立良好的人际关系等等社会交往问题。通过学习礼仪让大学生掌握符合社会要求的各种行为规范,懂得如何进行人际交往、如何同各种文化背景的人打交道,在不断变化的环境中游刃有余,充满自信地与人交往,以更好地促进大学生社会化,培养大学生适应社会生活的能力。

5.促进社会主义精神文明建设的需要

礼仪修养是社会主义精神文明建设最基本的内容之一,也是大学生思想政治教育的重要方面。中共中央、国务院颁布的《关于进一步加强和改进大学生思想政治教育的意见》指出,加强和改进大学生思想政治教育的主要任务之一是:“以基本道德规范为基础,深入进行公民道德教育。要引导大学生自觉遵守爱国守法、明礼诚信、团结友善、勤俭自强、敬业奉献的基本道德规范。”其中,明确对大学生提出了“明礼诚信”的要求。讲礼仪、重修养是社会文明程度的体现,倡导礼仪,加强大学生礼仪教育是构建和谐社会的必然要求。如果人人讲礼仪,文明之花将遍地开放,社会将充满和谐与温馨。学习礼仪的根本目标是要教育、引导大学生自觉遵循社会主义礼貌道德规范以及相应的礼仪形式,提高文明意识,养成文明做事的良好习惯,形成良好社会风尚,使人与人、人与社会之间达到高度和谐与有序,从而推进整个社会精神文明程度的提高。

二、大学生礼仪修养的基本内容

修养是一个含义广泛的概念,主要是指人们在思想、道德、学术及技艺等方面所进行的刻苦学习和锻炼的功夫,以及经过长期努力所达到的一种品质和能力。

礼仪修养,指个人通过接受礼仪教育,按照一定的礼仪原则和规范要求所进行的自我锻炼和自我改造过程,并逐渐形成的符合礼仪规范的良好品行。礼仪修养的高低决定着个人综合素质的优劣。

礼仪集中反映一个人的道德修养、个性气质、审美修养与文化品位,因此,礼仪修养主要包括道德修养、个性修养、文化修养和美学修养等四个方面。

(一)道德修养

礼仪,作为一种行为准则和规范,是道德的重要内容之一。人们常说:“言为心声,行为心表。”中国传统美德强调“礼”应反映“德”,做到礼德相济,礼德相融,只有诚于中,才能形于外,即做到慧于中而秀于外。

1.道德修养的内涵

道德是反映人类社会进步不断发展的一种特殊的社会意识形态,是依靠社会舆论传统习俗、人们的内心信念等力量来调整人们之间、个人和社会之间的相互关系的行为规范的总和,是人们判断是非、好坏、善恶、荣辱的标准。古今中外都把救死扶伤、助人为乐、尊老爱幼、爱护公物、保护环境、遵守交通规则、文明礼貌等一些道德要求当做最简单最起码的公共生活准则。《全民道德建设实施纲要》在公民道德建设指导思想中,将基本道德规范概括为5句话、20个字,即“爱国守法、明礼诚信、团结友善、勤俭自强、敬业奉献”,这是全社会各个领域的人们应该遵守的最基本的道德规范。以此为核心的社会公德建设的主要内容是:文明礼貌、助人为乐、爱护公物、保护环境、遵纪守法。它体现了依法治国与以德治国紧密结合的重要思想,是新时期加强公民道德建设的纲领性文件,其宗旨是在全民族中牢固树立建设有中国特色的社会主义的共同理想和正确的世界观、人生观、价值观。同时，它也提供了我们社会一切礼仪产生的理论基础。

2.道德与礼仪修养

道德是礼仪的基础，是形成礼仪的前提；礼仪则是对道德要求的具体表现形式，礼仪是道德健康发展的结果，是完美社会公德的集中体现。道德与礼仪二者相辅相成，没有社会公德的礼仪是虚伪的，是没有意义的，没有礼仪的社会公德，也是不为人们所认同的。在社会生活实践中，讲道德就必须讲礼仪，而讲礼仪又反过来有助于讲道德。一个人是否有道德修养，一定是通过其具体的行为体现出来；一个社会总体的道德水平如何，也一定是通过社会中人们的言行举止等体现出来。如社会公德主要内容之一是助人为乐，在公共汽车上给老人、残障人士、小孩让座，对于大多数人来讲是举手之劳，然而相当一部分公德意识薄弱的人却不让座，人们自然会认为这些人是不懂礼的、缺乏社会公德的。总之，道德修养需要礼仪这种形式来表现、来推动。

礼仪是一种非法律的社会规范，具有价值导向与行为评价功能。礼仪是大学生的道德底线，一般说来，一个有道德的人往往是一个知礼、守礼、行礼的人。知书达理，待人以礼，应该是当代大学生的一个基本素养，大学生如果只具备较高层次的科技文化知识，而不懂得如何做人的社会准则和行为规范，缺少德行，人格低下，那就不是一个完美的、品德高尚的、全面发展的人。

(二) 文化修养

人类的文化知识包括三部分：一是人类对于自然界的知识，也称为自然科学；二是人类关于社会学的知识，也称为社会科学；三是哲学，哲学是人类对于自然、社会和人类思维的普遍本质和规律的概括和总结。一个人的文化底蕴，包括其思想观念、价值标准等，决定其思维方式、方法，最终在其行为方式中得以体现。

1.文化修养的内涵

文化知识素养通常指人们对文化知识掌握程度以及运用发展的能力和品格。文化是一个复杂庞大的体系，内容非常广泛，凡人类创造的一切经验、感知、知识、科学、技术、理论、谬论以及财产、制度、教育、语言等等，都属于文化现象。大到宇宙观、人生观、价值观，小到衣食住行、婚丧嫁娶，一切社会生活方式、行为方式、思维方式、语言方式、等级观念、道德规范、价值标准等等，都属于文化范畴。人们对文化的掌握程度通常与接受教育的程度有关。一个人涉猎的知识门类的多少和对某些学科研究的深浅，是衡量一个人文化程度高低的标准。一般来说，具有渊博知识的人，其文化素养就高，反之就低。有了文化知识还必须学会应用文化。毛泽东同志说："读书是学习，使用也是学习，而且是更重要的学习。"如果仅掌握知识而不去应用，将其束之高阁，也不是具备完备的文化素质。同时，文化作为人类社会的精神现象，也需要不断发展变化。文化的发展、创新都是在吸收、借鉴、利用过去文化的基础上进行的。现在，信息网络化的飞速发展，既为我们吸收传播先进文化提供了新的途径和手段，也给西方敌对势力对我们进行思想渗透提供了更为便捷的渠道。因特网上既有优秀的文化成果，也有大量反动、迷信、黄色、灰色的东西，我们要保持高度警惕，提高鉴别是非的能力，积极地反对和抵制消极、落后、腐朽文化的影响。大学生是社会的栋梁之材，担负着弘扬中华文化，建设中华民族共有精神家园的责任，要系统地掌握专业知识和技能，不断扩大自己的知识视野，不断汲取人类文化和智慧的结晶，勇于探索、发展和创新文化。

2.文化修养与礼仪修养

文化知识影响一个人的品格塑造。培根说："读史能使人明智，读诗使人聪慧，演算使人精密，哲理使人深刻，伦理学使人有修养，逻辑修辞使人善辩，总之，知识能塑造人的性格。"一个人的文化修养愈高深，他的人格修养就愈伟大，离卑俗的庸人就愈远。

文化知识影响人的行为规范、生活方式。在汉语系统中，"文化"的本义就是"以文教化"，它表示对人的性情的陶冶，品德的教养。文化的核心功能或基本功能在于教化，文化育人是一种生活化教育，生活处处都有文化的印记，文化是在潜移默化中酝酿氛围、培育素质、养成人格。穿衣戴帽，各有所好，这不仅表现一个人的志趣，而且更是一种文化的体现。由于人们长期生活在某一文化氛围中，长期受到影响和熏陶，其思维方式和行为势必带上这种文化特色。如日本人的团队意识，美国人的个人主义，德国人的理性，法国人的浪漫等。

文化修养可以丰富礼仪修养的内涵。通过学习礼仪文化，掌握丰富的社交知识，就能使人的社交行为更符合社会的风俗和习惯，使人懂得什么可以做，什么不可以做，以及如何去做。相反，不了解社交知识，有时会带来一些麻烦。

(三)审美修养

“爱美之心,人皆有之。”高尔基曾说过:“照天性来说,每个人都是艺术家,都希望把美的事物带到他的周围。”礼仪与审美之间有着内在且直接的联系,审美修养既是大学生应具有的学科知识和能力,也是思想修养、品德修养的重要组成部分,是完美自身、造就理想人格,成为社会主义精神文明的创造者和传播者,成为社会主义现代化建设的栋梁之才的必要修养。

1.审美修养的内涵

人的审美修养是人们在长期生活、工作、学习中,随着知识、思想、道德的积累、升华,而表现出来的一种对美的鉴赏能力。美可以通过人的感觉感知。如大自然的山清水秀、桃红柳绿美,乐曲的悠扬、激昂美,演员的艳丽、奔放美,教师的庄重、文雅美,农民的勤劳、朴实美,战士刚强、英勇美,等等。作为一名大学生,首先要树立正确的审美观,按照正确的审美标准去认识美、感受美、欣赏美和创造美。其次,要不断提高感受美、鉴赏美、创造美的能力。审美观人人皆有,但受过美育的审美观与人们原有的朴实的审美观是有区别的,与低劣卑琐的审美观更有本质的不同。翻开历史,我们不难看到,美育对人一生的影响是显而易见的:我国古代著名的思想家、教育家孔子精通音律;世界著名物理学家爱因斯坦是位杰出的小提琴演奏家;文学巨匠钱钟书创作的灵感从来都来自音乐,他说音乐能使人形象思维活跃。中外科学史告诉我们,科学家、哲学家或其他非艺术领域的杰出人士,往往都具有较高的审美修养。

审美是人们特有的精神活动,提高审美修养的方法与途径有多种多样。一是从生活中发现美。生活中到处都有美,艺术家罗丹说过:“对于我们的眼睛,不是缺少美,而是缺少发现。”生活中的美体现在人们改造自然和社会的实践中,反映在人与人之间的关系中。二是从大自然中领略美。自然是孕育人类成长的母亲,人类欣赏自然美是回归自然的一种形式。自然美可以陶冶情操,提高境界并体味人生。登山则情满于山,观海则情溢于海。自然界的神奇与奥秘会唤起人的情感的丰富性,丰富和提高人的精神境界,使人的心灵得到升华。三是从文艺鉴赏中撷取美。艺术作品是源于生活而高于生活的美。欣赏艺术作品能使人通过形象感知而达到理性的认识,如在观看电影《孔繁森》时,孔繁森公而忘私、默默奉献的精神深深感动着每一个人,对每一个观看者的灵魂无疑是一种净化;《钢铁是怎样炼成的》一书中,保尔·柯察金钢铁般的革命意志曾鼓舞、激励过我们几代人。

2.审美修养与礼仪修养

礼仪与审美之间有着内在且直接的联系。审美和礼仪相辅相成,相得益彰,二者相互促进,在形成理想人格过程中占据着同等重要地位。

美是千姿百态的,有自然美、社会美和艺术美的三种基本形态。它们的共同特点是具有蓬勃向上的活力,象征着光明与进步。美从它产生时就以天然的魅力和强大的感染力吸引和影响着人类,并将绚丽多姿的美的世界展示给我们,使人们因此获得精神上的愉悦和享受,审美可以节制和规范人的情感。

礼仪之美也是千姿百态的,主要有仪表美、精神美、言语美、环境美等方面,构成了礼仪美的整体形象。礼仪可以节制和规范人的行为,因而具有美学价值。如在人际交往中,双方都注重礼仪,讲究美感,会使交往的双方赏心悦目,彼此受到尊重,高层次的心理需求得到满足,能引起人们愉悦等情感反应,缩短彼此交流与沟通的心理距离。大学生良好的仪容仪表、仪态会使自己拥有一份好心情,学习生活起来会更加信心倍增、充满活力。

大学生要提高审美修养,主要是尽可能多接触内容健康、情趣高雅、艺术性强的艺术作品,如读小说、听音乐、跳舞、欣赏各种美术作品等等,在众多艺术作品中,阅读欣赏文学作品是提高审美和文化艺术修养的一条主要途径,好的文学作品能揭示人生的真理,塑造读者的心灵,文学作品是语言的艺术,文学就是用语言来创造形象,用语言来反映现实的。人的思想活动领域是无限广阔的,凡思想能达到的地方,语言也能达到。要进行礼仪社交活动,离不开语言的表达,光有伶俐的口齿,缺乏生动准确的语言素材,在社交活动中必然会显得浅薄粗俗。音乐是“生活中的一股清泉”,经常欣赏音乐,可以浸润心灵、调节情绪,使人们复杂的心绪得以净化,怡然、平和,保持良好的心态。音乐还是“陶冶性情的熔炉”,它可以振奋精神,催人奋进,潜移默化地影响着人们的感情和性格。还可以学会欣赏舞蹈。舞蹈是以人体动作和姿态来表现情感的艺术,它能陶冶性情,提高人们的节奏感、韵律感和审美力,有助于塑造人的美好体态仪表。现实生活中,美的东西无处不在,如雕塑艺术、摄影艺术、建筑艺术等等,大学生可以根据自己的爱好和素质,有所侧重地去接触一些艺术形式,学会欣赏并进而参与,就会不断提高自己欣赏艺术的能力。这种能力的积累,就是艺术素养和审美能力的提高,人的精神气质、仪表风度也会发生相应改变。

礼仪教育和审美教育的目的是一致的。美育是通过生动、感性、具体、形象的艺术组合,激发和净化人的心境,以美求真、以美向善、以美促美,达到以美益德的作用。礼仪教育使人们不仅追求美的外表,更追求美的语言,美的行为,审美修养水平的提高可以大大促进礼仪修养水平的提高,并使礼仪修养的内涵更加丰富。

(三) 个性修养

社会和谐要求人在自身全面、协调地发展的同时,正确处理自身发展与自然、社会、他人发展的关系,实现全面协调发展。这就要求必须具备健康的个性。只有具备积极向上的工作生活态度和能力,人格健全,心理健康,才能处理好日常的人际关系、竞争中的人际关系,才能处理好人的发展与自然社会的关系,形成融洽的人际关系、和谐的社会氛围。所以,人的健康个性是社会和谐的保证。

1.个性修养的内涵

个性是指人在思维和行为上的个体特征,它取决于人的先天遗传和后天的社会实践。个性普遍存在,只是其特点和表现强弱有所不同。按心理学上的解释,个性即人格,分为人格倾向性和人格的心理特征两部分。人格倾向性是指人的需要、动机、兴趣、信念等,决定人对现实的趋向、态度和选择;人格心理特征是指人的能力、气质和性格,决定人的行为方式上的个人特征。个性的组成是复杂的,强弱不同的各种因素的不同组合,形成了个性的差异。

健康的个性是指和谐的,既符合人自身的发展规律和要求,又满足社会发展需要的个性。美国人格心理学家奥尔波特(G .Allport)曾经提出六条健康人格的标准,即:(1)具有自我接纳的能力;(2)具有与他人热情交往的能力;(3)在情绪上有安全感并且能够接受自己;(4)在知觉、思想与行动上能够充分配合外界,不加歪曲;(5)有自知之明,对自己的长处和短处有一定客观的了解;(6)有一致的人生哲学。从奥尔波特的六条健康人格标准可以看出,社会交往的能力和对社会环境的适应能力是健康人格的重要方面。由此可见,良好的人际交往礼仪能够促进个体人格的完善和提高。构成大学生健康个性的基本因素主要有以下几个方面:一是正确的世界观、人生观、价值观。世界观、人生观、价值观是为人处世的基础,它直接影响了人的需求、追求、信念等,决定了人格倾向性,是健康个性的基础和决定因素。二是责任心。责任心对外表现在事业心和对人做事的态度上,国内外许多调查结果都表明,责任心是现代人才的重要素质之一。三是独立性。独立性是指能独自进行思考、分析、判断、决策，能独立处理日常事务。它包含有不依赖、不盲从、有主张、能自己做主的意思。独立性的前提是自理，独立性的基础是自立，独立性的主干是自主。独立性是完整个性的基础条件，也是人创造能力的基础。四是善于合作。现代社会要求人具备与他人和谐相处的能力。因此，大学生必须学会善于与人合作，树立集体主义观念，培养集体主义精神。正确处理个人与集体、与他人的关系，这是培养良好合作能力的前提。五是诚信。诚实守信是为人之本。大学生中不诚信的现象时有发生。学校要通过完善各项制度，丰富教育内容，形成诚信氛围，培养大学生诚信的意识和习惯。六是意志力。意志力指意志和毅力，有坚定、坚强和果断三个要素。七是自我控制、调适能力。良好的自我控制和调适能力是一个成熟的现代人和良好的组织者所必备的素质。当代大学生承受的压力较大，除了学习压力外，还有经济压力、就业压力等。因此自我的调适对大学生顺利完成学业、健康成长成才显得非常重要。

2.个性修养与礼仪

注重礼仪修养，有助于培育和发展良好的个性。人的个性除了受先天遗传因素影响外，重要的是后天环境的影响，比如说长期生活在友好和睦的人际关系中，就会乐观、开朗、积极主动，积极的人际交往将有助于个性的发展完善。心理学家奥尔波特发现，个性成熟的人都同别人有良好的交往与融洽的关系，他们可以很好地理解别人、容忍别人的不足和缺陷，能够对别人表示同情，具有给人温暖、关怀、亲密和爱的能力。

良好的个性使礼仪行为更加规范和完善。大量研究结果表明：健康的个性总与健康的人际交往相伴随。心理健康水平越高，与别人交往就越积极，越符合社会期望，与别人关系越深刻。当前，我国大学生的文明礼仪素养不容乐观，存在着大学生的礼仪修养与其所受文化教育不对等的情况，具体表现在个人修养、社会交往、生活细节等方面，如在公共场合随地吐痰、乱扔垃圾、大声谈笑等自我约束的失礼行为；在人际交往中莽撞、冷漠、自私，缺乏基本的交往礼仪；追求个人生活观念和生活方式的绝对“自我”，缺乏与周围环境的融洽相处能力；不会问候，不懂谦让，不懂尊重师长，强烈要求别人尊重自己，却不知尊重别人等等，因此，健康的个性培养应作为高等教育重要的任务，要使每一个学生充分认识到发展良好个性的重要性，正确理解个性的含义与本质，使之自觉地、有意识地培养、完善自己的个性，塑造良好的人格。

三、礼仪修养的过程

1.提高礼仪认识

提高礼仪认识是进行礼仪修养的起点，也是实现礼仪修养其他环节的前提和基础。提高礼仪认识是将礼仪规范逐渐内化的过程，通过学习、评价、认同、模仿和实践过程。逐渐学习、构造、完善自己的社交礼仪规范体系，并以此来评价他人的行为，并调整自己的交往行为。当然要求人人对繁杂的礼仪规范都学得全面深刻，成为理论专家是不可能的，但人们应尽可能扩大视野、丰富礼仪知识。知识的来源是多方面的，如可以学一些礼仪史，掌握一些伦理学、心理学、公共关系等方面的基本知识，还可以通过日常的观察、学习，了解社会习俗和风土人情，积累各方面的社会知识，这对于开阔眼界、提高礼仪知识，是大有益处的。

2.明确角色定位

礼仪修养的目的之一是要通过修养，使个人的言行在社会交往活动中，与自己的身份、地位、社会角色相适应，从而被人理解，被人接受。社交角色不同，所应遵循的礼仪要求也就不同，如上下级之间、男女之间、亲朋之间、主宾之间、同事之间等，其礼仪要求是有差别的。正式场合与非正式场合的礼仪要求也是有差别的。在人与人之间的交往活动中，社交成功的重要标志是个人使自己的行为与他人和社会的期望相符合。如当经理就要有当经理的样子；当学生就要有学生的样子。角色不仅给个人确定自己的行为提供了规范，而且为人们相互了解、相互交流、相互评价、相互理解提供了标准。人们在社会交往中，往往需要以不同的身份出现，这种身份的变化就是角色的变化，其行为必须符合社会对这一角色所认同的规范。混淆角色及其行为规范，轻则不礼貌，重则不道德，要遭到舆论的谴责。

3.陶冶礼仪情感

列宁说过："没有'人的感情'，就从来没有也不可能有人对真理的追求。"情感与礼仪修养是息息相关的。仅有礼仪认识还不够，必须得到感情上的认可，才会使人"心甘情愿"，甚至情不自禁地去遵守礼仪规范。如果没有真挚的情感，即使凭理智去遵循礼仪规范，也会显得勉强不自然。礼仪不是摆谱，做花架子，它需要真诚。如果缺乏对他人的关心、重视、尊重，一切礼仪就会变成毫无意义的形式。陶冶情感包括两方面的内容：一是形成与应有的礼仪认识相一致的礼仪情感；二是要改变与应有的礼仪认识相抵触的礼仪情感。

4.参加交往实践

大学生仅仅只从理论上了解礼仪的含义和内容是不够的,一切礼仪修养必须结合人与人之间的交往活动来进行,一个人只有在人与人之间的交往实践中,在对别人、对组织的各种关系中,才能认识到哪些行为是符合礼仪规范要求的,哪些是不符合礼仪规范要求的。只有在相互交往所形成的礼仪关系中,才能改造自己的礼仪品质,要克服自己的非礼行为,也必须依赖于交往实践。

5.养成礼仪习惯

礼仪修养要达到的最终目标就是要人们养成按要求去做的行为习惯,习惯是已经自动化了的行为活动,是在平时的日积月累中养成的。习惯一经养成,就会成为无意识的行为而表现出来,如一个人养成了待人接物有礼貌的习惯,那么他在交际场合遇到他人时,就会主动向对方问好;看现场体育比赛和文艺演出时,就会自然而然地用掌声来表达感情,而不是无节制地乱喊起哄。人们在社会生活中会接受各种不同的影响,那些失礼的行为随时都有可能发生。所以,要使自己成为一个知礼、守礼、行礼的人,就要不断按照礼仪规范修正自己的行为,养成礼仪习惯。

第二章 个人礼仪

个人礼仪,是指每一个人在人际交往时用以要求自身的有关规范,它一般由个人仪容、举止、服饰、语言、交谈这五大要素构成,是人们在日常生活中必须注意的。现代社会随着交往的日益增多,人们比以往更加重视穿着打扮和言行举止,对于大学生来讲,讲究个人礼仪,是人际交往素质高的体现。

第一节 仪容

仪容又称为仪表,《现代汉语词典》解释仪容就是指人的外表(包括容貌、姿态、风度等),其中重点就是人的容貌,因为容貌会反映一个人的精神面貌、朝气与活力,是传达给对方最直接、最可信的信息。在人际交往中,每个大学生的仪容都会引起交往对象的特别关注,并将影响到交往对象对自己的整体评价。心理学上讲的"首因效应",即人的知觉的第一印象往往形成顽固的心理定式,通常在30秒内形成的第一印象,对后期一切信息将产生指导效应。

一、清洁

清洁是仪容的基本要素之一,是仪容美的关键,是个人礼仪的基本要求,也是当今社会与人交往、取得成功的必要条件。自觉养成良好的卫生习惯是有礼之人应有的基本素养,也是尊人尊己的起码表现。个人礼仪对个人卫生方面的要求是:自觉保持面容清洁,勤洗头洗澡,饭后刷牙漱口,衣着清洁,公共场所不随地吐痰、不乱扔果皮纸屑、不随意抽烟。从礼仪的角度看,应特别注意以下几个方面:

1.面容清洁

每日早晚洗脸,清除附在面部的污垢、汗渍等不洁之物。正确的洗脸方法有助于保持皮肤的弹性,保持血液循环良好和新陈代谢的正常进行。

洗脸方法:首先用温水润湿脸部,然后用适当的洗面用品(洗面奶、香皂、洗面膏等)，用手由下向上揉搓、打圈，这样可以借助光滑的洗面用品对皮肤起到按摩作用；再用温水冲净面部的洗面用品；最后用凉水冲洗，令毛孔收缩。

保养方法：平日多吃水果蔬菜，多喝水，以保持足够的水分，防止皮肤粗糙干燥。保证足够的睡眠，使面部看上去红润。夏季要及时擦去脸上的汗渍；冬天在外出前要擦好润肤产品，以便保护肌肤。

2. 口腔清洁

牙齿清洁：要坚持早晚刷牙。常规的牙齿保洁应做到“三个三”，即刷牙要刷三个面，每次刷牙的时间不少于三分钟，每顿饭后三分钟要刷牙。

去除口腔异味：口腔异味影响交际，必要时可以用口香糖来减少口腔异味。但在正式场合嚼口香糖是不礼貌的，与人交谈时，也应避免。每日早晨起床，空腹饮一杯淡盐水，平时多饮淡茶可有效去除口腔异味。

3. 鼻腔清洁

在接待客人前，最好检查一下自己的鼻毛是否过长，如过长应用小剪刀剪短，但不要去拔。不要用手去抠鼻孔，尤其是在客人面前，这样既不文雅，又不卫生。

4. 头发清洁

应养成周期性洗发的习惯，一般每周洗 2 次 ~ 3 次即可。易出油的头发应该 2 天洗 1 次，干性的头发洗头间隔时间可稍长一些。洗前先将头发梳理通顺，湿润后用洗发用品轻揉 1 分钟 ~ 2 分钟，然后冲洗干净，最好再用护发素保养一下头发。在洗发时，洗发剂不宜在头发上停留太长时间，因其性质属碱性，对头发会有损害。梳头时，一定要留意，上衣和肩背上不应落有头皮屑和脱落的头发。

5. 手的清洁

在交际活动中，手占有重要的地位。接待客人时，我们通常以握手的礼节来表示对客人的欢迎，然后再伸出手递送名片等，因此，应经常清洗自己的手，修剪指甲。通过观察手，可以判断出一个人的修养与卫生习惯，甚至对生活的态度。但在任何公众的场合修剪指甲，都是不文明、不雅观的举止。

6. 身体清洁

讲究个人卫生，养成良好的卫生习惯，要求身体勿带异味。常常洗澡是必要的，尤其是参加一些正式活动之前一定要洗澡。如果有“狐臭”，应及时治疗,避免在公共交往中引起交往对象的反感。

二、美容

一个人的仪容之美,靠的是“三分长相,七分打扮”。的确,得体的打扮有助于弥补某些天然形象的不足。随着人们生活水平的不断提高,物质条件不断改善,容貌化妆已越来越被人们所重视。化妆是生活中的一门艺术,适度而得体的化妆,可以体现女性端庄、美丽、温柔、大方的独特气质。男性一般不需要化妆,女大学生平时也可以不化妆,但在一些重要活动场所如集会、宴请等有必要适当地进行化妆。下面,介绍大学生所必须了解的有关美容的礼仪规范。

(一)常用的化妆品

化妆品根据其作用可分为洁肤、护肤、美容及特殊类化妆品四大类。

1.洁肤类

这类化妆品的主要作用是清洁皮肤及卸妆作用。

(1)洗面奶。目前最常用的清洁面部皮肤的化妆品就是洗面奶,性质温和,含碱量小,洁肤力强,对皮肤无刺激,用后在皮肤上形成极薄的保护膜,使皮肤十分光滑。目前市场上洗面奶种类繁多,要根据自己皮肤的性质选购合适的品种。

(2)面膜。面膜的作用是给皮肤以适当的张力,温度相应升高,血液循环加快,将面膜中特有的营养成分或治疗性药物成分补充给皮肤,同时在干燥膜剥落时,又利用它的吸附作用起到满意的清洁皮肤的效果。

2.护肤类

其作用是保护和滋润皮肤,延缓皮肤衰老。

(1)化妆水,也叫紧肤水。作用:收缩毛孔,保护皮肤,起隔膜作用。因许多化妆品都含有一定的对皮肤的刺激成分,故在化妆前拍一层化妆水,就可防止化妆品对皮肤的刺激并防止其有害物质渗入皮肤的可能。根据化妆水成分可分为:①营养性化妆水:含有营养素及多种维生素、柔软剂等,可调节皮肤的酸碱度,收缩毛孔,增强皮肤弹性;②收缩水:含有酒精成分,可收缩毛孔、减少油脂分泌,并具有良好的收敛作用;③卸妆水:含多种化学成分,可吸附皮肤上的化妆品,清洁卸妆。

(2)营养霜。作用:用人工的方法制造皮脂膜,借以保护皮肤。分类:日霜、晚霜、粉霜、眼霜。

(3)乳液,也称蜜类化妆品。作用:乳液涂在皮肤上,其水分会逐渐蒸发,而将脂膜留下,在皮肤上形成薄薄的人工皮脂膜,具有湿润和健美皮肤的功效。

3.修饰类

该类化妆品主要起修饰美化作用。

(1)粉底霜。介于皮肤和粉底之间,担任黏着剂的角色。粉底霜必须涂得均匀,粉底才能上得漂亮而不易脱落。

(2)粉底。它是修饰面部色彩,表现立体感和明朗气质的关键化妆品。

分类:亲水性的液状粉底,似牙膏一样的膏状粉底,固体的棒状粉底(即粉条),油性粉底,还有专为掩饰脸上的缺陷而制作的盖斑粉底及不怕汗水的饼状粉底等。

(3)眼影及眼线。这是使眼睛明亮有神的必不可少的化妆品。

分类:眼影有富延展性,可做底色的眼影膏;有粉末状,表现自然的眼影饼;有含有珍珠粉并具有萤光效果的珍珠眼影。眼线则有眼线液、铅笔状的眼线笔及固体饼状眼线饼三种。

眼部化妆还需要睫毛液、眉笔,必要时可使用假睫毛。

(4)腮红与口红。分类:腮红有粉状腮红、膏状腮红及液状腮红之分。口红的种类很多,根据其含油量的不同有亮光和亚光之分,在类别上除传统的旋转棒状之外,还有膏状的、笔状的,另有画轮廓用的唇线笔。

(5)修容饼。用于化妆的最后完成步骤,增加化妆后的立体效果。最常见的修容饼是白色或淡粉色。

4.特殊类化妆品

特殊类化妆品为一类具有特殊用途的化妆品,种类也极多,大致有祛斑、防晒、美白、抗皱等几类。

(二)了解皮肤类型,选择合适的化妆品

选择化妆品应根据自己的皮肤,不得盲目使用。人的面部肌肤有中性、油性、干性、混合性和过敏性五种类型。

中性皮肤表面光滑润泽,是较理想的皮肤。

油性皮肤表面油亮,毛孔粗大,易生粉刺。

干性皮肤皮脂分泌少,皮肤缺少弹性,易生皱纹。

混合性皮肤的额、鼻、下巴等部位为油性皮肤,其他部位为干性皮肤。

过敏性皮肤对某种物质较为敏感,一经接触就会出现红肿、斑疹、痒痛等症状。

皮肤的类型将随着年龄的增长而改变,如油性皮肤将逐渐变为干性皮肤。

(三)化妆的一般步骤

1.清洁面部

对于面部的清洁,可选用洁肤类化妆品去除面部油渍,然后再用清水洗净。因为化妆后颜面的靓丽程度、保持效果与皮肤的洁净程度成正比,皮肤越洁净,妆面效果越好。在化妆前,还应在清洁的面部上涂上护肤类化妆品,这类化妆品的好处在于润泽皮肤、保护皮肤、易于上妆。

2.基面化妆

基面化妆又叫打粉底,目的是调整肌肤颜色,使皮肤平滑。化妆者可根据自己的皮肤选择合适的粉底,并可以根据面部的不同区域,分别敷深浅不同的底色,以增强脸部的立体效果。

3.修饰眉毛

修饰眉毛时,应根据人的脸形特点,确定眉毛的造型。一般是先用眉笔勾画出轮廓,再顺着眉毛的方向一根根地画出眉型,最后把杂乱的眉毛拔掉。

4.修饰眼睛

即涂眼影、画眼线。眼影有膏状和粉质之分,颜色有亮色和暗色之别。亮色的使用效果是突出、宽阔;暗色的使用效果是凹陷、窄小。眼影色的亮暗搭配在于强调眼睛的立体感。涂眼影时,应在贴睫毛的部位涂重些,两个眼角的部位也应涂重些。宽鼻梁者涂在内眼角上的眼影应向鼻梁处多延伸一些,鼻梁窄者则少延伸一些。画眼线的作用主要是突出眼睛的轮廓,增加眼睛的外观效果。画眼线要注意上下眼线的区别,一般是上眼线画得比下眼线长、粗、深些。

5.涂腮红

涂腮红的部位根据每个人的脸型而定,但都以颧骨为中心。长脸者要横着涂,圆脸者要竖着涂,但都要求腮红向脸部原有肌肤自然过渡。颜色要根据肤色、年龄、着装和场合而定。

6.修饰口唇

涂口红时要先选择口红的颜色,再根据嘴唇的大小、形状、薄厚等用唇线笔勾画出理想的唇形,然后再涂上口红。唇线要略深于口红色,口红不得涂于唇线外，唇线要干净、清晰，轮廓要明显。

化妆后要全面检查，尽量要少显露修饰痕迹。主要看一下化妆与衣着、发型是否相宜，与自己的年龄、身份、气质等是否相称等。

(四)化妆技巧

脸部化妆一方面要突出面部五官最美的部分，使其更加美丽，另一方面要掩盖或矫正缺陷或不足的部分。经过化妆品修饰的美有两种：一种是趋于自然的美。一种是艳丽的美。前者是通过恰当的淡妆来实现的，它给人以大方、悦目、清新的感觉，最适合在家或平时上班时使用。后者是通过浓妆来实现的，它给人以庄重高贵的印象，可在晚宴、演出等特殊的社交场合使用。无论是淡妆还是浓妆，都要利用各种技巧，恰当使用化妆品，通过一定的艺术处理，才能达到美化形象的目的，因此，化妆应因脸形、场合、季节的不同而不同。

1.不同脸形的化妆

(1)椭圆脸。椭圆脸可谓公认的理想脸形，化妆时宜注意保持其自然形状，不必通过化妆去改变脸形。找出脸部最动人、最美丽的部位，然后通过化妆使其突出。腮红，应涂在脸颊颧骨的最高处，再向上向外揉化开去。唇膏，除嘴唇唇形有缺陷外，尽量按自然唇形涂抹。眉毛，可顺着眼睛的轮廓修成弧形，眉头应与内眼角齐，眉尾可稍长于外眼角。

(2)长脸形。长脸形的人，在化妆时力求达到的效果应是增加面部的宽度。抹腮红时，应注意离鼻子稍远些，在视觉上拉宽面部，可沿颧骨的最高处与太阳穴下方所构成的曲线部位，向外、向上抹开去。双颊下陷或者额部窄小者，涂粉底时应在双颊和额部涂以浅色调的粉底，造成光影，使面部变得丰满一些。修眉毛时，应修成弧形，切不可有棱有角。眉毛的位置不宜太高，眉毛尾部切忌高翘。

(3)圆脸形。圆形脸的人给人以可爱、玲珑之感，若要将脸形修正为椭圆形并不十分困难。腮红，可从颧骨起始涂至下颌部，注意不能简单地在颧骨突出部位涂成圆形。唇膏，可在上嘴唇涂成浅浅的弓形，不能涂成圆形的小嘴状，以免有圆上加圆之感。粉底，可用来在两颊造阴影，使圆脸消瘦一点。选用暗色调粉底，沿额头靠近发际处起向下窄窄地涂抹，至颧骨部以下可加宽涂抹的面积，造成脸部亮度自颧骨以下集中于鼻子、嘴唇、下巴附近部位。眉毛，可修成自然的弧形，可作少许弯曲，不可太平直或有棱角，也不可过于弯曲。

(4)方脸形。方脸形的人以双颊骨突出为特点,因此在化妆时,要设法加以掩蔽,增加柔和感。腮红,宜涂抹得与眼部平行,切忌涂在颧骨最突出处,可抹在颧骨稍下处并往外揉开。粉底,可用暗色调在颧骨最宽处造成阴影,令其方正感减弱,下颚部宜用大面积的暗色调粉底造阴影,以改变面部轮廓。唇膏,可涂丰满一些,强调柔和感。眉毛,应修得稍宽一些,眉形可稍带弯曲,不宜有角。

(5)三角脸形。三角脸的特点是额部较窄而两腮较阔,整个脸部呈上小下宽状。化妆时应将下部宽角"削"去,把脸形变为椭圆状。腮红,可由外眼角处起始,向下抹涂,令脸部上半部分拉宽一些。粉底,可用较深色调的粉底在两腮部位涂抹、掩饰。眉毛,宜保持自然状态,不可太平直或太弯曲。

(6)倒三角脸形。倒三角脸形的特点是额部较宽大而两腮较窄小,呈上阔下窄状。人们常说的"瓜子脸"、"心形脸",即指这种脸形。化妆时,掌握的诀窍与三角脸相似,需要修饰部分则正好相反。腮红,应涂在颧骨最突出处,而后向上、向外揉开。粉底,可用较深色调的粉底涂在过宽的额头两侧,而用较浅的粉底涂抹在两腮及下巴处,造成掩饰上部、突出下部的效果。唇膏,宜用稍亮些的唇膏以加强柔和感,唇形宜稍宽厚些。眉毛,应顺着眼部轮廓修成自然的眉形,眉尾不可上翘,描时从眉心到眉尾宜由深渐浅。

2.不同季节的化妆

(1)夏季。夏季宜用耐汗和不怕水的化妆品,以褐色色调为主调。

粉底宜选用较肤色低一至二度的色调,可用海绵搽涂。比较容易出汗的皮肤及油性皮肤还可扑上暗色的香粉。双颊宜用乳霜状或粉状的褐色腮红搽涂。用褐色系唇笔描出唇形,宜用褐色或桔黄色、红色的唇膏。可用蓝、绿、紫色眼影与夏季服装的华美色彩配合。上眼睑中央、下眼睑可用褐色眼影,眼角宜用绿色。眼线的颜色宜与眼影相同。眉毛宜保持自然形状。

(2)冬季。冬季万物凋零,人们衣着打扮也以暗色调为主,因而冬季的化妆不宜过于艳丽,应与衣着的颜色、风格相一致。宜选用暗色调的粉底,薄薄施上一层;宜选用有防止水分、油脂丢失作用的润肤剂。双颊可用玫瑰红、明亮的桃红色或琥珀色、肉色腮红涂抹,前者可产生温暖感,后者则有严峻之感。嘴唇可选用既有防干裂作用又有美化作用的稍暗色调的唇膏。眼线用黑色较好。眉毛宜保持自然形状。

(五)化妆四注意

1.妆的浓淡要视时间、场合而定

在工作时间(白天)、工作场合或者参加面试等,只能化淡妆。若浓妆艳抹则与工作环境不相协调，会让人觉得过分招摇、举止轻浮、工作不认真。若参加晚宴、舞会，则可化浓妆。

2.不要当众化妆

当众化妆是非常失礼的行为，是对他人的妨碍，也是对自己的不尊重，还会让人觉得你不务正业。如果需要化妆或补妆的话，应在无人处或在洗手间进行。

3.不要非议他人的妆容

由于民族、文化传统的不同，个人审美情趣的不同以及肤色上的差异，每个人的化妆习惯不可能都一样，所以，切不可对他人的妆容品头论足。

4.不要借用他人的化妆品

借用他人的化妆品不仅不卫生，而且也不礼貌。

三、美发

在正常情况下，人们观察一个人往往是从头开始的。发型修饰是在头发保养、护理的基础上，修剪出一个适合自己的发型。美观、恰当的发型会使人精神焕发、充满朝气和自信，更可以感受一个人的身心健康状况和对生活事业的态度。所以，对于新时代的大学生，树立与众不同的自我，首先要“从头做起”。

(一)头发的类型

一般而言，头发的生长周期为4~6年，生长速度每天3~4毫米，每月1厘米~1.5厘米，成年人的头发平均每天要掉100根左右。女性的头发数量要比男性多，且比男性长得快，头发生长最快的年龄为15岁~30岁。从季节看，夏天头发生长要比春天快，秋天的生长又比冬天快。头发中含有碳、氢、硫等多种元素，其中，碳的含量最高，另外还有锌、铜、铁等微量元素。

头发根据发质可分为三种类型：

(1)正常头发：皮脂分泌正常，有光泽，有弹性。

(2)油性头发：皮脂分泌过多，头的表皮及毛发均有黏糊之感。

(3)干性头发：由于皮脂分泌过少，没有光泽，有干松之感；除了遗传因素，干枯的头发是长时间缺乏护理和化学品残留的后遗症。当然，精神压力、内分泌的变化以及饮食的平衡与否等等，也会对发质产生或多或少的影响。

(二)头发的保养

1.梳发及按摩

梳发,是保持头发健康不可缺少的日常保健行为之一。梳发可以去掉头皮及头发上的皮屑和脏物,并给头发以适度的刺激,以促进血液循环,使头发变得柔软而有光泽。使用的梳子应从实用的目的出发进行选择。正确的梳发办法是,首先梳开散乱的毛梢,用梳子轻贴头皮,慢慢旋转着梳拢。用力要均匀,如用力过猛,会刺伤头皮。先从前额的发际向后梳,朝相反方向,再沿发际从后向前梳。然后,从左、右耳的上部分别向各自相反的方向进行梳理,最后让头发向头的四周披散开来梳理。

按摩头皮能刺激毛细血管与毛囊,有助于头皮的分泌调节,并对油性和干性发质有治疗效果。按摩时,两手的手指张开,以手指在头皮上轻轻揉动。按照头皮血液自然流向心脏的方向,按前额、发际、两鬓、头颈、头后部发际的顺序进行。按摩可以促进油脂分泌,因此,油性头发按摩时用力轻些,干性头发可稍重些。

2.洗发

(1)洗发时间。一般来说,中性皮肤的人,冬天可隔4~5天,夏天可隔3~4天洗一次,油性皮肤和干性皮肤的人,要分别缩短或延长1~2天。夏季因洗得较勤,可选用性质温和的洗发液,例如含有氨基酸、蛋白质等活性剂的洗发水。

(2)洗发方法。洗发前应先将头发梳顺。用温水洗发,水温应在37℃~38℃最适宜,过烫的水容易使头发受损伤而变得松脆易折断,而水温过低,去油腻的效果又不好。洗发水应选择适合自己发质的,一般略带微酸性者较佳,将洗发水在手中研磨至起泡后涂在头发上,不要直接倒在头发上。不要大力用指甲抓头皮,用手指的指腹按摩头皮。要确保彻底冲洗干净洗发水,否则洗发水中的碱性成分残留在头皮和头发上,会损伤头发,导致头发产生分叉、出现头皮屑等。

3.护发

(1)保养头发的食品。

头发所需的主要营养成分,多来源于绿色蔬菜、薯类、豆类和海藻类等。

①绿色蔬菜。包括菠菜、韭菜、芹菜、圆辣椒、绿芦笋等,绿色蔬菜能美化皮肤,有助于黑色素的运动,使头发永葆黑色,并且由于这些蔬菜中含有丰富的纤维质,能不断增加头发的数量。

②豆类。大豆能起到增加头发的光泽、弹力和滑润等作用,能防止分叉

或断裂。

③海藻类。海菜、海带、裙带菜等含有丰富的钙、钾、碘等物质。能促进脑神经细胞的新陈代谢,还可预防白发。

除此之外,甘薯、山药、香蕉、菠萝、芒果也是有利于头发生长发育的食品。

(2)不利因素。

①糕点、快餐食品、碳酸饮料、冰淇淋等。这些大都是年轻女性所喜爱的食品,如果饮食过量,都能影响头发的正常生长,容易出现卷曲或白发。

②吸烟过多也会影响头发的生长。

③心绪不宁或住在潮冷的房间里,以及神经性的紧张、不安,均会影响毛发的正常生长。长期在潮湿过凉的房间里工作的人,由于胃肠受凉新陈代谢不调,血液循环受阻,因此,容易出现头发变细、头皮屑增多、掉发、断发等现象,特别是头顶的头发会越来越少。

(3)不同发质的护理。

①干性发质。洗发不要过于频繁,最好使用护发素。为防止发丝内的水分流失,应尽量避免使用电吹风以及其他通电操作的卷发器具。如果必须使用,最好事先在头发上涂一层护发品。

②油性发质。需要使用一种性质温和的洗发水,并经常清洗头发。强力的洗发水不但对头发无益,反会令油脂分泌更加旺盛。由于头皮已能分泌足够的油脂,护发素只要涂在距离发根数寸的发梢上即可。油性发质比较适合染发,染发剂或多或少地会令头发变得干燥,对较多的油脂正好可以起到中和作用。

4.头发的特殊护理

(1)头发开叉。可用柔软的发刷从头皮梳向发端,将头皮的天然油脂带到发端,而平日尽量用阔齿的发梳来梳理头发,同时不要忘记在每次洗发后使用护发素,以避免加剧头发的开叉。另外,切忌用毛巾大力绞擦,脆弱的发丝需要的是温柔摩挲。

(2)头皮屑。最好立刻医治,以免头皮屑堵塞头皮毛孔,妨碍毛发的生长,或破坏毛囊组织,演变为皮肤病。头皮屑过多的人,应避免过度用力梳头,也忌用手过度抓搔。因为过度用力的刺激,会把贴在头皮的一部分鳞片弄剥落,露出伤口而滋生细菌,形成恶性循环。应注意饮食,避免摄入过量的糖、淀粉和脂肪。宜多吃一些新鲜蔬菜、水果及瘦肉、鱼等,经常定期洗头，保持头皮与头发的清洁。有许多治疗头皮屑的药膏、药水、药粉都很有效，还有不少专用去头屑的洗发剂。如果在洗发的水中放人一匙杀菌剂或醋，也很有效。焦躁不安的人头皮屑也会增多，因此，经常保持愉悦的精神状态，对减少头皮屑也很重要。

(3)脱发。脱发的种类有很多，按脱发的诱因来划分，有精神性脱发、营养性脱发、药物性脱发、生理性脱发等。为避免脱发，应注意以下几点：

①消除精神紧张，保持精神愉快。人的精神状态不稳定，焦虑不安，大脑长时间处于紧张、烦恼或用脑过度状态，均可导致头部血液循环不良，头发营养供应不足，导致头发脱落。

②多食有益于滋养头发的食物，即富含维生素、矿物质和低脂肪的食物，例如各种新鲜水果、蔬菜、蛋黄、瘦肉、牛奶等。适当进食黑豆、黑芝麻、核桃等，以补充氨基酸、钙、铁等多种微量元素。头发的生长需要体内良好的营养成分，当体内缺乏某些营养和氨基酸时，就会影响新头发的生长。

③应选用木梳梳头。用塑料梳子梳头，容易起静电反应，头皮与头发产生离合作用，促使毛发脱落。

④定期洗头。长时间不洗头，会影响毛囊的呼吸，从而会出现脱发或加重脱发。

⑤要戒除烟酒，避免其对头发产生不良影响。患有脂溢性脱发的人应忌食辛辣食物，否则会加重脱发。

⑥不要经常烫发、染发，也尽量避免用化学合成药品来滋润头发，因为由化学原料制成的染发剂、烫发剂、护发剂，对皮肤和毛发都存在着不同程度的刺激作用。

(4)游泳后头发护理

海边：由于海水的含盐量高，当盐分积聚在头皮或头发上后，会阻碍头发的生长，亦令头发表皮层剥落，使头发变得又枯又干，所以游泳后应立即冲洗头发。

游泳池：水中所含的氯也是护发之大敌，游泳后应彻底冲洗头发。

(三)脸形与发型

恰当的发型设计能起到修饰脸形的作用。人的脸形可分为椭圆脸(俗称“瓜子脸”)、圆脸、长脸、方脸四种。

椭圆脸是东方女性的标准脸形，可选任意发型；圆脸形的人应将头顶部的头发梳高，并设法遮住两颊，使脸部看起来显长不显宽；长脸形的人，应将刘海向下梳，遮住额头，两侧的头发要蓬松，以减少脸的长度；方脸形的人，可让头发披在两颊，遮掩棱角，使脸部看上去圆润些。

脸庞较大的人，可选择使头发自然松垂在脸上、盖住部分脸颊和前额的发型。脸庞较小的人，可选择尽量露出五官的发型，把头发往上、往后处理。

鼻子过于突出的人，可选择留浓密的刘海或将长发向上梳的发型，以平衡脸部，强调颈部。额头太大的人，可将额发剪成一排刘海。下巴内陷的人，可将头发留长，以使下巴显得丰满起来。

(四)体型与发型

1.高瘦型

该种体型的人容易给人细长、单薄、头部小的感觉。要弥补这些不足，发型要求生动饱满，避免将头发梳得紧贴头皮，或将头发搞得过分蓬松，造成头重脚轻。一般来说，高瘦身材的人比较适宜于留长发、直发。应避免将头发削剪得太短薄，或高盘于头顶上。头发长至下巴与锁骨之间较理想，且要使头发显得厚实、有分量。

2.矮小型

个子矮小的人给人一种小巧玲珑的感觉，在发型选择上要与此特点相适应。发型应以秀气、精致为主，避免粗犷、蓬松，否则，会使头部与整个形体的比例失调，让人产生大头小身体的感觉。身材矮小者也不适宜留长发，因为长发会使头显得大，破坏人体比例的协调。烫发时应将花式做得小巧、精致一些。若盘头也有身材增高的视觉作用。

3.高大型

该体型给人一种力量美，但对女性来说，缺少苗条、纤细的美感。为适当减弱这种高大感，发式上应以大方、简洁为好。一般以直发为好，或者是大波浪卷发。头发不要太蓬松。总的原则是简洁、明快，线条流畅。

4.短胖型

短胖者显得健康，要利用这一点造成一种有生气的健康美。譬如选择运动式发型。此外应考虑弥补缺陷。短胖者一般脖子显短，因此不要留披肩长发，尽可能让头发向高度发展，显露脖子以增加身体高度感。头发应避免过于蓬松或过宽。

(五)年龄与发型

少年应以自然美为主，不宜烫发、吹风；青年人发型多样，短、中、长发式或直发式均可；中年人宜选择整洁简单、大方文雅、线条柔和的发型；老年人则应选择庄重、简洁、朴实、大方的发型。

第二节　服饰

服饰是服装与饰件的统称。服饰是一种文化，它可以反映一个民族的文化素养、精神面貌和物质文明发展的程度；服饰又是一种无声语言，它能反映出一个人的社会地位、文化修养、审美情趣，也能表现出一个人对自己、对他人以及对生活的态度。得体和谐的服饰有一种无形的魅力，它可以使一个人平添光彩。

大学生着装不要一味追求高档时髦，还要注意庄重整洁。大学生服饰的款式、色彩、质地要有个性，符合自己的年龄和身份，还要符合自己的体型、肤色、气质，才能彰显个人的性格。

一、着装的原则

1.TPO原则

T、P、O分别是英语中Time、Place、Object三个单词的首写字母缩写。这个原则的基本含义是要求人们在服装穿着、饰品配件使用方面，必须适应具体的时间、地点和目标的要求，而不能自以为是。TPO原则是日本男装协会1963年提出的，其目的是推进男装时装化，后被国际上公认为着装的一个原则。"T"指时间，泛指早晚、季节、时代等；"P"代表地方、场所、位置、职位；"O"代表目的、目标、对象。只有当我们的着装遵循了这个原则的时候，才是合乎礼仪的，才能给对方可敬、可信、可亲的感觉。

2.整体性原则

正确的着装，能起到修饰形体、容貌的作用，形成一种和谐的整体美。服饰的整体美构成因素是多方面的，包括人的形体和内在气质，服饰的款式、色彩、质地、工艺及着装环境等。服饰美就是从这多种因素的和谐统一中显现出来的。正如培根所说："美不在部分而在整体。"也就是说，如果孤立地看一个事物的各个部分可能不美，但从整体看却可能显得很美。

3.个性化原则

着装的个性化原则，主要指依个人的性格、年龄、身材、气质、爱好、职业等因素，力求在外表上反映一个人的个性特征。现代人的穿着风格主要讲究美观、实用、突出个性，因此，服饰也就显现出越来越强的表现个性的趋势。

选择服饰要因人而异，其着重点在于扬长避短。各式服装有各自的风格和内涵，只有个性化的着装，才能在人与物和谐统一的同时显现其独特的个性魅力，塑造、展示出最佳形象和风貌。

4.整洁原则

在任何情况下，服饰都应该是整洁的。不能沾有污渍，衣领和袖口尤其要注意，扣子等配件应齐全，衣服不能有绽线地方，更不能有破洞。

二、着装的技巧

1.服装与角色

大学生着装应与其社会角色相协调。人的社会生活是多方面、多层次的，每个人的行为、仪表都必须符合他的社会角色才能被人理解、被人接受。如教师、领导干部着装应端庄、大方、大众化；演员的着装应明快、活泼、突出个性。在正式场合，对大学生的着装要求是身着正装，以便与其扮演的实际角色相得益彰。若是过于前卫花哨、徒有其表，便与大学生的实际角色矛盾。

2.服装与体形

大学生着装应符合自己的体形特点。得体的服饰可以充分展示自己的长处，也可以掩饰自己的弱点。选择服饰，首先要了解自己的体形特点，不同的形体，着装的意识应不相同。

(1)身材高大者的上衣可适当加长以缩小形体过高的感觉，切忌穿太短的上装。服装款式不能太复杂，适宜穿横条或格子上衣。服装颜色宜选择深色、单色为好，太亮、太浅、太花都不适宜，有一种夸张感。

(2)身材较矮者着装时选取上下一致的色彩可以造成修长的感觉。上衣不要太长、太宽，裤子不能太短、太肥大。服装颜色宜稍淡、明快为好，服装款式宜简洁，切勿穿横条纹服装。V形无领外套比圆领更能营造修长之感。

(3)体形较胖者穿衣服要尽量使自己显得瘦，故不要穿短短的太紧身的衣服，以宽松的款式为好，衣服领以低领的V字形领为最佳，在颜色上以冷色调为好，过于强烈的色调会显得更胖。切忌穿横条纹、大格子或太花的衣服。

4.体形偏瘦者要尽量穿得丰满点，不能穿太紧身的衣服，服装色彩尽量明亮柔和。太深、太暗的色彩会使人显得更瘦小。可选择一些横条纹、方格子衣服。

3.服装与肤色

大学生着装要符合自己的肤色特点。要根据自己皮肤的特点来选择服装的颜色,以达到映衬和改善肤色的目的。

(1)皮肤浅黄是大多数中国人的肤色特点,故服装色彩选择的范围较广。

(2)肤色苍白者,宜选偏暖色调的服装,忌穿紫红色、黑色或白色上衣。

(3)肤色偏黄者,最好不要选用与肤色相近的或较暗的服装,如棕色、土黄、深灰、蓝紫色等,它们容易使人显得缺乏生气,宜选橙、红色的偏暖色调的服装,以增加皮肤的红润感。

(4)肤色偏黑者,宜选择柔和明快的中性色调服装,以增加明朗、健美感,不宜着黑、绛紫、墨绿、深褐及深冷色调的上衣。

(5)皮肤白皙的人可选择的颜色较多,以暖色调为好。

4.服装与场合

着装要考虑场合的不同,不同的场合有不同的服饰要求,只有穿着与场合气氛相融洽的服装,才能产生和谐的效果,达到美的目的。

(1)喜庆场合的服装要求明快活泼、色彩丰富、款式多样,以显得靓丽和洒脱。

(2)庄重场合的服装要以庄严、端正、整洁为基本基调,以着正装为主,一般不宜穿便装。

(3)悲伤场合的服装要求以深色、素色为主,款式应端重、大众化,忌穿各种新潮、怪异、鲜艳的服装,以免冲淡庄严、肃穆的气氛。

5.服装搭配

(1)色彩搭配。

色彩浓淡给人的感觉不同:浅淡的亮色给人以轻快的感觉,而深暗色则使人感到凝重、沉稳。色彩能给人造成扩张或收缩的感觉:明亮的颜色会造成扩张的感觉,深暗的颜色会造成收缩的感觉,所以体形较胖者宜选用冷色系列的服装。色彩能造成华丽感或质朴感:明亮的色彩给人以华丽感,深暗的颜色则给人以质朴感。应根据礼仪场合的需要,选择自己喜欢的且适合自己的服装。

色彩的搭配有两种,即亲色调和法和对比调和法。①亲色调和法是将色调相近似、淡浓深浅不同的颜色组合在一起的配色方法。具体方法有两种色调和、类似色调和、主色调和三种。②对比色调和法是将对比色进行搭配，使之对立，既突出各自的特征，同时又相映生辉的调色方法。具体方法有两色对比调和、三色对比调和。

①运用同一色系中明度不同的色彩进行搭配与组合。这里说的明度，是指色彩的明暗程度。一般来说，颜色越浅，明度越强；颜色越深，明度越弱。假若用灰色系的色彩将自己的外套、套裙和衬衫进行搭配与组合，可采用"由深入浅"的方法，即外套选深灰色，套裙选中灰色，衬衫选浅灰色；或者反过来亦可选用"由浅入深"的搭配方法。又如浅灰色上衣与深灰色的裤子相配也属同色搭配。在同色系搭配中，应注意同色系中深浅程度的颜色之间的协调与过渡，应力求自然、平稳，避免生硬，明度差异不宜太大，以免给人以断裂、失衡的感觉。运用同色搭配，意在以简洁的配色来创造一种和谐的美感。"色彩要少，款式要新"，这是世人公认的服饰意识高品位的一个标志。

②运用相近的色彩进行搭配和组合，就是用色谱上相邻的颜色进行搭配和组合。如红配黄、黄配绿、绿配蓝、白配灰等。运用相近的色彩配色，自由度比较大，难度也比较大，但只要独具匠心，就会使我们身上的颜色既丰富多彩，又柔和协调。运用相反的色彩配色，应遵守服饰的"三色原则"，即在正式场合中所使用的服饰配色，包括西服套装、衬衫、领带、腰带、鞋袜等在内的一切服饰，都不应超过三种颜色。因为从视觉上讲，服饰的色彩在三种以内较好搭配，而且比较协调，否则就会显得杂乱无章。

③运用对比色进行搭配和组合。各种颜色都有与之相对比的色彩，如红与蓝、黄与蓝、黄与紫、绿与紫、黑与白等，都是常见的对比色。从本质上讲，一对对比色实际是由两种相互排斥的色彩组成的，如运用得当，可以相映生辉，给人以清新、明快、耳目一新的感觉。

此外，要注意不同的色彩有不同的象征意义，白色象征圣洁和纯净，不仅适合于夏天，而且也适合于各种肤色人。

红色象征兴奋、热情、快乐。它使人联想到鲜血、生命、太阳和火焰，显示浪漫、活泼与热烈。

黄色象征华贵、明快、明亮，代表健康向上、天真活泼。

蓝色象征宁静、智慧和深远，它是一种比较柔和、宁静的颜色。

绿色象征生命力和和平，它是一种清爽、宁静的色彩，给人以安全感和稳定感。

黑色象征深刻、沉着、庄重与高雅，给人以神秘感，表示高贵、稳重的气质，适合于庄重的场合。

紫色象征丰富的想象力，有人称之为浪漫色。它的种类有很多，如果选用得恰当、适宜，和自身的各种因素搭配好，就会显出高雅。

褐色为搭配色，适合与任何颜色搭配。

灰色为中间色，有随和、庄重之感。

(2)款式。

①正式服装。指在正规的、隆重的场合穿的服装，主要有西服套装、中山装、制服及民族服装。女士的正式服饰主要有西服套裙、旗袍、连衣裙及民族服装。其风格应高贵、华丽、庄重，以显示对所参加活动的重视和对主人的尊重。

②工作服装。指在工作时间和工作场合必须穿的服装。其风格应实用、大方、简洁、美观，并与工作性质相符，以显示职业身份和方便工作。

③便装。指外出旅游或休闲时穿的服装。其风格应为宽松、舒适、洒脱，以显示恬淡、轻松的格调和心情。

三、男装

1.西装的穿着规范

随着经济的发展和世界各国人民的友好往来，西装已成为当今世界上最标准的通用礼服。在正式场合，大学生要身着正装，西装是男士在正式场合的主要着装。对男生来讲，了解西装的穿着规范是非常必要的。

2.西装的套件

西装有单件上装和套装之分。非正式场合，可穿单件上装配以各种西裤或牛仔裤；半正式场合，应着套装，可视场合气氛在服装的色彩、图案上选择大胆些；正式场合，则必须穿颜色素雅的套装，以深色、单色为宜。

3.衬衫

与西装配套的衬衫必须平整、整洁、无皱折，尤其是领口；衬衣袖子应以抬手时比西装衣袖长约2厘米左右为宜，衬衣的领子应略高于西装领，衬衫下摆要塞进西裤。如不系领带，可不扣领扣。

4.领带

领带必须打在硬领衬衫上，要与衬衫、西服和谐。若内穿毛衣或背心等，领带必须置于毛衣或背心内，且衣服下端不能露出领带头。领带夹是用来固定领带的，其位置不能太靠上，以位于从上往下数衬衫的第 4 粒纽扣处为宜。

(1)色彩图纹。领带的颜色分为纯色、花色两种，纯色即单色，如黑色、红色等；花色指两种或两种以上颜色，花色领带色彩丰富艳丽，图案花纹各有特色。

(2)配色规律。选择领带时要注意与西装的颜色相协调。

①黑色西装宜配银灰色、蓝色调、黑红条纹对比色调的领带。

②中灰色西装宜配砖红色、绿色及黄色调的领带。

③暗蓝色西装配蓝色、深玫瑰色、褐色、橙黄色的领带。

④墨绿色西装宜配银灰色、浅黄色、红白色相间的领带。

⑤乳白色西装宜配红色为主，略带黑色或砖红色、黄褐色的领带。

⑥米黄色西装宜配褐色、海蓝色、红色的领带。

(3)长度。领带的长度一般以到皮带扣为宜，过长或过短都是不合适的。领带系好后，一般是两片自然下垂，宽的一片在上面，且应略长于窄的一片，绝不能相反，也不能长出太多。

5.西装的纽扣

西装有单排扣和双排扣之分。双排扣西装，一般要求将扣子全部扣好；单排扣西装，若是三粒扣子的只系中间一粒，两粒扣子的只系上面的一粒，或者全部不扣。

6.西装的帕饰

西装的胸袋又称手帕兜，用来插装饰性手帕，也可空着。

7.西装的整体要求

西装要干净、平整，裤子要烫出裤线。穿西装一定要穿皮鞋，而且要上油擦亮，皮鞋的颜色要与西装相配套。穿皮鞋还要配上合适的袜子，使它在西装与皮鞋之间起到一种过渡的作用。

四、女装

女士在服饰方面比男士应注意的方面要多得多，不仅要遵循 TPO 的原则，同时还应注意帽子、披肩、手提包、皮鞋、袜子等是否与服装搭配协调，力求做到服饰的整体统一。在重要会议和会谈、庄重的仪式以及正式宴请等场合，女士着装应端庄得体。女士正装以西装套裙为首选，一般西装套裙的上身是女式西装，下身是半截式裙子。西装套裙在选择与穿着方面应注意以下几点：

1.面料

套裙的面料要选择质地上乘、纯天然的制品。上衣和裙子要采用同一质地的面料。要用不起皱、不起毛、不起球的匀称平整、悬垂挺括、手感较好的面料。

2.色彩

色彩方面以冷色调为主，应当清新、素雅而凝重，以体现着装者的典雅、端庄和稳重。一般选择藏青、炭黑、茶褐、土黄、紫红等色彩，不选择鲜亮抢眼的。两件套套裙的上衣和裙子可以是一色，也可以是上浅下深或上深下浅等两种不同的色彩，这样形成鲜明的对比，可以强化其留给别人的印象。一套套裙的全部色彩不要超过两种，不然就会显得杂乱无章。

3.尺寸

套裙的上衣和裙子的长短没有明确的规定。一般来讲，上衣不宜过长，下裙不宜过短。通常套裙的上衣最短可以齐腰，裙子最长可以达到小腿的中部。最理想的裙长，是裙子的下摆恰好抵达小腿肚子最丰满的地方。套裙中的超短裙，裙长应以不短于膝盖以上15厘米为限。上衣的袖长以恰恰盖住手腕为好。上衣或裙子均不可过于肥大或紧身。

4.搭配

与套裙搭配的衬衫应轻薄柔软，色彩与外套和谐。衬裙应为白色或肉色，不宜有任何图案，裙腰不可高于套裙裙腰而暴露于外。与套裙配套的鞋子宜为皮鞋，并以棕色或黑色皮鞋最好。袜子可以用肉色、浅灰、浅棕等几种常规选择，最好是单色。要选择高筒袜和连裤袜，不要暴露袜口。穿套裙的时候，要有意识地注意一下鞋、袜、裙之间的颜色是否协调。

5.装饰

套裙上不宜添加过多的点缀，否则会显得杂乱而小气。不要佩戴过度张扬的耳环、手镯、脚链等首饰。

6.穿着

在正式场合穿套裙时，上衣应该保持平整，纽扣应全部扣上，上衣的领子要完全翻好，衣袋的盖子要拉出来盖住衣袋；裙子以窄裙为主，下摆可在膝盖以上3至6厘米，不可太短，裙子里面应着衬裙；衬衫以单色为最佳之选，衬衫的下摆应掖入裙腰之内而不是悬垂于外或在腰间打结；衬衫的纽扣除最上面一粒可以不系上，其他纽扣均应扣好，衬衫之内应穿着内衣但不可显露出来。穿着西装套裙时不能脱下上衣而直接外穿衬衫。

在社会文明高度发达的今天,女大学生的着装也越来越趋于不凡,淑女裙、运动装、休闲服等已为众多女大学生所钟爱,既彰显个性又充满时尚的色彩。然而,在女大学生着装中也有露背装、露脐装等一些不和谐的着装充斥着校园。深究一下服饰的文化内涵,我们不禁会提出这样的思考,女大学生这个特定的群体应该怎样穿着才能符合自己的身份,才能够在接受别人赞叹美丽的同时受人尊敬。答案很简单,就是女大学生不应该靠过分搞怪和过分暴露去吸引别人的目光,也不应该在攀比中过分地追求名牌,只有追求大方、自然、得体,才能在拥有美丽的同时更加拥有无尽的韵味,才能让校园青春无限的女大学生美丽永恒。

五、饰品

1.首饰

佩戴首饰也应遵循 TPO 原则 其具体的要求是:

(1)佩戴首饰应注意场合。只有在交往应酬时,佩戴首饰最合适;上班时间以不戴或少戴首饰为好;从事劳动、体育活动和出席会议时也不宜戴首饰。

(2)佩戴首饰要与服装及本人外表相协调。一般穿较考究的服装时,才佩戴昂贵的首饰;穿运动装、工作服时不宜戴首饰。胖脸形的女人不宜戴大耳环,戴眼镜的女人不宜戴耳环,圆脸形的女人戴项链加个挂件。

(3)佩戴首饰要考虑性别因素。女士可以戴各种首饰,男士则只宜戴结婚戒指,最好是不戴。

(4)佩戴首饰要注意寓意和习惯。①项链是平安、富有的象征,应根据身材和个性特点,选择适当的款式和色彩。②戒指是首饰中最明显的爱情信物,佩戴戒指可表明你的婚姻状况:戴在食指上表示求婚,中指表示已在恋爱中,无名指表示已婚,小指上则表示自己是一个独身主义者。戒指一般只戴一枚,而且戴在左手上。③手镯或手链如果在左手腕或左右两腕上同时佩戴,表示已经结婚;如果仅在右手腕上佩戴,则表明佩戴者是自由而不受约束的。另外,手镯或手链的戴法,还要考虑民族的不同。中国人习惯将手镯或手链戴到右手上,而一些西方人则习惯戴在左手上。一般女士戴手镯或手链就不用戴手表。

2.饰物

(1)围巾和帽子。围巾、帽子若与服装的风格一致,可增加整体的形象美。在冬季,人们的服装色彩较暗,可以用颜色鲜艳的围巾、帽子点缀。如果服装颜色很艳丽,可用颜色素雅的帽子、围巾以求得一种色彩的平衡。帽子还应用来修饰脸形,长脸形的宜戴宽边或帽檐下垂的帽子,脸宽的人则宜戴小檐高顶帽。

(2)手提包。一般要求手提包与服装的颜色相协调。夏季拎包应轻巧,冬天提包的颜色可以鲜明些;草编的手提包配上运动衫或棉布便装就十分自然得体。

(3)眼镜。如今的眼镜已不仅是医疗保健用品,它不仅能保护眼睛,而且是一种饰品。一副精美的金边眼镜,会给人增添几分斯文,而大框架的眼镜则显出一种豪放气派。

(4)胸花。胸花有金属的、塑料的、镶嵌宝石的,还有用与衣服料子相同的呢绒做的,很有情趣。女子佩戴胸花没有一定的原则,只要看上去不刺眼就行了。

(5)手帕。作为一种饰物,在西装左上边口袋里,露出折成三角形、双尖形、花瓣状等形状的手帕,能给人增添几分风度。

第三节 仪态

行为学家认为,从仪态感觉人的内心世界,把握人的真实面目,往往具有相当的准确性和可靠性。因此,学会解读,掌握并灵活运用仪态这类无声语言对我们认识自己、了解他人有着特殊的意义。

一、仪态的含义

仪态是指人肢体运动所呈现的各种体姿造型的总称,也是一个人身体动态和静态的外观。它主要包括站、坐、走、卧、蹲、趴、表情、手势等。仪态千差万别,含义也各不相同,但是它在反映人的内心世界方面却有着共同的规律。在日常生活中,任何人的任何一种仪态都毫不遮掩地反映了这个人在特定时空环境中的某种特定的心理状态和精神面貌,一个人的仪态表现如何,从某种程度上还体现了礼仪素养。

二、仪态礼仪的基本要求

在不同情形之下的不同仪态传递着不同的信息,良好的仪态易使人与人之间的信息传递产生意想不到的积极作用,从而大大提高社会互动的质量。总而言之,无论何种仪态,在人际交往活动中,其表现都应尽可能给对方以亲切、优雅之感,这是社会审美的需要,也是仪态礼仪最基本的要求。

(一)站姿

站姿是站立时所呈现出的姿态,是其他一切姿势的基础,正确的站姿可以使身体发育匀称,不易疲劳,而且精力充沛。

1.规范的站姿

规范的站姿:直立、并膝、收腹、提臀、下肩、梗颈、收颌、正头、平目,双臂自然垂于身体两侧,或将双手叠放置于小腹位或腰际处。女性若成自然丁字步站姿则更能体现其阴柔之美。男子站立时,双脚亦可分开与肩同宽,以显其阳刚之气。在一般情况下,无论男女站姿都应当落落大方,身体略向前倾,以示亲和之礼。

2.站姿禁忌

忌侧身斜站、弯腰曲背;忌身体东倒西歪、重心不稳或随意抖动;忌倚墙靠壁;忌双手叉腰。

(二)坐姿

端庄、稳重、优雅的坐姿是人类的静态姿态美造型的又一重要形式。良好的坐姿从落座后开始就应符合要求,即动作要缓而轻。

规范的坐姿:腰背挺直,双肩放松,背部与椅部保持约一拳的距离。女士双手应掌心向下相叠或轻握放在腿面,双膝并拢,双腿斜置于后侧方。

1.常用的坐姿

(1)双腿叠坐式。上身保持坐姿,入座后两腿交叉叠放垂地,注意悬空的脚尖应向下,脚尖不应朝天。

(2)双腿叠放平行式。上身保持坐姿,入座后双腿叠放呈一条直线,双脚与地面呈45°斜放,展现出腿的修长美。适用于较低的椅位。

(3)双腿斜放式。双腿并拢,两腿同时向左侧或向右侧斜放,与地面呈40°左右的夹角,两手重叠置于左腿或右腿上,形成优美的“S”形。适用于较低的椅位。

(4)脚尖点放式。可采取正位脚尖点放式坐立坐姿和侧位脚尖点放式坐立坐姿。正位脚尖点放式坐立坐姿:入座时,双脚自然下垂于地面,脚尖面对正前方,双脚一前一后,后脚脚尖落地,双手叠放在大腿上。侧位脚尖点放式坐立坐姿:可左侧或右侧入座,双脚一前一后,后脚脚尖落地,双手叠放于大腿上。

2.坐姿禁忌

忌双手端臂、抱于脑后或膝后;忌双手乱摸乱碰、敲敲打打;忌将肘部支撑在桌上;忌将两手夹在大腿之间;忌两腿分开过大;忌翘“二郎腿”或两腿伸直、伸开;忌两腿反复抖动不止;忌将腿骑在座位上,或把腿架在较高处;忌将脚抬得过高,把脚尖指向他人,或使对方看到鞋底。

(三)走姿

规范的走姿:迈步前行时,抬头、含颌、梗脖,两眼平视前方;收腹、挺胸、直腰,上身基本保持平稳;双臂靠近身体两侧随步伐前后自然摆动,手指自然弯曲朝向体内,摆幅均匀;行走路线尽可能平直,步幅适中,步距以本人一脚长度为宜。手持卷宗行走时,则应将卷宗夹在身体一侧,切勿捧在胸前,左右摆臂。

走姿禁忌:行走时,若欲超越先行者理应先致歉后道谢,不得无理抢道先行;在各种公共场合,无特殊情况切莫慌张奔跑,否则易给他人造成不必要的紧张感,甚至导致现场秩序的混乱;在狭窄的通道或宽阔的马路上两人并排行走时不要勾肩搭背;两人以上不要并排同行,否则会给他人的行走带来不便;在室内行走时应注意放轻脚步,以免惊扰别人;在较正式场合,一些欠规范的步态也应尽量避免,比如行走时身体左右摇晃,双臂摆动不均或僵直不动、低头看地等。

(四)蹲姿

规范的蹲姿:在站立的基础上,下蹲时,左脚在前,右脚稍后,两腿靠拢向下蹲,左脚全部着地,左腿小腿基本与地面垂直,右脚脚跟提起,脚掌着地,形成左高右低的姿态,臀部朝下,主要用右腿支撑身体。蹲下时左手从身后向下捋平衣裙,双手掌心向下叠放在左侧的大腿上。

常用的蹲姿:一是单膝点式,在站姿的基础上,即下蹲后,一腿弯曲,另一腿跪着;二是双腿交叉式,在站姿的基础上,即下蹲时,两腿交叉在一起。

蹲姿禁忌:在公共场合中,面对别人蹲下,这样会使别人不便;背对别人,这样做对别人不够尊重;两脚平行交叉,在别人面前不文雅。

(五)表情

表情是一个人内心情感在脸部的外化,这种外化主要通过人脸部肌肉的运动得以最终实现。随着内心情感的变化,人的表情呈现为各种形态,其中的喜、怒、哀、乐、厌、恨、愁是人体最为常见的七种表情,它们从不同侧面诠释着人类丰富的情感世界。喜乐的表情传递着亲善、友好和尊重的信息,它给人如沐春风之感。真诚的微笑是世人公认的人类最美好的语言,它无需翻译,世人皆知,易使交往双方产生心灵的共鸣。有人甚至将微笑比作"成功道路上的通行证"。

(六)目光

目光在人际交往中具有传神的功效。人们通过眼部肌肉、眼球的运动及瞳孔、视线的变化向外界传递的信息即为目光语。行为学家认为,交往双方四目相投、目光交接之际才是人际交往真正开始之时,没有视觉互动便没有真正意义上的人际互动。然而并不是所有的视觉互动都能够令对方愉快地接受,都一定有助于互动的深入开展。相对而言,亲切、友好、大方的目光往往更使人们乐于接受,也更能够体现行为主体自身良好的礼仪修养。

在人际交往时,首先要学会礼貌地正视交往对象,即将视线停留在对方的前额和嘴之间的面部区域内,并保持经常性的目光接触。一般社交场合,目光应多集中于对方的双眼至嘴之间的区域范围,这样易使双方产生亲和力,有益于交往的继续进行。在公务活动中则应选用公务正视与他人交流。公务正视要求将目光都注意在交往对象的前额及双眼之间,以示对对方的尊重。特别强调的是,无论哪一种正视都不得给人以威逼感,也不能过多出现目光的游离或心不在焉式的左顾右盼,以免失礼。其次,在交往过程中应对交往对象的目光做出积极的反应,不得漠然不理;而无故盯视陌生人则属于失礼行为。

(七)手势

手势是人际交往的第二张面孔,它千姿百态。人的手势是通过手指、手掌、手腕的动作变化而形成的各种造型,具有言情、指示等多种表达功能。作为一种无声的信息传递方式,手势常伴随着有声语言的交流而出现,它能够增添表情达意的情感色彩,使人们的语言交流内容更丰富、表达更准确。手势运用一求少而准;二求动作幅度适中;三求优雅自然;四求与社会风俗相符。尤其在正式场合,手势过多、幅度过大、生硬呆板或有悖于交往对象的习俗惯例,易出现沟通障碍,从而影响交流质量,同时也无益于行为者形象的维护。

如当需要伸手为他人指示方向时,不要仅伸一个手指。正确指方向的手势应该是:五指自然伸直,掌心向上,举手抬臂指向需指的方向,身体同时也朝向此方向。又如在一般社交场合,不得用手指指点点与他人说话,因为此举有轻视对方之嫌,极易引起他人的反感。

(八)其他姿势

1.低处拾物

拾捡掉落在地面上的东西或在低处取放物品时,应走近此物品,上身保持正直,单腿高低式蹲下。这样既可轻松自如地达到目的,又无损于自身的体姿造型。那些直腿弓腰、翘臀或双腿平蹲的姿态都难以给人以视觉的美感。

2.提携重物

在拎包或提包时,若遇物品过重,则应有意识地将其分为重量相仿的两包,分提于身体的两侧,使两臂受力均匀,以节省体力并保持体态的平稳。否则行走时不仅颇费力气,也很难避免因重心偏移而导致身体摇晃。

3.上下楼梯

行走于楼梯之上,按惯例上楼、下楼一律都得靠楼梯的右侧行走。无论上楼还是下楼,行走着的上身均应保持挺直,双眼平视前方,勿低头看台阶,迈步、抬腿、落脚都要轻,重心落于前脚掌上。无故不得并步疾行、横冲直撞。

4.搭乘轿车

欲进入车内,一定要先侧身坐于车座之上,而后将双腿和双脚同时向车内移动,再将身体调整到位,安坐待行。下车时,亦应将双腿双脚先往车门外移动再侧身下车。最不雅的乘车姿势莫过于:上车时低头、弓腰、翘臀钻进车内,双脚一前一后紧跟其上,如同爬行;下车时则先猫腰探头,随即急速钻出车外。

第四节　言谈

凡是有人类存在的地方都少不了语言,凡是有语言交流的地方都少不了言谈礼仪。不符合礼仪规范的言谈不仅会使交往者的信息沟通受阻,而且还会影响双方的情感交流。

一、言谈的含义及其类型

(一)言谈的含义

言谈是人们在一定语境中,有目的地、以口语及体势语言进行信息传播和交流的一种活动。它是一种有来有往、相互交流感情的双边或多边活动。这种活动主要是利用有声语言符号系统通过口述和听觉来实现的,即通过对话来表达思想、传递信息。言谈成为我们日常生活中最常用、最主要的一种人际传播手段。在社会互动中,悦目的个人仪表固然重要,而有礼有节的言谈更是必不可少的,因为这不仅有利于传递信息、交流思想,而且还有助于加深人与人之间的了解,增进双方的友谊。

(二)言谈的类型

从总体看,言谈的形式各种各样,从不同的角度可进行不同的归类。我们在此仅介绍两种最基本的言谈分类。

1.按语境和内容划分

按交流对象所处的语境及交流的内容划分,言谈可分为正式言谈和非正式言谈两种形式。

正式言谈即正式谈话,这是一种双方经过协商约定了主题、目的、时间和地点的谈话,如谈判、访谈等。一般而言,正式言谈的气氛较为严肃,涉及的礼仪规范也相对较多一些。

非正式言谈,即双方事先未做准备的、比较自由而随意的一种随机性谈话。比如与熟人见面后的寒暄、朋友相聚时的闲聊等等,均属此类言谈。较之于正式言谈,非正式言谈在形式上更显活泼,气氛更为活跃,也更益于言谈者之间的交流。

2.按方法和技巧划分

按交流的方法和技巧划分,言谈可分为直率言谈和委婉言谈两种形式。

(1)直率言谈是交往双方之间表达自己的思想感情,不拐弯抹角而直言相告的一种言谈形式。在表达肯定意义时,在能够给对方以积极的情感体验的交流过程中采用直率言谈方式,通常能够为人所接受。但涉及某些令人不悦的话题时,若依旧以直率的方式进行交谈,则极易产生负面影响。

(2)委婉言谈指交流双方运用比较含蓄的措辞来表达本意的一种言谈形式。换言之,说话人故意说一些与事实相关或相似之事来烘托本要直说的意思,就是所谓的委婉言谈。在日常生活中,总存在一些不便直说或是当时的语境不允许直说而又必须加以说明的事情,对此以委婉的方式表达本意就显得十分重要。

二、言谈的语言形式

人们进行交谈,实现传递信息、交流思想的目的必须借助一定的语言形式。常用的语言形式主要有有声语言、无声语言和类语言等三种。

1.有声语言

有声语言即自然语言,是发出声音的口头语言,这是一种以说和听为形式的语言,也称口语。有声语言是人们在日常生活中使用频率最高的一种语言形式。

2.无声语言

无声语言是借助非有声语言来传递、表达感情,参加交际活动的一种不出声的伴随语言。它可分为默语和体语两大类,默语是话语中短暂的停顿或沉默,书面形式用省略号来表示;体语即人体语言的简称,它以人的动作、表情、界域和服饰等来传递信息,又称态势语、身势语、体态语、动作语言和非语言交际等。

3.类语言

类语言是一种有声而无固定意义的语言,在语言学中也称副语言,一般包括声音要素和功能性发声两大部分。声音要素涉及音强、音长、音高、音色,功能性发声包括哭、笑、叹息等。在言谈过程中经常使用的类语言形式有说话时的重读、语调、语速的变化、笑声和掌声等。这些都是不分音节而能发出声音来的语言。它们虽无固定语义,但其表现力有时却胜于有声语言。

以上三种语言形式往往同时或交叉使用于人类各种形式的言语活动中,各自分开单独使用的情况在现实中很少见。可以说正是有声语言、无声语言、类语言三种语言形式的相互作用,人们准确和充分地表达自己的思想感情才成为可能。

三、礼貌语言

礼貌语言的用途非常广泛,内容十分丰富,可根据不同的情境,针对不同的对象灵活运用,既要彬彬有礼,又要不落俗套。全国推行的十字文明用语:“您好”、“请”、“谢谢”、“对不起”、“再见”,是必须掌握的常用语言。常用的礼貌语主要有以下几种:

1.问候语

人们日常见面时,问候寒暄的方式主要有两种:一种是言语招呼,一种是非语言招呼,如见面时注目微笑、点头鞠躬、举手示意等。

问候不能千篇一律,应该根据不同时间、不同场合、不同对象有所变化。

比如通用的问候语有:"你(您)好"、"你(您)早"、"早上好"、"早安"、"上午好"、"下午好"、"晚上好"、"晚安"等。与外国人见面应用相应的英语。

2.请托语

请托语是指向别人提出请求的话语。常用的请托语有:"请"、"有劳您(你)"、"劳驾"、"拜托"、"借光"、"烦劳"、"赏光"、"鼎力"、"俯就"、"劳您费心"等。英语国家一般用"对不起",日本则用"请多关照"、"拜托您了"。向别人提出请求时,应"请"字当先,而且语气诚恳,不要低声下气,更不要居高临下,还要注意把握恰当的表达时机。

3.致谢语

致谢语,是指对他人的好意或对自己的帮助表达致谢的话语。常用的致谢语有:"谢谢"、"多谢"、"非常感谢"、"十分感谢"、"麻烦您了"、"有劳你了"、"难为你了"、"劳您费心了"等。

4.致歉语

致歉语是指向别人表示致歉的话。常用的致歉语有:"对不起"、"请原谅"、"很抱歉"、"打扰了"、"真过意不去"、"让您久等了"等。真诚的致歉可以化解矛盾,修复裂痕,消除内疚,解除难堪,赢得友谊,取得谅解,得到敬重,获得威信。

5.礼赞语

礼赞语是称赞他人的语言。人人需要赞美,称赞要出自真诚,发自内心,源于对他人的尊重和欣赏。在交往中,要善于发现别人的优点,并且真诚地礼赞它,达到"雪中送炭"的效果,从而缩短双方的心理距离。常用的礼赞语有:"很好"、"太好了"、"很不错"、"美极了"、"太棒了"等。

6.委婉语

委婉语指在讲话时,不直接说明本意,而是用委婉的词语加以暗示,使他人意会的语言。委婉语的作用不可低估,它可减少刺激性,避免使对方难堪,或使自己说话留有余地,免于被动。得体的委婉语能表明你的善意和对别人的尊重,更体现你的语言素养,展现文明和高雅的风度。常见的委婉语有:把"人死了"说成"逝世"、"去世"、"作古"等,把"瘸子"说成"行动不便",把"瞎子"说成"盲人",把"结巴"说成"口吃"等。

7.谦让语

谦让语也称谦语、谦词,它是向人表示谦恭和自谦的语言。常用的谦让语除自谦外,还有"请用餐"、"请用茶"、"请多指教"、"请多关照"、"请留步"

等。

8.安慰语

安慰语,指对别人进行安慰的语言。常用的安慰语有:“请您稍候”、“让您久等了”、“让您受累了”、“您辛苦了”、“请保重”、“不必担心,我们会料理的”等。

9.征询语

交往中,接待者经常地、适当地使用征询式用语,会使受接待者感受到受重视的程度。常用的征询语有:“您有什么事吗”、“您喜欢……吗”、“您需要……吗”、“我能为您效劳吗”、“我能为您做点儿什么吗”、“您还有什么别的事吗”、“您不介意的话我可以看一下吗”、“我可以进来吗”、“……您介意吗”,等等。

10.祝贺语

祝贺语,指对别人进行祝贺的语言。一般祝贺语有:“恭喜恭喜”、“祝贺您的成功”等,应者以“同喜同喜”或“谢谢”表示回应。节日祝贺语有:“祝您节日快乐”、“祝您圣诞快乐”、“新年快乐”等。生日、婚庆祝贺:若是平辈生日,可说“生日快乐”、“心想事成”;对寿星则可说“寿比南山”、“福如东海”,而婚庆则说“白头偕老”等。祝愿语有:“祝你好运”、“祝你成功”、“祝你幸福”等。

11.告别语

告别语,指向人道别时所说的话语。常见的告别语有:“再见”、“祝您一路平安,旅途愉快”、“一路顺风”、“欢迎再次光临”、“希望以后多多联系”、“非常感谢您的光临,再见”、“保重”、“路上小心”、“后会有期”等。应根据离别的不同去向、环境使用恰如其分的告别语。

礼貌用语很多,在我们日常工作中,最基本的首先应掌握好这十个字:您好,请,对不起,谢谢,再见。如何运用,给大家一个顺口溜:“您好”不离口,“请”字放前头(放在请求别人做事的话之前),“对不起”时时有,“谢谢”跟后头(用在别人帮助我们之后),“再见”送客走。

为了方便大家掌握,我们把用于不同情境和场合的礼貌用语归纳成“七字诀”,供大家参考。

常用礼貌用语七字诀:

与人相见说“您好”,问人姓氏说“贵姓”,问人住址说“府上”。

仰慕已久说“久仰”,长期未见说“久违”,求人帮忙说“劳驾”。

向人询问说“请问”，请人协助说“费心”，请人解答说“请教”。

求人办事说“拜托”，麻烦别人说“打扰”，求人方便说“借光”。

请改文章说“斧正”，接受好意说“领情”，求人指点说“赐教”。

得人帮助说“谢谢”，祝人健康说“保重”，向人祝贺说“恭喜”。

老人年龄说“高寿”，身体不适说“欠安”，看望别人说“拜访”。

请人接受说“笑纳”，送人照片说“惠存”，欢迎购买说“惠顾”。

希望照顾说“关照”，赞人见解说“高见”，归还物品说“奉还”。

请人赴约说“赏光”，对方来信说“惠书”，自己住家说“寒舍”。

需要考虑说“斟酌”，无法满足说“抱歉”，请人谅解说“包涵”。

言行不妥“对不起”，慰问他人说“辛苦”，迎接客人说“欢迎”。

宾客来到说“光临”，等候别人说“恭候”，没能迎接说“失迎”。

客人入座说“请坐”，陪伴朋友说“奉陪”，临分别时说“再见”。

中途先走说“失陪”，请人勿送说“留步”，送人远行说“平安”。

四、交谈

交谈是人们日常交往的基本方式之一。美国著名的语言心理学家多罗西·萨尔诺夫曾说过：“说话艺术最重要的应用，就是与人交谈。”从广泛意义上来讲，交谈是人们交流思想、沟通感情、建立联系、消除隔阂、协调关系、促进合作的一个重要渠道。交谈往往体现一个人的修养，愉快的交谈不仅是语言的流露，也是礼节的显现。因此，与人交谈时应注意文明礼貌。社交场合，交谈的礼节要求可以从以下方面把握：

（一）交谈的态度

1.表情自然

(1)交谈时目光应专注，或注视对方，或凝神思考，从而和谐地与交谈进程相配合。眼珠一动不动，眼神呆滞，甚至直愣愣地盯视对方，都是极不礼貌的。目光游离，漫无边际，则是对对方不屑一顾的失礼之举，也是不可取的。如果是多人交谈，就应该不时地用目光与众人交流，以表示交谈是大家的，彼此是平等的。

(2)交谈时可适当运用眉毛、嘴、眼睛在形态上的变化，表达自己对对方所言的赞同、理解、惊讶、迷惑，从而表明自己的专注之情，并促使对方强调重点、解释疑惑，使交谈顺利进行。

(3)交谈时的表情应与说话的内容相配合。与上级领导谈话，应当恭敬而大方;与群众谈话,应当亲切而温和;在秉公执法时说话,应当严肃而认真。

2.举止得体

人们在交谈时往往会伴随着做出一些有意无意地动作举止。这些肢体语言通常是自身对谈话内容和谈话对象的真实态度的反应。因此,大学生要对自己的举止予以规范和控制。

(1)适度的动作是必要的。例如,发言者可用适当的手势来补充说明其所阐述的具体事由。倾听者则可以点头、微笑来反馈"我正在注意听"、"我很感兴趣"等信息。可见,适度的举止既可表达敬人之意,又有利于双方的沟通和交流。

(2)避免过分、多余的动作。与人交谈时可有动作,但动作不可过大,更不要手舞足蹈、拉拉扯扯、拍拍打打。为表达敬人之意,切勿在谈话时左顾右盼,或是双手置于脑后,或是高架"二郎腿",甚至剪指甲、挖耳朵等。交谈时应尽量避免打哈欠,如果实在忍不住,也应侧头掩口,并向他人致歉。尤其应当注意的是,不要在交谈时以手指指人,因为这种动作有轻蔑之意。

3.遵守惯例

除了表情和举止之外,在交谈时往往能通过一些细节来体现自己的谈话态度。为表达自己的诚意、礼貌与热忱,在这些细节的处理上要遵守一定的既成惯例。

(1)注意倾听。倾听是与交谈过程相伴而行的一个重要环节,也是交谈顺利进行的必要条件。大学生在交谈时务必要认真聆听对方的发言,用表情举止予以配合,从而表达自己的敬意,并为积极融入交谈中去做最充分的准备。切不可追求"独角戏",对他人发言不闻不问,甚至随意打断对方的发言。

(2)谨慎插话。交谈中不应当随便打断别人的话,要尽量让对方把话说完再发表自己的看法。如确实想要插话,应向对方打招呼:"对不起,我插一句行吗?"但所插之言不可冗长,一两句点到即可。

(3)礼貌进退。参加别人谈话之前应先打招呼,征得对方同意后方可加入。相应地,他人想加入己方交谈,则应以握手、点头或微笑表示欢迎。如果别人在个别谈话,不要凑上去旁听。若确实有事需与其中某人说话,也应等到别人说完后再提出要求。谈话中若遇有急事需要处理,应向对方打招呼并表示歉意。值得注意的是,男士一般不宜参与妇女圈子的交谈。

(4)注意交流。交谈是一个双向或多向交流的过程,需要各方的积极参与,因此在交谈时切勿造成“一言堂”的局面。自己发言时要给其他人发表意见的机会,别人说话时,自己要适时发表个人看法,互动式促进交谈进行。

(二)交谈的语言

语言是交谈的载体,交谈过程即语言的运用过程。语言运用是否准确恰当,直接影响着交谈能否顺利进行。因此,大学生在交谈中要尤其注意语言的使用问题。

1.平易通俗

大学生所使用的语言最好是让人一听便懂的明白话。如果大学生在交谈时所使用的语言过于雕琢,甚至咬文嚼字、矫揉造作,满嘴的专业术语和子曰诗云,堆砌辞藻、卖弄学识,则只会让人闻之生厌,不知所云。

2.文明礼貌

日常交谈虽不像正式发言那样严肃郑重,但也要注意用语的文明礼貌。

(1)在交谈中,要善于使用一些约定俗成的礼貌用语,如“您”、“谢谢”、“对不起”等。尤其应当注意的是,在交谈结束时,应当与对话方礼貌道别,如“有空再聊吧”、“谢谢您,再见”等。即使在交谈中有过争执,也应不失风度,切不可来上一句:“说不到一块儿就算了”、“我就是认为我对”等。

(2)交谈中应当尽量避免一些不文雅的语句和说法,不宜明言的一些事情可以用委婉的词句来表达。例如想要上厕所时,宜说:“对不起,我去一下洗手间。”

(3) 大学生在交谈时切不可意气用事,以尖酸刻薄的话对他人冷嘲热讽,也不可夜郎自大、目中无人,处处教训指正别人。

3.简洁明确

大学生在交谈时所使用的语言应当力求简单明了,言简意赅地表达自己的观点和看法,切忌喋喋不休、啰啰唆唆。

交谈时最基本的一点,就是要让他人准确无误地听懂自己的发言。因此大学生交谈时务必要使用明确的语言。

(1)发音标准。交谈时起码的一点是要让对方听清自己的话,否则就根本谈不上交流。忌用方言、土语,而以普通话作为正式标准用语。

(2)含义明确。交谈时所说的话不可产生歧义,模棱两可,以免产生不必要的误会。

(三)交谈的内容

交谈的内容是关系到交谈成败的决定性因素。大学生所选择的交谈内容，往往被视为个人品位、志趣、教养和阅历的集中体现。交谈内容的选择应当遵守一定的原则和要求。

1.切合语境

语境即说话的语言环境，它指的是说话的客观现场环境，包括时间、地点、目的以及交谈双方的身份等内容。大学生在交谈内容的选择上要切合语境，主要有下面两层含义。

(1)遵守“TPO”原则。大学生的交谈内容务必要与交谈的时间、地点与场合相对应，否则就有可能犯错误。

(2)符合身份。交谈者的身份也是语境的构成要素之一。大学生作为学校的形象代表，其交谈内容的选择一定要符合身份，要努力使自己的谈话符合学生的规范。

2.因人而异

所谓因人而异，即是指大学生在交谈时要根据交谈对象的不同而选择不同的交谈内容。

(1)谈话的本质是一种交流与合作，因此大学生在选择交谈内容时，就应当多为谈话对象着想，根据对方的性别、年龄、性格、民族、阅历、职业、地位而选择适宜的话题。如果完全不考虑这些因素，交谈就难以引起对方的共鸣，难以达到沟通和交流的目的，甚至出现对立的情况。

(2)正是由于交谈各方往往有着不同的性别、年龄阅历和职业等主观条件，交谈中经常会发现彼此有不同的兴趣爱好、关注话题等。遇到此种情况，大学生应当本着求同存异的原则，选择大家都感兴趣的话题作为谈话内容，如果选择了双方都不感兴趣或者只有一方感兴趣的话题，交谈只能是不欢而散。如果交谈各方在交谈中对某一问题产生了意见或观点的分歧，不妨进行适度的辩论。但这种辩论是建立在理性基础上的，如果谁也不能说服谁，就应当克制自己的情绪，保留分歧。切不可为了强行说服别人而争得面红耳赤，导致不欢而散。

3.一般要求

(1)选择高雅的内容。大学生在交谈时要自觉地选择高尚、文明、优雅的内容，例如哲学、历史、文学、艺术、风土、人情、传统、典故，以及政策国情、社会发展等话题。

(2)选择轻松的内容。大学生在交谈时要有意识地选择那些能给交谈对象带去开心与欢乐的轻松的话题，除非必要，切勿选择那些让对方感到沉闷、压抑、悲哀、难过的内容。

(3)选择擅长的内容。交谈的内容应当是自己或者对方所熟知甚至擅长的内容。选择自己所擅长的内容,就会在交谈中驾熟就轻,得心应手,并令对方感到自己谈吐不俗,对自己刮目相看。选择对方所擅长的内容,则既可以给对方发挥长处的机会,调动其交谈的积极性,也可以借机向对方表达自己的谦恭之意,并可取人之长,补己之短。应当注意的是,无论是选择自己擅长的内容,还是选择对方擅长的话题,都不应当涉及另一方一无所知的内容。否则便会使对方感到尴尬难堪,或者令自己贻笑大方。

(4)回避忌讳的内容。每个人都有自己忌讳的话题,因此大学生在交谈时务必要注意回避对方的忌讳,以免引起误会。

由于中外生活习惯的差异,许多国内司空见惯的话题往往是触犯外国人禁忌的敏感内容。因此大学生在与外国人打交道时,尤其要注意回避对方忌讳的话题。例如,过分地关心他人的行动去向,了解他人年龄、婚姻、收入状况,询问他人身高体重等,都被外国人视为是对其个人自由的粗暴干涉,是交谈所不宜涉及的。

(四)交谈的方式

交谈的方式,即人们在与他人进行交谈时所采用的具体的形式。交谈方式的选择恰当与否,对于能否正确进行人际沟通、恰当表达个人思想、友善传递敬人之意都起着相当关键的作用。一般而言,可供大学生选择运用的谈话方式主要有如下六种。

1.倾泻式交谈

倾泻式交谈,就是人们通常所说的“打开窗户说亮话”,无所不言,言无不尽,将自己的所有想法和见解统统讲出来,以便让对方较为全面客观地了解自己的内心世界。倾泻式交谈方式的基本特征是以我为主,畅所欲言。

采用倾泻式交谈方式,易赢得对方的信任,而且可以因势利导地掌握交谈主动权,控制交谈走向。但此种交谈方式会给人以不稳重之感,有可能泄密,而且还会被人误以为是在和对方“套近乎”。

2.静听式交谈

静听式交谈,即在交谈时有意识地少说多听,以听为主。当别人说话时,除了予以必要的配合,自己主要是洗耳恭听。在听的过程中,努力了解对方思路,理清头绪,赢得时间,以静制动。

静听式交谈的长处在于它既是表示谦恭之意的手段,亦可后发制人,变被动为主动。但此种方式并非要人自始至终一言不发，而要求以自己的片言只语、神情举止去鼓励、配合对方。否则就会给人以“居官自傲”、“自命不凡”之感。

3.启发式交谈

启发式交谈，即交谈一方主动与那些拙于辞令的谈话对象进行合作，在话题的选择或谈话的走向上对对方多方引导、循循善诱，或者抛砖引玉，鼓励对方采用恰当方式阐述己见。

4.跳跃式交谈

即在交谈中，倘若一方或双方对某一话题感到厌倦、不合时宜、无人呼应或难以回答时，及时地转而谈论另外一些较为适当的、双方都感兴趣的话题。

跳跃式交谈的长处在于可使交谈者避免冷场的尴尬，恢复交谈的顺利进行。跳跃式交谈虽可对交谈话题一换再换，但交谈者切勿单凭个人兴趣，频繁跳换话题，让对方无所适从。要使双方处于平等的地位，共同选择适当的内容。

5.评判式交谈

评判式交谈，即在谈话中听取了他人的观点、见解后，在适当时机，以适当方法恰如其分地进行插话，来发表自己就此问题的主要看法。此种方式的主要特征是在当面肯定、否定或补充、完善对方的发言内容。

大学生在涉及根本性、方向性、原则性问题的交谈中，有必要采取评判式方式。采用这种方式的关键是要注意适时与适度，同时要重视与对方彼此尊重，彼此理解，彼此沟通。

6.扩展式交谈

扩展式交谈，即围绕着大家共同关心的问题，进行由此及彼、由表及里的探讨，以便开阔思路、加深印象、提高认识或达成一致。扩展式交谈的目标在于使各方各抒己见，交换意见，以求集思广益。

扩展式交谈方式能使参与交谈的有关各方统一思想，达成共识，或者交换意见，完善各自观点。大学生在进行扩展式交谈时，一定要注意就事论事，以理服人。

（五）交谈的禁忌

俗话说：“英雄莫问出处，落魄莫问根由。”这体现了与人交谈时应注意的准则。每个人都有自己的心理忌讳，都有不愿让人知道的秘密。与人交谈时，如果忽视别人的忌讳，贸然探问别人的隐私，会引起对方的不满，使交谈陷入尴尬，甚至会在彼此日后的关系中留下阴影。因此，大学生在交谈时要注意以下禁忌：

1.初交莫问年龄

人人都喜欢自己年轻漂亮、健康成长，不愿意自己青春已逝、人老珠黄。一个人的年龄，往往会对学业、职业、婚姻等方面产生重要影响，因此，除了未成年人外，若不是故交知己，一般不要问及年龄，与人初交更要注意。

2.见面莫问收入

无论在国内还是国外，家底都属于个人隐私，除了执法人员依法调查外，别人是无权过问的。如果一见面就探问别人的经济收入，是不礼貌、不友好的行为，一般是会遭到拒绝的。

3.成功莫问出身

有许多成功人士，其家庭背景、个人出身、人生经历中，往往有这样那样不愿广而告之的秘密。如果在交谈时不顾对方的感受，贸然闯入其隐私禁区，谈话是注定会失败的。一个人家境贫寒、出身卑贱、学历偏低之类，本不是羞耻之事，但是除非本人主动谈到之外，别人在谈话中去探问、去评说都是不妥当的，有贬低别人之嫌，效果会适得其反。

4.失意莫问原由

人生之旅不可能是一帆风顺的，挫折、失意是不可避免的事。这时，失意者的心境本来就很懊恼，也最怕别人追根问底。如果此时不体谅对方的情绪，偏偏往伤口上撒盐，谈话很可能陷入僵局。人们在失意时，心情郁闷，特别敏感，作为朋友，应善解人意，好言抚慰。

总而言之，每个人都有自己的心理忌讳处，都有心灵的伤痛点。这都是人的隐私，在交谈中应小心翼翼地回避、呵护、尊重这些隐私。尊重人权、尊重人的隐私权，努力养成文明、进步的谈话习惯。

第三章 社交礼仪

一个人生活在社会中，总要以各种形式与他人进行交往，这种交往即为社会交往。人们在长期的社会交往活动中，根据一定的风俗、习惯，逐渐形成了一些惯用的交往规则，这就是人们常说的礼节。礼仪是礼节的一个组成部分，是表现礼节的一种仪式形式，是社会文明的标志。

知书达理，待人以礼，应当是当代大学生的一个基本素养。然而，在大学校园仍有许多不知礼、不守礼、不文明的行为，如随地吐痰、说话不文明，不懂得尊敬别人等，因此，对大学生进行社交礼仪教育具有跨时代、跨世纪的特殊意义。

第一节 会面

一、称谓

称谓，是指人们在日常交往应酬中彼此之间的称呼语。在人际交往中，选择正确、适当的称谓，是交往成功的一个重要因素，也反映着一个人的修养及对对方的尊敬程度，甚至还体现着双方关系发展所达到的程度和社会风尚。

(一)方式

1.国际

(1)通称：国际上不论长幼，通常称成年男子为先生，对已婚女子称夫人、太太或女士；对未婚女子称小姐；对不了解婚姻状况的女子也可称小姐或女士。在西方，女士们普遍喜欢用比自己实际年龄小的称谓。

(2)职衔称：① 对官方人士：一般称阁下，如×××部长阁下。② 对有明确职衔者：可单独称其职务、职称或学位，如×××律师、×××教授。③ 对军界人士：一般称其军(警)衔或军(警)衔加先生，如××将军、××警官先生。④ 对神职人员：可称呼其神职，或姓名加神职，如××牧师。

(3)习惯称：对来自君主国家的贵宾，则按其国内的习惯称呼，如××国王、××公主、××亲王殿下等。有的国家习惯称同志，可以称呼姓名加同志，如××同志。

2.国内

(1)通称：过去我国在彼此称谓中不分交往人的年龄、性别、职业、职务等，一概通称“同志”，改革开放后此称呼逐渐少用，而代之以“先生”、“小姐”、“女士”等国际通用的称谓。另外，在校学习、现役官兵则互称为“同学”、“战友”等。

(2)敬称：交往中为体现对他人的尊重和自己的修养，在称呼对方时，常用“您”、“贵”、“令”、“兄”、“玉”、“金”等词，以表明说话人的谦恭和客气。如贵厂、贵院、玉体、令尊(对方父亲)、令堂(对方母亲)、嘉宾等。

(3)谦称：在敬称对方的同时，中国人讲究谦虚地称谓自己和家人。如称己方为“愚方”，称自己的著作为“劣著”，称自己的住处为“寒舍”，称自己的长辈、年长的家人，冠以“家”字，如称父亲为家父或家严，称母亲为家母或家慈，称比自己辈分低的、年龄小的家人，则冠以“舍”、“犬”、“小”字，如舍弟、舍侄、犬子、小女、小婿等。

(4)职业称：在与一些职业特征比较明显的对象交往时，为了对对方职业和劳动技能的尊重，通常称其职业，或姓氏后加职业，如李医生、方护士、张老师等。

(5)职衔称：对国家干部或有明显职衔的人士，交往双方通常都用职衔称，如王处长、李书记、刘校长等。

(6)姓氏称：这是我国在称谓方面与国际惯用称谓的又一不同点。当对方与自己比较熟悉且是同辈人时，常用“老＋姓”呼之，如老黄。若对方比自己年龄大，且属德高望重者，则称“姓＋老”，如周老。若对方比自己年龄小、身份低，则称“小＋姓”，如小刘。

(7)亲属称：在与非亲属人士交往中，有时以对方亲属称谓称之，如李奶奶、陈爷爷、吴姐等，能给人以亲切、热情、敬重之感，尤其是在非正式场合的民间交往中，能使人倍感亲切。这种称谓还常常反映出人们之间的亲密程度。

(二)避讳

在人际交往中使用称谓时，一定要避免以下几种错误的做法。

1.错误

(1)误读：念错对方的姓名，如“查”(Zhā)而不读“查”(cha)、“区”(ōu)而不读区(qu)等,这些姓氏容易读错,要避免犯此类错误,一定要做好先期准备,不耻下问,虚心请教。

(2)误会:把对方的年纪、辈分、婚否以及与他人的关系做出了错误的判断,如将未婚女子称为“夫人”等。

2.不通用

有些称谓有一定的地域性,比如北京人喜爱称人为“师傅”,山东人喜爱称人为“伙计”,而在南方人听来,“师傅”就像是“出家人”,“伙计”就像是“打工仔”。

3.失礼

有些称谓在特定的场合使用可能是亲切的、自然的,但在另一些场合则被认为是无礼的或令人不愉快的。所以,应当对以下称谓有所避讳。

(1)小名:又叫乳名。在公共场合、正式场合称他人的小名是对他人的不尊重。

(2)昵称:是一种亲热的称呼,一般用于长辈对晚辈,朋友、恋人、夫妻之间的称呼。在正式场合不宜使用。

(3)绰号:是个人本名以外的多余的称号,是外人根据其特征另起的名字。大都有亲昵、憎恶或敬畏、调谑、嘲讽的意味。给人起绰号或称呼绰号是对他人的不尊重,是极其无礼的行为。

(4)蔑称:是蔑视交往对象的一种称谓,如“土包子”、“洋鬼子”等,都是非常失礼的行为,极易伤害交往对象,应绝对禁止使用。

二、介绍

在社会活动中,经常要结识一些新的交往对象,这就离不开自我介绍、为他人介绍等等。无论哪种介绍,都必须遵守一定的礼仪规范。在社交场合,如能正确地利用介绍礼仪,不仅可以扩大自己的交际圈,广交朋友,而且有助于展示自我,宣传自我,并且可以在人际交往中消除误会,减少麻烦。

(一)介绍的顺序

按照礼仪要求,介绍的普遍原则是:受尊重的一方,有了解对方的优先权,即“尊者优先”原则。根据这一规则,介绍的顺序是:

(1)将男士介绍给女士。如“王小姐,我来给你介绍一下,这位是李先生”。但如果男士为尊者或长者时,则应将女士介绍给位尊的、年长的男士。

(2)将年轻者介绍给年长者。在同性别的两人中,年轻者应该被介绍给年长者，如“王伯伯，这是我的同事张凡”。

(3)将身份低者介绍给身份高者，如“陈厅长，这位是我校的刘老师”。

(二)介绍时的称谓

介绍时，介绍人不仅要将被介绍人与自己的关系进行介绍，同时要将其姓名、职务、职称、供职单位等进行介绍，以便对方知道和选择合适的称谓。如：“王经理，这位是我的侄女刘小莉，××大学管理学院的应届毕业生。”

(三)被介绍者的应对

除长者、尊者可就座微笑或略欠身致意外，一般均应起立，微笑致意并伴有“认识你真高兴”之类的话语。在宴会桌、会议桌上也可不起立，被介绍者只需略欠身微笑、点头，有所表示即可。

(四)介绍的方式

在工作和社交场合介绍有多种多样的方式。

1.自我介绍

就是在必要的社交场合，将自己介绍给他人，以使对方认识自己。自我介绍的方式有：

(1)应酬式。适用于一般性的社交场合。往往只介绍姓名一项即可，如：“您好！我叫罗逸。”

(2)工作式。主要用于工作中。介绍内容包括本人姓名、工作单位、担负的职务或从事的具体工作三项，这三项内容又成为工作式自我介绍的“要素”。如：“您好，我叫江波，我是××医学院的学生。”“您好，我叫金辉，我是您的责任护士，您有什么需要随时可以找我。”

(3)交流式。适用于需要进一步沟通时。介绍内容包括姓名、工作、籍贯、学历、兴趣、与交往对象的某些熟人关系等，如：“您好，我叫刘雅，现在在××学校工作，我是××师范大学90届的毕业生，我想咱们是校友，对吗?”

(4)礼仪式。适用于讲座、报告、演出、庆典仪式等一些正规而隆重的场合。它是一种意在表示对交往对象友好、敬意的自我介绍。介绍的内容除了姓名、单位、职务外，还应增加一些适宜的谦语、敬语，以示自己礼待交往对象，如：“各位来宾，大家好！我叫张凯，是××高职学院的院长，我代表本学院全体师生、员工，热烈欢迎大家光临我院的挂牌仪式，谢谢各位的支持。”

(5)问答式：适用于应试、应聘和公务交往场合。如：

问：“请介绍一下你的基本情况。”

答:"各位好,我叫李敏,是××大学计算机专业应届毕业生,现年22岁,山东济南人,中共党员,担任班上学习委员,曾获特等奖学金,2次被评为三好学生。"

2.他人介绍

是经第三者为彼此不相识的双方引见、介绍的一种方式。第三者介绍通常都是双向的,即将被介绍双方均做一番介绍。有时,也可进行单向的介绍,即只将被介绍人一方介绍给另一方。其前提是前者了解后者,而后者不了解前者。

根据实际需要的不同,为他人作介绍时的内容、方式也会有所不同。通常有以下几种形式:

(1)标准式。内容以双方的姓名、单位、职务为主,适用于正式场合。如:"我来给两位介绍一下,这位是××电器厂办公室的刘主任,这位是××集团的张总。"

(2)简介式。内容往往只有双方姓名一项,甚至只提到双方姓氏,适用于一般的社交场合。接下来,则要由被介绍者见机行事。如:"我来介绍一下,这位是小邓,这位是小刘,你们认识一下吧。"

(3)强调式。其内容除被介绍者的姓名外,往往还会刻意强调一下其中某位被介绍者与介绍者之间的特殊关系,以便引起另一位被介绍者的注意,适用于各种社交场合。如:"吴老师,这位是蒋兰,我的侄女,在您的班上学习,请您对她严格要求,多多关照。"

(4)引见式。作这种介绍时,介绍者所要做的,只是将被介绍者引导到一起,而不需要表达任何实质性的内容,适用于正式场合。如:"两位认识一下如何?大家其实都是同行,只不过以前不认识,现在请你们自报家门吧!"

(5)推荐式。多是介绍者有备而来,有意要将甲举荐给乙,因此在内容方面通常会对甲的优点加以重点的介绍,适用于比较正规的场合。如:"王总经理,这位是梁冬先生,梁先生是一位管理方面的专业人士,对企业管理很有研究,在业内享有较高的声誉。王总,我想您一定乐意认识他吧?"

(6)礼仪式。是一种最为正规的为他人介绍的方式,适用于正式场合。其内容略同于标准式,但语气、表达、称呼上都更为礼貌、谦恭。如:"××局长,您好!请允许我把××学校校长介绍给您。×校长,这位就是××教育局的×局长。"

3.用名片介绍

现在的名片是一种经过设计,能展示自己身份、便于交往和执行任务的卡片,是当代社会人际交往中最经济实用的介绍性媒介。

(1)递交名片。递交名片时,应郑重其事,最好是能站立,走上前去,用双手或右手持名片,将名片正面向上,上身呈鞠躬状递给对方。如果对方是少数民族或外宾,则最好将名片上印有对方认识文字的一面呈与对方。与他人交换名片时,讲究先后秩序,或由近到远,或由尊而卑。双方交换名片时,正规的做法是,位卑者首先把名片递给位尊者。将名片递给对方时,口头上最好有所表示,可以说:"请多多关照"、"以后保持联系"等等。

交换名片时,不可用左手递交名片,不可将名片举得高于胸部,不可以用手指提夹着名片给人。

(2)接受名片。当他人表示要递名片给自己或交换名片时,应立即停止手中所做的一切事情,起身站立,面含微笑,目视对方,双手或右手接过名片。同时,应口头道谢,或重复对方说过的谦辞、敬语,不可一言不发。接过名片后要从头至尾认真看一遍,若有疑问,则可当场向对方请教,此举意在表示敬重对方。若接过他人名片看也不看或弃之桌上,或马上装进口袋,或拿在手里折叠,都是失礼的行为。

若需要当场将自己的名片递过去时,最好在收好对方的名片后再递,不要一来一往同时进行。

(3)索要名片。需要向对方索取名片时,可采用下列方法:主动递上自己的名片,并说:"我们可以交换一下名片吗?"询问对方:"今后如何向您请教?"此法适用于向尊者索要名片。或者说"以后怎样与您联系?"此法适用于向平辈或晚辈索要名片。

如果没有必要,最好不要强索他人名片。当他人索取本人名片,而自己又不想给对方时,应以委婉的方式拒绝,可以说:"对不起,我忘了带名片。"或者说:"抱歉,我的名片用完了"等。

(五)介绍后的礼节

刚认识的双方要互致问候、寒暄,行礼(握手礼、鞠躬礼等)。介绍过后,如有名片则互相交换名片,如属应酬式的介绍则可不必。一般情况下,介绍别人认识后,介绍者不宜抽身便走,特别是男女间相识,应稍停片刻,以引导双方交谈,待他们能够交谈后,再托词离开。

三、握手

握手是在社交场合中,相互见面和离别时以及在相互介绍时,表示热情、礼貌、致意的常见礼节。握手的力量、姿势和时间的长短往往能够表达出对握手对象的不同礼遇和态度,显露自己的个性,给人留下不同印象,也可通过握手了解对方的个性,从而赢得交际的主动。

通常,和人初次见面,熟人久别重逢,告辞或送行,都可以握手表示自己的善意。有些特殊场合,比如向人表示祝贺、感谢或慰问时,双方交谈中出现了令人满意的共同点时,或双方原先的矛盾出现了某种良好的转机或彻底和解时,习惯上也以握手为礼。

学习握手礼,应掌握的重要问题有握手的方式、握手时伸手的先后次序、握手的禁忌等。

(一)方式

行至距握手对象约1m处,双腿立正,上身略向前倾,伸出右手。四指并拢,拇指张开与对方相握。握手时应用力适度,上下稍许晃动三四次,随后松开手,恢复原状。

(二)神态

与人握手时,神态专注,热情、友好、自然。在通常情况下,应面带笑意,目视对方双眼,同时寒暄问候。切勿显得三心二意,敷衍了事,漫不经心,傲慢冷淡。如果迟迟不握他人早已伸出的手,或是一边握手一边东张西望,目中无人,甚至忙于跟其他人打招呼,都是极不礼貌的。

(三)姿势

向他人行握手礼时,只要有可能,就应起身站立。除非自己是长辈或者女士,否则坐着与人握手是不合适的。握手时,彼此之间的最佳距离是1m左右,因此,双方均应主动向对方靠拢。

(四)手位

在握手时,手的位置至关重要。常见的手位有两种。

(1)单手相握:以右手与人相握,是最常用的握手方式。手掌垂直于地面最为适当,它称为“平等式握手”,以表示自己不卑不亢。握手时掌心向上,表示自己谦恭、谨慎,这一种方式叫做“友善式握手”。掌心向下,则表示自己感觉甚佳,自高自大,这一方式叫做“控制式握手”。

(2)双手相握:双手相握,即用右手握住对方右手后,再以左手握住对方的手背,这种方式适用于亲朋故旧之间用以表达自己的深厚情谊。一般而言,此种方式的握手不适用于初识者与异性,因为它有可能被理解为讨好或失态。这一方式,有时亦称“手套式握手”。双手相握时,左手除握住对方手背外，还有人以之握住对方右手手腕、握住对方右手手臂、按住或拥住对方右肩，这些做法除非是至交，否则最好不要滥用。

（五）力度

握手时，为了向对方表示热情友好，应当稍许用力，握力约 20 牛顿（两公斤）左右为宜。与亲朋故旧握手时，所用的力量可以稍微大一些；而在与异性以及初次相识者握手时，则千万不可用力过猛。总之，在与人握手时，不可毫不用力，不然就会使对方感到缺乏热忱与朝气。但也不宜拼命用力，否则会使对方感到尴尬难堪。

（六）时间

在普通情况下，握手的全部时间应控制在 3 秒钟内，握手后晃动一两下即可。若握手时两手稍触即分，时间过短，好似走过场，又像是对对方怀有戒意。而时间过久，尤其是拉住异性或初次见面的人的手长久不放，则显得有些虚情假意，甚至会被怀疑为“想占便宜”。

（七）次序

在比较正式的场合，行握手礼时最为重要的礼仪问题，是握手的双方应当由谁先伸出手来“发起”握手。倘若在与他人握手时，轻率地抢先伸出手去而得不到对方的回应，那种场景一定是令人非常尴尬的。

1.“尊者决定”原则

“尊者决定”原则是指两人握手时，各自首先应确定握手双方彼此身份的尊卑，然后依此决定伸手的先后。应由位尊者首先伸出手来，即尊者先行。位卑者只能在此后予以响应，而决不可贸然抢先伸手，不然就是违反礼仪的举动。

遵守这一原则，既是为了恰到好处地体现对位尊者的尊重，也是为了维护在握手后的寒暄应酬中位尊者的自尊。因为，握手往往意味着进一步交往的开始，如果位尊者不想与位卑者深交，他是大可不必伸手与之相握的。换言之，如果位尊者主动伸出手与位卑者相握，则表明前者对后者的印象不坏，而且有深交之意。

握手时双方伸手的先后次序大体包括以下几种情况：

(1)年长者与年幼者握手，应由年长者首先伸出手来。

(2)长辈与晚辈握手，应由长辈首先伸出手来。

(3)教师与学生握手，应由教师首先伸出手来。

(4)女士与男士握手，应由女士首先伸出手来。

(5)已婚者与未婚者握手,应由已婚者首先伸出手来。

(6)社交场合的先到者与后来者握手,应由先到者首先伸出手来。

(7)上级与下级握手,应由上级首先伸出手来。

(8)职位、身份高者与职位、身份低者握手,应由职位、身份高者首先伸出手来。

2.特殊情况

(1)一个人需要与多人握手,亦应讲究先后次序,由尊而卑,即先年长者后年幼者,先长辈后晚辈,先老师后学生,先女士后男士,先已婚者后未婚者,先上级后下级,先职位、身份高者后职位、身份低者。

(2)在公务场合,握手时伸手的先后次序主要取决于职位、身份。而在社交、休闲场合,它主要取决于年纪、性别、婚否。

(3)接待来访者时,客人抵达后,应由主人首先伸出手来与客人相握 。而在客人告辞时,则应由客人首先伸出手来与主人相握。前者是表示“欢迎”,后者是表示“再见”。

上述握手时的先后次序可用以律己,却不必处处苛求于人。当自己处于尊者之位,而位卑者抢先伸手要来相握时,还是要与之配合,立即伸出自己的手。若是过分拘泥于礼仪,对其“置之不理”,使人进退两难,当场出丑,也是失礼的。

(八)禁忌

在人际交往中,握手虽然司空见惯,十分寻常,但是由于它用来被传递多种信息,因此,在行握手礼时应努力做到符合规范,注意下述禁忌:

(1)忌用左手握手,因为在一些国家和地区,左手被认为是不洁的。

(2)忌戴着手套握手,只有女士可在社交场合戴着薄纱手套与人握手。

(3)忌戴着墨镜握手,患有眼疾或眼部有缺陷者例外。不要在握手时将另一只手插在衣袋里。

(4)忌用手指尖握手,好像是迫于无奈,这种握手方式在西方叫做“死鱼式握手”,被公认为失礼。

(5)忌另一只手拿着东西握手,例如,仍然拿着香烟、报刊、公文包、行李等。

四、其他见面礼节

(一)点头礼

点头礼,又叫颔首礼,头部向下轻轻一点,同时面带笑容。不宜点头不止，点头的幅度不宜过大。它所使用的情况有：路遇熟人；在会场、剧院、歌厅、舞厅等不宜与人交谈之处；在同一场合碰上已多次见面者；遇上多人无法一一问候之时。行点头礼时一般不宜戴帽子。

（二）举手礼

行举手礼的场合，与行点头礼的场合大致相似，它最适合向距离较远的熟人打招呼。行举手礼的正确做法是：右臂向前方伸直，右手掌心向着对方，其余四指并齐、拇指叉开，轻轻向左右摇摆一两下。不要将手上下摆动，也不要将手背朝向对方。

（三）脱帽礼

戴着帽子的人，在进入他人居所、路遇熟人、与人交谈、握手或行其他会面礼、进入娱乐场所、升国旗、演奏国歌等情况下，应自觉主动地摘下帽子，并置于适当之处，这就是脱帽礼。女士在社交场合可以不脱帽。

（四）注目礼

起身立正，抬头挺胸，双手自然下垂或放于身体两侧，笑容庄重严肃，双目正视于被行礼对象，或随之缓缓移动。在升国旗、履行检阅、剪彩揭幕、开业挂牌等情况下，适用注目礼。

行注目礼时，要衣着端庄，不要大声喧哗、打打闹闹。

（五）拱手礼

拱手礼，是我国民间传统的会面礼，它所适用的情况，主要包括岁末举行团拜活动，向长辈祝寿，向友人恭贺新婚、生子、晋升、乔迁，向亲朋好友表示衷心的感谢。

行拱手礼时，要求站立，上身挺直，两臂前伸，双手在胸前高举抱拳，自上而下，或自内而外，有节奏地晃动两三下。

（六）鞠躬礼

鞠躬礼主要适用于向他人表示感谢、领奖或讲演之后、演员谢幕、举行婚礼或参加追悼活动等。鞠躬时，应脱帽立正，双目凝视受礼者，然后上身弯腰前倾。男士双手应贴放于身体两侧裤线处，女士双手可下垂搭放在腹前。下弯的幅度越大，所表示的敬重程度就越大。鞠躬的次数，可视具体情况而定，唯有追悼活动才采用三鞠躬，故在喜庆场合，鞠躬的次数不可为三。

在日本、韩国、朝鲜，鞠躬礼应用十分广泛。

（七）拥抱礼

在西方，特别是欧美国家，拥抱礼是十分常见的见面礼和道别礼。在人们表示慰问、祝贺、欣喜时,拥抱礼也十分常用。

正规的拥抱要求两人正面相对站立,各自举起右臂,将右手搭在对方左肩后面;左肩下垂,左手扶住对方右腰后侧。首先各向对方左侧拥抱,然后各向对方右侧拥抱,最后再一次向对方左侧拥抱,一般拥抱三次。在普通场合行此礼,不必如此讲究,次数也不必要求如此严格。

在我国,除某些少数民族外,拥抱礼不常采用。

(八)亲吻礼

亲吻礼也是一种西方国家常用的会面礼,有时,它会与拥抱礼同时采用,即双方见面时既拥抱又亲吻。

行亲吻礼时,通常忌讳发出亲吻的声音,而且不应将唾液弄到对方脸上。在行亲吻礼时,双方关系不同,亲吻的部位也会有所不同。长辈吻晚辈,应当吻额头;晚辈吻长辈,应当吻下颌或面颊;同辈之间,同性应当贴面颊,异性应当吻面颊。接吻,即吻嘴唇,仅限于夫妻与恋人之间,不宜滥用,不宜当众进行。

(九)吻手礼

吻手礼主要流行于欧美国家。男士行至已婚妇女面前,首先垂手立正致意,然后以右手或双手捧起女士的右手,俯首以自己微闭的嘴唇,去象征性地轻吻一下其手背或手指。行吻手礼的地点,宜在室内为佳。

吻手礼的受礼者,只能是妇女,而且是已婚妇女。手腕以上的部位,是行礼时的禁区。

第二节　通讯

与人交往的方式除了直接见面外,还可以通过各种通讯方式进行。现代通讯工具日趋多样,而且简便快捷,大大地方便了人们的交际往来,如电话、电子邮件、传真等。通讯礼仪,通常指的就是人们在使用各种通讯工具时,所应当自觉遵守的礼仪规范。现代社会是一个信息社会,对于大学生而言,信息就是资源,信息就是财富,为了更好地获取信息、利用信息,必须对通讯礼仪认真加以遵守。

一、电话礼仪

电话已成为现代人重要的、不可缺少的交流交际工具之一。在社会交往中,人们普遍使用电话来进行联络工作和沟通情感。虽然电话联系不是面对面的交往,但在电话中同样也能反映出通话人的素质和礼仪修养。因此,在使用电话时务必要自觉地维护自己的“电话形象”。

(一)拨打电话

使用电话时,发起者的一方为发话人,通常居于主动、支配的地位。发话人在打电话时,要注意以下几个方面。

1.时间适宜

(1)时间选择:最好是双方约定的时间,或是对方方便的时间。除有要事必须立即通告外,不要在他人休息的时间之内打电话,如早晨7点以前,晚22点以后和用餐及午休时间。

给海外人士打电话,要先了解一下时差,不要不分昼夜,否则会骚扰他人。打公务电话尽量要公事公办,不要在对方私人时间尤其是节假日去打扰别人。

(2)通话长度:一般情况下,每一次通话时间应有所控制,以短为佳,宁短勿长。尽量遵守“三分钟原则”,即打电话时,发话人应当自觉、有意识地将每次通话的长度限定在3分钟内。

2.内容简练

(1)简明扼要:通话前明确受话人的姓名、电话号码、通话要点等。发话人讲话必须务实,问候完毕,即应直言主题,不讲废话,更不要吞吞吐吐,含糊不清。

(2)适可而止:作为发话人,应自觉控制讲话长度。要讲的话说完后,即应当机立断,终止通话。由发话人终止通话,是电话礼仪的惯例,也是发话人的一项义务。

3.表现文明

(1)语言文明:在通话时,切记有三句话非讲不可,它们被称为“电话基本文明用语”。其一,首先要向受话人恭恭敬敬问候一句“您好!”然后再言其他,切勿一上来就“喂”,或是开口便道自己的事情;其二,问候对方后需自报家门,以便对方明确“来者何人”;其三,在准备终止通话时,应先说一声“再见”,使自己待人以礼的形象显得有始有终。

(2)态度文明:发话人除语言要规范外,在态度上也应该温文尔雅。若要找的人不在,需要接听电话的人代找,或代为转告、留言时,态度更应文明礼貌。通话时电话突然中断,需由发话人立即再拨,并说明原因。若拨错了电话,应对接听者表示歉意。

(3)举止文明:打电话时,不要把话筒夹在脖子下,抱着电话机随意走动,或是趴着、仰着,或者高架双腿与人通话。通话时,声音宁小勿大,话筒与口部保持3厘米左右的距离。终止通话时应轻放话筒。

(二)接听电话

在整个通话过程中,受话人虽然处于被动地位,但也必须遵守一定的礼仪规范。

1.本人受话

(1)接听及时:在电话礼仪中有一条"响铃不过三"的原则,即接听电话以铃响三次左右拿起最为适宜。因特殊原因,铃响过久才接的电话,必须在通话前向发话人表示歉意。

(2)应对谦和:拿起话筒后首先应向发话人问好并自报家门。在私人寓所接听电话时,为了自我保护,有时可以用电话号码作为自报家门的内容,或者不报家门。若接到误打进来的电话,要耐心向对方说明,如有可能,应向对方提供帮助。

通话时,应聚精会神地接听,对发话人的态度要谦恭友好,不能嘴里吃着东西接听电话。

通话终止时,不要忘记向发话人道"再见"。当通话因故中断后,要等候对方再次拨入。

(3) 主次分明:接听电话时,不要做与此无关的事情,不要对发话人表示"电话来得不是时候"。万一在不宜接听电话的时候有人来电话,应向对方说明原因,表示歉意,并另约时间,届时由自己主动打过去。约好下次通话时间后,应遵守。通话时,适逢另一个电话打过来,切忌置之不理,可先向通话对象说明原因,使其勿挂断电话,稍等片刻,然后立即去接另一个电话,分清两个电话的轻重缓急,再做妥善处理。

2.代接电话

(1)热情相助:在日常生活中,经常会为他人代接、代转电话,这时需要注意的是,接电话时,若对方要找的人不是自己,不要拒绝对方的请求,或托词不找,应让对方"稍候",自己抓紧找到电话要找的人。

(2)尊重隐私:代接、代转电话时,不要向发话者询问对方与其所找之人的关系。当别人通话时,不要在一旁倾听,更不要随便插嘴。

(3)记录准确:若发话人要找的人不在,可在向其说明后,问一下对方是否需要代为传达,如对方有此要求时,应当与人相助。对发话人要求转达的内容最好认真做好笔录,在对方讲完后,还应重复一遍,以验证自己的记录是否准确。

(4)传达及时:代接听电话后,要设法尽快找到本人传达电话内容,以免误事。

3.怎样结束不喜欢的电话

(1)表示有一部紧急电话进来。

(2)表示有急事要处理或突然想起有个约会,可告诉对方:"×先生,真抱歉,我必须立即到会议室,我们下次再详谈。"

(3)表示下一次谈话的希望:"×先生,我还有很多细节要向您请教,我们可以改天约个时间,见面详谈吗?"

(4)表示有客来访,你必须过去招呼了。

二、移动通讯

手机作为现代化的无线通讯工具,具有方便快捷的特点,它加快了现代人的生活节奏,也提高了人们的生活质量。然而人们在享用现代物质文明的同时,更应注意现代精神文明的建设,现代通讯工具使用的礼仪规范是精神文明的具体体现,因此在使用手机时也必须遵守必要的礼仪要求。

1.放置到位

携带手机者,应将其放在不易察觉之处,常规放置位置有:随身携带的提包内、衣袋内,或暂交秘书、会务人员代管。

2.遵守公德

在一些寂静、严肃的场合,如开会、讲座、上课等情况下,应关掉手机,或将手机振铃调于震动位置,以免其鸣叫声影响别人,干扰秩序。在正式场合,不宜当众使用手机,若确实需要使用手机时,应暂时告退,另找一个僻静地方通话。如若在公共场合使用手机,应侧身并轻声讲话。

3.注意安全

使用移动通讯工具时,必须牢记"安全至上"的原则。在驾驶车辆时,不宜使用手机,以免导致交通事故。乘坐飞机时,必须自觉地关闭手机,以免干扰电子讯号,影响飞机安全。也不要在油库、医院特殊病房内使用手机,以免发生火灾、妨碍治疗等。

4.保证通畅

看到未接电话,要及时回复电话。拨打他人电话后,对方暂时未接听时，应等候对方10分钟左右，在此期间，不宜再同其他人联络，以防电话占线。应及时交费，以免欠费停机，而影响与外界的联系。更换手机号码时，应尽快告知自己的主要交往对象，以保证彼此联络通畅，不失礼于人。

5.尊重隐私

手机的号码属个人专有，如主人不愿意可不告诉他人，也不应当随便打听他人的手机号码，更不应当不负责任地将别人的手机号码转告他人。同样，也不要随便借用别人的手机。

三、电子邮件

电子邮件，又叫电子信函或者电子函件。它是利用电子计算机所组成的互联网络向交往对象所发出的一种无纸化电子信件。使用电子邮件同外界进行联络，不仅安全保密、节省时间、防止丢失、清晰度极高，不受篇幅限制，而且通讯费用相对较低。使用电子邮件时，应当遵守相应的礼仪规范。

1.认真撰写

向他人发送电子邮件时，要注意以下几点：

(1)主题明确。一般一个电子邮件只有一个主题，往往在主题栏中就要注明。撰写时要突出主题，让人一目了然。

(2)文字流畅，内容简洁。网络的上网时间直接与收件人的精力和金钱相关，故邮件内容应简明扼要。

(3)格式完整。按书信的格式撰写，不要“有头无尾”或“无头无尾”。

(4)用语文明。邮件内容虽然简洁，但同样要注意礼貌，特别是称谓、祝词部分要使用相应的礼貌用语。

2.避免滥用

若无必要，轻易不要向他人乱发电子邮件，更不要向别人的信箱发送“垃圾邮件”。收到重要邮件后，要及时回复。

3.注意编码

不同地区使用的中文编码系统可能不同，因此可能对方收到的只是一封由乱码符组成的“天书”，故向不同编码系统的地区发送邮件时，最好同时注明自己所使用的编码系统，以保证对方可以收到自己的电子邮件。

四、传真

传真，又称传真电报。它是利用光电效应，通过安装在普通电话网络上的传真机，对外发送或者接收书信、文件、资料、图表以及照片的一种现代化的通讯联络方式。在利用传真进行对外联络时，应当注意以下礼仪问题。

1.依法安装

严格按照国家规定和电信部门的要求，认真履行必要的使用手续。

2.规范操作

(1)提前预约。在发送传真之前，先打电话给接受传真的单位，询问对方是否可以进行传真，并且说清楚传真过去的是什么资料。这样既可以提醒对方注意，又不至于将传真发错了对象。

(2)时间适宜。传真时间不宜过长，如果要发出一份很长的传真，会占用对方的传真机很久，应先打电话给对方，询问何时发传真最合适，然后再传。

(3)专人管理。单位所使用的传真设备，通常应安排专人负责管理。无人在场时，应当使传真机处于自动接收状态。

3.注意礼节

(1)问候与致谢。发送传真时，尤其是与对方初次打交道或者有劳对方时，要有必要的问候语与致谢语。

(2)公私分明。由于发送传真的费用较高，因此不能随意私用公家的传真设备，迫不得已需要借用时，应当主动向传真设备的所有者支付必要的费用。

(3)注意时间。向别人发送传真，一般均应主动避开夜半三更、午休时刻、节假日等。

(4)及时反馈。收到他人发送过来的传真后，应立即采用有效的方式通知对方。需要转交、转送、转达别人发来的传真时，应当一切从速、越快越好。

第三节　宴请

宴请是为了表示欢迎、答谢、祝贺、喜庆等举行的餐饮活动，以增进友谊和融洽气氛，是国际交往中最常见的交际活动形式。赴宴的整个过程是表现自我、相识他人、了解他人，并给人留下印象的重要环节。宴请的形式多样，礼仪繁多，对大学生而言，掌握其礼仪规范是十分重要的。

一、形式

宴请的种类较多,根据宴请的目的可分为迎送宴会、答谢宴会、喜庆宴会、祝寿宴会及商务宴会等。宴请的形式,应根据宴请的目的、出席人员的身份和人数的多少而定。常见的宴请形式有以下几种:

(一)宴会

宴会,是举办者为了表达敬意、谢意,或为了扩大影响等目的而专门举行的招待活动。在宴请规格上有国宴、正式宴会、便宴之分;按举行的时间而论,一般有午宴、晚宴之别,有特殊情况者亦安排早宴。因此,其隆重程度、出席规格以及菜肴的品种与质量等均有区别。一般来说,晚上举行的宴会较之白天举行的更为隆重。

1.国宴

国宴是国家元首或政府首脑为国家庆典或外国元首、政府首脑来访而举行的宴会。其规格最高,要排座次。宴会厅内要悬挂国旗,安排军乐队演奏国歌及席间乐,主、宾双方要致词、祝酒。

2.正式宴会

除不挂国旗、不奏国歌以及出席人员不同外,正式宴会安排大体与国宴相同,宾、主均按宴会的要求着装,按身份就座,菜肴、酒水、餐具均应讲究质量和特色,服务要求规范。

3.便宴

便宴是一种非正式宴会。这类宴会形式比较随便、气氛亲切,座次排序要求不严,可以不做正式讲话,菜肴数量视具体情况而定。家宴是便宴的一种形式。

(二)招待会

招待会是指各种非正餐的宴请形式,备有食品、酒水、饮料,通常不安排座位,可以自由活动。

1.冷餐会

冷餐会的菜肴以冷食为主,也可以用热菜;主客可以自由活动,自取食物;酒水可自取,也可由招待人员端送。冷餐会在室内或院子里举行均宜,可设小桌、坐椅,自由入座。也可不设椅,站立进餐。规格和隆重程度可高可低,时间一般安排在中午12时至下午2时,或下午5时至晚上7时。

2.酒会

酒会又称鸡尾酒会,以招待酒水为主,略备小吃,不设坐椅,仅设小桌,可以随便走动。举行的时间也比较灵活，中午、下午、晚上均可。请柬上注明整个活动持续的时间，客人可在其间任何时候入席、退席。酒会不一定都用鸡尾酒，但通常酒类品种较多，并配以各种果汁，一般不用或少用烈性酒。食品多为三明治、小香肠、炸春卷等小吃，以牙签取食。饮料和食品由招待员端送，或部分放置在小桌上供人们自取。这种招待会形式活泼，便于广泛接触交谈。

（三）茶会

茶会是一种更为简单的宴请形式，主要是通过客人品茶进行交谈。茶会通常设在客厅、花园或会议厅，不排座次。举行时间一般在上午10时或下午4时左右。茶会对茶叶、茶具都有所讲究，以体现一定的茶文化特点。茶具要用陶瓷器皿而不用玻璃杯，用茶壶而不用热水瓶，还要略备点心或地方风味小吃。

（四）工作餐

工作餐是现代交际中经常采用的一种非正式宴请形式。这种宴请只请工作人员，不请配偶及与工作无关的人员。双边工作进餐往往排席位，为便于谈话，常用长桌。

二、宴请者

1.做好准备

无论举行哪一种形式的宴请，主任或主管都要做好具体策划工作，大小事都要考虑周全，避免因考虑不周而造成失礼。主要的准备工作有：确定宴请时间、宴请地点、宴请规格、宴请人数、宴请形式、发请柬、安排宴会程序等。小型宴会、酒会、工作餐，可以打电话邀请客人。

2.桌次和席位

(1)桌次。如果宴请的客人不止一桌，需要安排桌次。按照国际惯例，桌次高低的排列，以离主桌位置远近而定。其原则是：首先确定主桌，主桌通常正对门，离门最远，或是处于场地的中间。其他桌次离主桌越近的位置越高；位置相同，右高左低；竖排是上高下低。

(2)中餐席位。席位的安排是以门为依据的，正对门的、离门最远的是首位，一般是主人的位置。中餐习惯于按职务和身份高低排列席位，即主宾坐在男主人右上方，如遇主宾身份高于主人时，为表示对主宾的尊重，可以请主宾坐在主人的位子上，而主人则坐在主宾的位子上。

(3)女士席位。①若主宾携夫人或有女士出席,通常将女士安排在一起,主宾夫人坐在女主人右上方。②若主人的夫人因故不能出席时,可请与主人有联系且身份相当的女士做第二主人。③若无适当的女士出席,可把主宾夫妇安排在主人的左右两侧。

(4)其他席位。离首位越近,位次越高;距离相等的右高左低。

此外,在安排客人座位时,尽量将身份地位大致相同、有共同语言、相互熟悉的客人安排在一起。避免有矛盾冲突的人坐在一起。最好在宴会开始之前,主人就为大家做一番介绍,以便相互了解,使宴会气氛更融洽。

3.迎、送客人

客来客往要接送。客人来到时,主人或主管人员要临门迎接。在客人离去时,主人应该送至门口,热情话别。

4.招待客人

客人到齐后,主人就可以请客人入席进餐。在宴会开始前主人应先致祝酒词,并主动给客人敬酒、布菜。主人要选择合适的话题,随时调节气氛,避免冷场。在招待过程中应主人要照顾周全,不能厚此薄彼。

三、赴宴者

1.仪表整洁

赴宴者要注意服装的整洁和个人卫生。若是参加正式宴会,应穿请柬上所规定的服装。

2.准时出席

被邀请人接到邀请后,对能否出席应尽早答复对方,以便主人及时安排。被邀请者一经答应对方,就不要随意改动,万一有特殊情况实在不能出席,应尽早向主人作出解释,深致歉意,以取得主人谅解。若没有特殊情况和原因,赴宴者应按宴请的时间、地点准时出席。

3.按位落座

赴宴者到达宴会地点后,应先向主人和其他来宾问候、致意,然后按照主人事先安排好的桌次和席位入座。如未设坐席卡,则应听从主人安排,不可随意乱坐。若同桌中有领导、长辈和女士,应待其就座后再坐下。

4.进餐要求

(1)用餐前先将餐巾打开铺在膝上。

(2)上菜后,经主人招呼方可开始进餐。

(3)若以主宾身份出现时,在主人致祝酒词后,主宾应致答谢词。

(4)在主人与主宾祝酒时,应暂停进餐,停止交谈,注意倾听,所有宾客都应起立举杯。

(5)与他人碰杯时,要目视对方以示致意。

5.礼貌告别

宴会结束,赴宴者起身离座时,男士应先起身,为年长者或女士移开坐椅。主宾先向主人告辞,然后其他宾客陆续向主人告辞,并对主人的盛情款待表示感谢。

四、宴席规范

1.轻松的姿态

落座时从左侧进入,手按住椅子往后拉,再慢慢就座,就座后背要伸直,端端正正,不要靠在椅背上,身体与桌子保持一拳的距离,两手臂尽量贴近自己,以免影响别人进餐。不要将双臂张开放在桌面上,不要将手肘撑在桌上、椅背上,不要把脚伸得老远等。

2.良好的吃相

(1)速度与别人一致,过快过慢都不合适。一般主宾结束用餐了,其他客人也应该结束用餐。

(2)取菜要适量。取菜时不要猛夹猛取,也不要专用一道菜,更不能把盘子中的食品翻来翻去或到别人的面前取菜。

(3)进食避免出声。在喝汤时,要避免发出“呼噜呼噜”的声音,饮用饮料不能大肆牛饮,饮酒也是如此。餐具不要发出碰撞的声音。与临座交谈要轻声细语,不要因为大声说话而导致唾沫横飞。

(4)咀嚼避免露牙齿。咀嚼时张牙露齿肆无忌惮,让人看到嘴中的食物是很不礼貌的,应该小口适量进食,口中有食物时不宜说话。

(5)不要随意打嗝、打哈欠。打嗝、打哈欠有时的确是无法控制,来得及压抑自然可以避免尴尬,但来不及时,要尽量压低声音,并向临座说声“对不起”。随意的打嗝、打哈欠是很令人厌恶的。

(6)不要在餐桌上挥舞餐具。用餐具敲打发出声音或指向别人是很不礼貌的。讲到激动时,挥动餐具会令人紧张,感到有危险。

(7)不要随地吐痰、张口剔牙。有痰要吐,应到化妆间处理;在餐桌上咳个不停,会影响别人的进餐情绪,影响食欲。剔牙应遮住口。张口剔牙,旁若无人,是很失礼的。

(8)笑闹要有节制。用餐过程中少不了谈天说地,在高兴之余,切忌乱拍桌子,或敲击碗筷,或高声划拳。也不要谈论一些令人不愉快的话题,要尊重他人的感受,以免破坏宴会的气氛。

五、饮酒

(一)选酒和斟酒

1.选酒

(1)菜式和酒类已定好。配上酒后,由服务人员送上席来。

(2)菜式和酒没有定好,临时点菜点酒。这时,主人要叫服务人员取来酒牌,或唤来侍酒员。如果主人是女性,而客人中又有男性的话,就要请在座的一位男士为她选酒。被邀请选酒的男士应欣然同意。如果这位男士对酒一无所知或知之甚少,那么他可以向侍酒员请教。

(3)主人首先向主宾征求意见,主宾点什么酒就喝什么酒。

2.斟酒

(1)准备。在正式宴会上,选好酒后,便有服务人员前来斟酒。一般情况下,服务人员打开酒瓶后,先用酒杯倒少许酒,请主人品尝。主人应先饮一小口仔细品评,然后再尝一口。感到所上的酒合乎要求时,再向服务员示意,可以给客人们斟酒了。

(2)顺序。从主人位右边主宾起逐位向左走。服务人员手持托盘,盘内有白酒、甜酒或啤酒。一般先斟烈性酒,如果客人不要烈性酒,就改斟甜酒或啤酒。

(3)方法。要站在客人右手斟酒,而且酒水瓶的商标应面向客人,酒的量以斟至酒杯八分或遵从用酒人的意愿为宜。每斟完一杯酒,要把酒瓶稍收高后顺手往右轻轻一旋,以免酒水溢出流滴到桌面或客人身上。

(二)敬酒

1.祝酒

在宴请场合,有权首先提议敬酒的是宴请的主人,第一资格是男主人,男主人不在时是女主人。宾客按主人的意图行事,不要喧宾夺主。主人敬酒后,主宾或其他宾客可依次给主人回敬酒。其他陪同人员与宾客之间也可相互敬酒。敬酒时,要上身挺直,双脚站稳,以双手举起酒杯并向对方微微点头示意,对方饮酒时再跟着饮。女士接受他人祝酒时,不一定要举起自己的酒杯,以微笑表示感谢即可;若有酒量,喝上一些酒更好。如果自己酒量不大,最好事先只斟少许酒。

2.回敬

在规模较大的宴会上,主人将依次到各桌去敬酒,而每一桌可派一位代表到主人的餐桌去回敬一杯。

3.干杯

需要干杯时,应由主人与主宾首先碰,而后主人一一与其他宾客碰杯。若在场的宾客较多,可同时举杯示意,不必一一碰杯。干杯时,态度要从容、有礼,起立举杯,并可说一两句简洁友好的祝酒词。干杯后,应点头示意。男士不应首先提议为女士干杯,晚辈、下级不宜首先提议为长辈、上级干杯,提议为尊贵客人干杯时,杯中酒应一饮而尽。

(三)注意事项

(1)当主人或服务人员为宾客斟满酒后,宾客应有礼貌地品一下酒,或者拿起酒杯,先欣赏一下酒的色彩,闻一下那扑鼻的酒香,然后轻啜一小口,慢慢品味。

(2)在正式的宴会上或者国际社交场合,千万不要为显示自己的酒量,将杯里的酒一饮而尽,也不可喝得太急,使酒顺着嘴角往下流。这都是有失尊严和身份的行为,在国际场合则有失国格。

(3)饮酒时应正确举杯,不必矫揉造作地在举杯时翘起小手指,以显示自己的优雅举止。

(4)鉴于饮酒只是增进感情、加强联络的一种方式,而不是饮酒比赛,因此,饮酒者应控制自己饮酒的数量,尤其是在公务宴请、商务谈判和外交宴请中,应保持大脑的清醒和思维的敏捷,以利于工作的进一步开展,决不可过于贪杯而喝得酩酊大醉。

(5)参加外宾宴请或宴请外宾,应事先了解对方的饮酒习俗和祝酒的讲究。日本人按照他们的饮酒规则,敬酒时不碰杯,而是站在被敬酒者面前,手提酒瓶,不停地给对方敬酒。日本人讲究开怀畅饮,对于酒后不检点的言行是不以为怪的。但在国际交往场合,大多数日本人仍是彬彬有礼的。

(6)中国人,尤其是北方人,有劝酒的习俗,但应适可而止。否则,会引起外宾的不满或误会。

(7)在宴会进行过程中,不宜一边饮酒一边吸烟。

六、饮茶

1.奉茶者

(1)茶不要装得太满,以八分满为宜。

(2)水温不宜太烫,以免客人不小心被烫伤。

(3)同时有两位以上的访客时,端出的茶色要均匀,并要配合茶盘端出。左手捧着茶盘底部,右手扶着茶盘的外缘。如有点心,则放到客人的右前方,茶杯应摆在点心右边。

(4)上茶时应向在座的人说声:“对不起。”再以右手端茶,从客人右方奉上,面带微笑,眼睛注视对方并说:“这是您的茶,请慢用!”

(5)奉茶时,应依职位的高低顺序先端给不同的客人,再依职位高低端给自己公司的接待同仁。

(6)以咖啡或红茶待客时,杯耳和茶匙的握柄要朝着客人的右边。此外要替每位客人准备一包砂糖和奶精,将其放在杯子旁(碟子上),方便客人自行取用。

2.饮茶者

(1)注视奉茶者,并诚恳地说声:“谢谢。”

(2)在商务活动中,当别人奉茶时不要以手去接,以免增加奉茶者的困扰。但若是领导或长辈亲自给你奉茶,则要起身双手恭敬地迎接。受人招待奉茶时,如无法说感谢,要以和蔼的眼神予奉茶者以回应,绝不能视而不见,听而不闻,这是非常失礼的。

(3)如需调和糖和奶精,应在调好之后茶匙横放在碟子上,再以右手端起杯子(除非你惯用左手)。

(4)喝茶时,不需将杯垫一起端起,要以单手端起茶杯,另一手轻扶杯垫,以能预防杯垫掉落即可。但若坐在矮茶几旁,则必须连同杯垫一起端起,以免不慎打翻。

(5)喝茶时不可出声,尤其是喝功夫茶时,不要因怕将茶叶喝入口中而用嘴滤茶,如果发出声音是十分不雅的。

(6)女士喝茶时应先用化妆纸将口红轻轻擦掉些,以免口红印留在杯子上。

第四节　礼品

中国人一向重交情,赠送礼品是表达友情的一种方式。送礼要选择好时间，最好是在重大节日或具有纪念意义的日子，如春节、中秋节、端午节、生日、婚礼日等。另外，若接到朋友喜庆请帖时，也应送礼。

一、选择礼品

礼品不可太贵重，应强调“礼轻情义重”，注重纪念意义。可选择有纪念意义的、有特色的东西作为礼品，如能馈赠即使有钱也难买到的特制纪念品则更佳。另外，还要考虑到客人的情趣。总之，应使礼品价值大于其物质价值，切不可将送礼变成行贿。

选择不同的礼品给不同的人是很多国家的习俗，特别是不同身份的人给不同的礼品非常重要。把受礼人的单位或姓名刻在礼品上的某个位置，注明赠礼的理由，会使礼品具有更大的珍藏价值。送给国际友人的东西，要加以包装。

二、赠送方法

1.时机和场合

赠送礼品没有严格的时间限制，一般习惯是：

(1)会谈会见时，一般在起身告辞时赠送。

(2)签字仪式时，一般在仪式结束时互赠礼品。

(3)正式宴会中如果有礼品互赠仪式，应按计划在相应时间段赠送，除此之外，一般是在临近结束时赠送。家宴一般在开始前赠送礼品。

(4)喜礼一般在婚前送到。对于深交的朋友，即使对方请帖未到，也可先行送礼。

(5)送花可以在迎送初期。

(6)祝贺欢庆礼一般是开始或者提前赠送。

2.方式

(1)如果是会谈会见等活动，一般由最高职位的人代表本方向对方人员赠送礼品。赠送应从地位最尊的人开始。同一级别的人员中，应先赠女士后赠男士，先赠年长者后赠年少者。

(2)赠送礼品应双手奉送，或者用右手呈交，避免用左手。

(3)有些国家的人在接受礼品时有推辞的习惯，但这只是一种礼节，并不代表拒绝。如果赠送的礼品确实没有贿赂之意，则应大胆坚持片刻。如果对方坚持拒收，则可能确实有不能接受的理由，不能一再强求，也不应表现出不高兴的情绪。

三、接受礼品

接受礼品看起来很简单,但其中也有一些需要注意的问题。

1.不当面拒绝

如果认为对方的礼品选择考虑欠妥,应在事后及时予以说明,取得对方的谅解后,再行退还。

2.赞美礼品

一般而言,东方人接受礼品时,在表示感谢后,往往会把礼品收起来。而西方人往往习惯于当场打开礼品,表示赞美,有时还会表示礼品正是自己期待已久的物品等等。

3.表示感谢

西方的习惯一般在收到礼品一周之后,会写一封信表示感谢。收到寄来的礼品,应及时回复短信或名片致谢。

四、回礼

一般而言,来客赠送礼品,主人则应回礼。回礼的方式可以有很多种,既可以回赠一定物品,也可以用款待对方的方式来回礼。如果是回赠礼品,应注意以下几点:

1.价值

不超值。回礼的价值一般不应超过对方赠送的礼品,否则会给人攀比之感。

2.时机

收到私人赠送的礼品,回礼时应该有一个恰当的理由和合适的时机,不能为了回礼而不选时间、地点单纯回送等值的物品。分别时是最好的回礼时机之一。

第五节　舞会礼仪

一、组织舞会

舞会可以由单位组织,也可由个人举办家庭舞会。

1.选择时间

舞会一般在周末、节假日或开幕式、闭幕式的晚上举行。

2.安排舞伴

邀请的客人应男女人数相当。对已婚者,一般是邀请夫妇二人参加。较正式的舞会要发请柬。

3.布置舞场

舞会的场地要考虑人数的多少,大小要适中。场地布置应雅致、美观、实用。

4.选择舞曲

较正式的舞会最好安排乐队伴奏,以便营造出隆重热烈的气氛,一般的舞会可播放唱片、磁带伴奏。在选定舞曲时,要注意舞曲的节奏、速度和人们熟悉的程度,以及乐曲的演奏次序。另外,舞曲长短要适宜,且要适合主宾的年龄。

5.来宾邀请

一是应提前向客人发出邀请,并说明起止时间,以方便客人安排时间。对已婚者,一般要请夫妇二人。二是人员限量。根据场地大小、接待能力和交往需要,限制邀请人员的数量。三是性别比例。男女客人的人数要大致相等。

6.接待工作

一是确定舞会的主持人,搞好舞会的主持工作。二是组织招待人员,搞好迎送、服务、陪同和邀舞等工作。三是准备好招待茶点。四是注意安全防范。

二、参加舞会

1.个人妆饰

(1)容貌整洁,服饰适宜。参加舞会之前应整理好自己的仪表。仪容要美观大方,头发整齐,面目清洁。如果请柬上对服装有所要求,应按要求去做,以示对主人的尊重。服饰要大方、得体,女士以亮色调为主,服饰要美观醒目、搭配合理,男士着西装,以深色调为主。跳舞时,衣服纽扣要扣好。不能穿短裤、背心、拖鞋、凉鞋及运动鞋出席舞会。

(2)精神饱满,注意修养。参加舞会一定要保持良好的精神状态,切忌面带倦意和愁容,以免影响整个舞会的气氛。如果身体有不适,可谢绝参加。

同时,在舞会上,参加者要时刻注意自己的言谈举止。要态度和蔼、谈吐文雅,不说脏话。跳舞时不抽烟、不戴口罩。

2.邀请舞伴

在舞会上,一般都是男士邀请女士跳舞,但在开放的今天,女士也可以邀请男士共舞。请人跳舞应注意以下几个方面:

(1)男士如有意邀请一位素不相识的女士跳舞时,应先观察对方是否有固定的男舞伴,以免引起误会。

(2)男士邀请时,应步履庄重地走到女士面前,弯腰鞠躬,以15度左右为宜,同时面带微笑,轻声说:"想请您跳个舞,可以吗?"

(3)正常情况下,两位女士可以同舞,这意味着她们没有舞伴。但两位男士则不能同舞,因为这意味着他们不愿意向在场的女士邀舞,这是对女士的不尊重。

(4)如果女士邀请男士,男士一般不得拒绝。待音乐结束后,男士应将女士送到其原来的座位,女士坐下后,男士应说一声"谢谢,再会!"然后再离去。

(5)不论男子还是女子,一个人单独在远离人群的地方,别人就不要去打扰。

3.谢绝邀请

参加舞会,接受和拒绝邀请是同时存在的,因此,邀请者与被邀请者都应彬彬有礼,落落大方。拒绝者应口气婉转,讲明道理,求得谅解。遭拒者要表现得大度和宽容。

(1)如果女士答应和某人跳这场舞了,此时,又有人前来邀请,那么女士应向此人表示歉意,说:"对不起,已经有人邀舞了,等下一曲吧。"

(2)被邀者在没有特殊理由的情况下,不应拒绝前来邀请者。如果决定谢绝了,则应说:"对不起,我想休息一下。"或者说:"真对不起,我不大会跳舞。"以此求得对方的谅解。

(3)如果已婉言谢绝了某人的邀请,在一曲终末时,女士最好不要和其他男士共舞。否则,会被认为是对前者的蔑视,是很不礼貌的。

(4)如果有两位男士同时邀请同一位女士,那么,女士最好都谢绝。如果接受了其中一位的邀请,则应对另一位说:"对不起,等下一曲吧,"以示歉意。

(5)当女士已经拒绝了一次某位男士的邀请后,该男士一般是不会再来邀请了。但如果这位男士再次前来邀请,在无特殊情况下,不应再次拒绝,应愉快地接受。

(6)如果自带舞伴而双方配合得很好,此时,一般很少有人前来邀请。但如果有人前来邀请,则不应拒绝,而应表现得开朗大方,更不能说一些不礼貌的话。

4.舞姿规范

(1)跳舞时的舞姿要端庄大方,整个身体应始终保持平、正、直、稳。无论前进还是后退,都要掌握好重心,身体不要摇晃。

(2)跳舞时的神情、姿态要轻盈自若,男女双方都要面带微笑,目光平视,不要紧盯对方的脸,以免引起误会和反感。说话要和气,声音要轻细,也可以沉默不语。

(3)跳舞时,双方身体要保持一定距离。男士右手掌心向下,以大拇指的背面轻轻将女士的腰肢揽住;左手及左臂以弧形向上与肩部成水平线举起,掌心向上,拇指平展,只将女伴的右掌轻轻托住。女士的左手应轻轻地放在男士的右肩上,右手轻轻地搭在男士的左手上。

(4)跳完一支舞后,男士应当向女士说声"谢谢",并且跟在女宾的后面,将其送回她坐的地方,也可进行适当的交谈。如果女士原有舞伴,则不可坐下进行交谈,以免引起误会。

(5)无论是男士还是女士,在整个舞会中尽量不要始终盯牢一位舞伴不放,切忌举止轻浮和粗鲁。

第六节　文书

礼仪活动中使用的各类文书统称为礼仪文书。根据文体写作的基本要求,礼仪文书大致可分为致词、函电、柬帖、聘书、贺卡、题词、启事等。

一、特点

(1)交际性。作为社会交往的文体,礼仪文书主要体现交际双方(多方)的愿望、喜好、情感,反映的是一种"双边"关系。它是用书面的形式接触、互通信息、交流情感。

(2)礼节性。礼仪文书注重"以礼相待",强调因人、因事、因地、因时的待人接物。

(3)规范性。礼仪文书一般都具有比较固定的格式和用语,是一种比较规范化的文体。

二、写作方法

(1)表达方式灵活多样,不拘一格。只要能准确、真诚地表达自己的感情即可。

(2)礼仪文书是一种最能体现和反映作者个性与才情的文书。其语体不受公文语体的束缚,可采用白话、文言、文白相间等。

(3)运用语言简洁精练,顺畅得体。

(4)反映情感真挚恳切,情溢文中。礼仪文书大多是从心底深入交谈,加深情谊。

三、常见种类

(一)致词

1.种类

致词主要有四种:欢迎词、欢送词、祝酒词、答谢词。

(1)欢迎词、祝酒词是宾客到来时主人的“接风”词。

(2)答谢词是宾客为感谢主人的盛情款待而致的答词。

(3)欢送词是当宾客离开时,主人表示礼貌而说的惜别之词。

2.特点

(1)尊敬感:礼仪致词建立在双方互相尊重的基础上,一般在称谓前要有表示尊敬之意、亲切之感的修饰词,如“尊敬的”、“亲爱的”、“敬爱的”等词语,再在姓名之后加上头衔或加上“女士”、“先生”等字样。

(2)真挚感:致词应在字里行间反映出真情实意,这种情感要出于真诚,是一种自然流露的感情,不是虚假地做给宾客看。使用客套话要恰到好处,不能过分或过滥。

(3)简洁性:致词类文体一般应短小精悍,不能长篇大论。

(4)委婉性:致词各方在致词时,一般都只讲对相关事物的原则和基本点,不涉及或不直接涉及有争议的观点与看法,所以一般用委婉的语气和词语来阐明各自的见解,继而进行合作与交流。

3.格式

致词的格式有标题、称谓、正文和落款四个部分。

(1)标题:有两种。一种只有“欢迎词”、“欢送词”等;一种是“×××+职务”在欢迎×××招待会上的致词。

(2)称谓:有两种。一种是泛称,用“女士们、先生们”等词,标题下面第一行顶格,后面加冒号;一种是专称,写明宾客(或主人)的姓名全称及职务、头衔等,前面可冠以“尊敬的”等词,书写的位置同泛称。

(3)正文:应根据双方关系及访问目的而确定。往往有三层含义:一是充满诚挚友好的欢迎或祝贺之情与友好的欢送之意;二是简要回顾或概述双方相互之间合作的往昔,工作中取得的成绩及值得记住的友谊;三是向双方表示良好祝愿和愿意与对方继续合作之意。正文最后以热烈的祝颂告别词结尾。

(4) 落款:在最后一行右边签上发表讲话人的姓名、职务名称。

4.礼仪规范

(1)不管是即兴演讲还是事先起草的礼仪致词,都要注意场合、致词对象、时令及气氛等。

(2)用语不仅要雅致、准确、生动、贴切,而且要通俗易懂,语音不会出现理解上的混淆。篇幅要短,主题集中鲜明,客套语适量,语言精练明确。要以礼貌而真诚的感情来体现双方的交往,以便能进一步合作与往来。全文条理清楚、结构紧凑。

(二)函电

1.种类

函电主要有三类:贺信、贺电;慰问信、慰问电;感谢信、感谢电。

(1)贺信、贺电是用来祝贺对方机关或个人在某一领域中所作出的成绩与取得的成就,庆贺重大的节日、纪念日而写成的信函或电文。

(2)慰问函电是以组织或个人的名义向某一集体或个人表示关怀、问候、安慰、鼓励而写成的文体。

(3)感谢函电是用来表达感谢之情的一种书面形式。

2.特点

(1)礼仪函电不同于一般信函和电报,它具有社会效应。

(2)礼仪函电虽然与公务函电同属一种文体,但两者在实际使用上也有不同特色。

(3)表达内容上,礼仪函电大多以交流感情、增进友谊、称颂慰问、感谢致意为主;公务函电则以通报情况、办理具体事项、咨询、商洽或答复问题为主。

(4)写作上,礼仪函电的语言、格式要求合乎礼仪规范,语气温和、亲切、热忱;公务函电则严格按有关规则行文,语气严肃庄重,用词简练,讲求事理逻辑。

(5)作用上,礼仪函电主要起发展关系、加强沟通、增进了解、促进友谊的作用;而公务函电主要起办事作用,如询问情况、洽谈工作等。

3.贺信、贺电格式

贺信、贺电的格式主要有标题(贺电可省略)、称呼正文、落款和日期。

(1)贺信标题位于首行正中,写“贺信”两字。

(2)称呼写于另起一行顶格处,有机关(单位)或个人两种。机关(单位)名称要用全称或规范化的简称;给个人的贺信、贺电,应根据礼仪规范书写对方称谓(包括职务、姓名、尊称)。称呼后加冒号。

(3)正文另起一行空两格,是贺信、贺电的内容部分。有三层含义:一是开头写祝贺原则和所祝之词,一般就具体事件(成绩、成就和成功)向对方表示祝贺,并说明取得成绩的原因、意义及影响,大多用“欣闻(欣悉)……向……表示祝贺”或“值此……之际,特表示热烈祝贺”等词语;二是中间展示己方对祝贺事件的态度,概要分析,表明对该事件的肯定;三是最后以祝愿或希望之词结尾。

(4)落款应写明发信、发电机关的全称或个人职务、姓名。落款的位置在正文右下方。最后还要注明发信、发电日期,署于落款下方。年、月、日必须填写清楚,不可省略。

(5)写作函电时要注意:贺电篇幅比贺信更短,用语更精练简洁,不堆砌华丽辞藻,要词义鲜明、准确;格式要规范、称呼要得体,尤其是涉外祝贺函电,更应按国际惯例书写;语气上要感情真挚、热情大方,所述事件要恰到好处,符合实际。

4.慰问函电的格式

包括标题、称呼、正文、落款和日期四部分。

(1)标题有两种写法:直接写“慰问信”或“慰问电”;慰问单位名称、致被慰问单位名称、慰问信或慰问电。标题位于首行居中。

(2)称呼与贺电、贺信相同,提行顶格,后用冒号。

(3)正文另起一行,空两格写慰问内容。一般也有三层含义:开头向受电、受信单位概括说明写信或致电的原因、背景、目的等,使对方明白为什么受到慰问；中间写明受信、受电单位、个人或国家的先进事迹、优良品德，如赞扬受灾人民勇于战胜困难、重建家园的气概和精神，并表示向对方学习、致敬；最后点明希望与前景，简述慰问单位的深切关心，鼓舞受慰问者征服困难，振奋斗志。

(4)落款要写明发电人或发信人、单位、国家的全称以及发电、发信的年月日，位置都位于正文右下角，日期在落款正下方。

(5)注意：① 针对不同对象、不同情况，恰如其分地表达慰问之意。② 叙述要真诚，分析要得当，态度要诚恳、热情、亲切。③ 表达上要突出重点、详略得当、条理清晰。④ 用语通畅、简练、得体。一般慰问电比慰问信更简短。

5.感谢函电的格式

由标题、称呼、正文、敬语、落款和日期五部分组成。

(1)标题有两种："感谢信"(或"感谢电")和"致 × × × 的感谢信(感谢电)"。位于首行居中，字体略大一些。若用于张贴，用大红纸张书写。

(2)称呼提行顶格书写，后加冒号。一般写单位名称或个人姓名，如是个人姓名，后可加"同志"、"先生"等称呼词。

(3)正文另起一行，空两格写感谢内容。概括地叙述对方的事迹，说明对方给予自己哪些支持和帮助，并阐明事迹的影响，表明自己的感激之情。这是全文的主题部分，要突出重点，记叙翔实，表扬适度。

(4)敬语要在正文结束后另起一行写"此致"，再另起一行顶格写"敬礼"，或在正文后另起一行顶格写"致以最诚挚的敬礼"等词语。

(5)落款和日期同于慰问函电，署于敬语后右下方。

(6)注意：①区别不同对象，感谢事由、事项要准确、明晰而热情。②抓住事迹的感动之处。③恰当地评议所反映的事迹，有话则长，无话则短。④用词明快、通畅，有感而发，发自肺腑，切忌矫揉造作。

(三)柬帖

1.种类

(1)从内容看，有喜气帖、应酬帖、礼帖、谢帖及丧帖五种。

(2)从表面形式看，有横帖与竖帖。

(3)从纸张样式看，有卡片式和折叠式之分。

2.特点

(1)告知性：柬帖首先要将邀请、通报、致谢的内容告知对方，特别是请柬,更应写明邀请人姓名、活动的名称、时间、地点等。

(2)礼节性:柬帖的款式、格式、用语都非常注重礼仪要求,要为交往起到事半功倍的效果。

(3)规范性:无论哪种柬帖,一般都有严格的讲究,行文中的起首、抬头、具体位置、制品的内外设计等等,要与交际对象、交际内容和谐、一致,并按社会约定俗成来写作。

(4)简捷性:柬帖都要求言简意赅,使对方一目了然。

3.格式

由标题、正文、结尾及落款和时间四部分组成。

(1)标题一般写在柬帖的封面,如"请柬"等。有些柬帖还有起首和抬头,一般起首低格,抬头与书信的抬头书写相同,平抬顶格。

(2)正文的内容根据柬帖的不同种类而有不同要求。以请柬为例,请柬的正文有以下几部分组成:写明被邀人姓名,被邀参加的活动名称,活动(或会议)的时间、地点、注意事项等。

(3)有时要请被邀人确认能否应邀。用词要准确、精练、热情、恳切、得体。结尾处空两格写上"此致"或"敬请(恭候)"字样,再另起一行顶格写上"光临(莅临)"字样。

(4)落款写在右下方,由发柬帖者署名,并另起一行右下方注明日期。

4.礼仪规范

(1)选购或设计制作柬帖要注重款式与交际对象、交际内容的一致。如恭贺新春的拜年帖或春节活动的请帖、礼帖,可选择竖式且有美术装潢,其中以民族文化色彩浓郁的为好,而新年元旦的庆贺,横竖式都可以。

(2)柬帖的写作应与其外表形式相协调,即竖式的柬帖应竖行书写、横式的柬帖应横行书写。竖写自右而左移行,横写自上而下移行。柬帖中所有名称均应使用全称或通用简称。

(3)印好的有正式规格的柬帖,行文中不能用标点符号;若以信函形式发出的柬帖,句子之间可用标点符号。

(四)聘书

1.特点

(1)在生活中起到了加强协作的纽带作用。

(2)能够加强应聘者的责任感、荣誉感和促进人才交流。

(3)表示郑重其事、信任和守约。

2.格式

有标题、称谓、正文、落款及时间四部分。

(1)标题居内页首行中间位置,字样正文大些,写上"聘书"、"聘请书"或"聘约"。

(2)称谓位于标题下一行顶格写,写受聘人姓名(也可附上职务或职称等)。

(3)正文一般包括聘请缘由、被聘人承担的具体职务、职责、权限、待遇、聘期起止时间以及对被聘任的要求或希望等。可分条列项书写。结语用"此聘"或"特授予此证"等词语,另起一行空两格书写。

(4)落款要在正文下面靠右面,写聘请单位或单位及负责人姓名,并加盖公章及个人名章,然后另起一行写发出日期,位置比落款再略靠右些。

(5)写聘书时需注意语气要谦恭、得体,用词需简练、准确。

(五)贺卡

1.挑选

挑选贺卡要根据使用贺卡的节日背景和具体赠送对象的不同来决定哪种贺卡更适合,这就要求注意贺卡的款式、装饰内容、总体风格和祝贺词语。挑选贺卡时要求做到:

(1)贺卡的装饰内容和祝贺词语与赠送贺卡的节日背景相一致,要在节日之前寄到收卡人手里。

(2)贺卡的装饰要与赠送对象的文化修养、审美情趣相一致,贺卡的礼仪内容要与收卡人的心境相通。

(3)贺卡上的祝颂词语要能准确表达赠送者对赠送对象的衷心祝愿,要选贺卡上的词语与赠送目的完全一致的。

2.写作

(1)贺卡的写作要视贺卡上的祝颂词语而定。一般在贺卡原有祝颂词语的基础上,再加些更能表达自己心情的言辞,这就要在祝颂语前写上赠送对象的姓名、称谓,在祝颂语后写上赠卡人的姓名及自称,最后再写上时间。

(2)贺卡书写时要注意用词得体、简洁,字迹工整、大方、美观;若贺卡是竖式,行文宜竖行书写,贺卡是横式,行文宜横行书写。

(六)启事

1.特点

(1)知晓性强。启事是以最大限度的传播媒体、最大的范围与传播空间、最快的速度来最大可能地将所启之事公告于社会大众，以使社会各界人士在尽量短的时间里知晓启事内容，尽快了解有关事项。

(2)简洁明晰。启事内容要求时间急、事项少，必须让人一看就明了有关事项。语言应简短有力，使公众一听或一看就明确所启之事。

2.种类

(1)从所涉及的事务看，启事有公务启事和私务启事两大类。

(2)从启事涉及事项的性质看，有征招类启事、声明类启事和寻找类启事三种。

征招类启事是征求某些对象做某事或招收某人员的启事。比如征文启事、招工启事、招生启事、征订启事、征集启事等。

声明类启事是声明某证件作废、告知地址迁移、名称改变、提前或延期、开业或停业等情况的启事。

寻找类启事主要是寻人或寻物启事。

此外，还有不同目的与内容的其他启事，诸如道歉类、鸣谢类、辞行类、陈情类、喜庆类、丧祭类礼仪色彩特别浓重的启事。

3.格式

由标题、正文、落款和时间四部分组成。

(1)标题一般应写清楚启事的性质和文件。如“征婚启事”、“更正启事”、“寻物启事”等。

(2)文是启事的主体，主要写所启之事及该事的旨意。要求直截了当地将写作者所要求之事的具体内容、想法、意图明确地告知社会公众。为了便于联系，正文中的时间、地点、事物名称(人物姓名)、年龄、职业、要求或征询事项要写得明确、具体而简洁。

(3)落款要写明启事人姓名、单位名称及启事的确切时间。在正文之后空一行右下方位置落款。若是登在报刊上的启事，可不写时间。

4.礼仪规范

(1)标题简短醒目。启事标题要尽量简短，一般用简语，像“寻人启事”用“寻人”，“招聘启事”用“招聘”等。为了醒目，其字体较正文的字体要大得多。

(2)内容突出重点。启事一般应一事一启，讲求一文一个中心思想，使人一看见就知道要做什么或怎样做。

(3)陈述简明扼要。启事一般用说明来表达主题，要求行文简短、明确，文字精练、准确，措辞郑重、严谨，不用比喻、夸张等修饰手法。切忌文字冗赘、语言晦涩、故作风雅。

(4)行文礼貌得体。启事是让社会各界了解、帮助做有关事情，或征求意见等，在行文上讲究一定的体式，用语上力求文明礼貌、得体、恰当，以彬彬有礼的告白引起社会公众的普遍理解和同情。

第七节　社交禁忌

一、忌“玩笑过度”

朋友之间、熟人之间开开玩笑是免不了的。它不但可以活跃气氛，融洽关系，增进友谊，还可以使开玩笑的人具有幽默感。但是，凡是都有个“度”，超越了这个“度”，不但达不到预想的目的，还会弄巧成拙，适得其反。开玩笑也是如此。开玩笑的度没有固定的衡量标准，它要因人、因时、因环境、因内容而定，具体如下：

1.要看对象

由于人的性格、秉性各不相同，使得他们的承受能力也有所不同。有的人开朗活泼，为人豁达、大度，有的人寡言少语，谨小慎微，也有的人生性多疑。因此，同样的玩笑对有的人可以开，对有的人就不能开；对男性可以开，对女性就不能开；对青年人可以开，对老年人就不能开。如果不注意这些分别，很可能因一句玩笑而影响了彼此间的感情。

2.要看时间

同一个人，在不同的时间里会有不同的心境和情绪。有时情绪好，有时情绪低落。同样一句玩笑，在对方心情开朗时，他不会计较，而当他心情不佳时，就可能耿耿于怀。因此，开玩笑最好选择在大家心情都比较舒畅时。

3.要看场合、环境

开玩笑还要看场合和环境。一般来说，在安静的环境中，最好不开玩笑；在庄重、紧张的场合，不宜开玩笑；在悲哀的环境中，不应该开玩笑；在大庭广众之下，应少开或不开玩笑。

4.要看内容

开玩笑要讲究内容健康高雅，注重情调。切忌拿别人的生理缺陷开玩笑;忌揭别人的“疮疤”;忌开庸俗无聊、低级下流的玩笑;忌捕风捉影、以假乱真的玩笑。不要把自己的快乐建立在别人的痛苦之上,而应在开玩笑过程中融进知识性和趣味性内容,使大家在开玩笑中学到知识、受到教育、陶冶情操、增加乐趣,从而收到积极的效果。

二、忌随便发怒

喜怒哀乐是人之常情,也是人的内心世界的真实表现,本不足为怪,也不应干涉。然而,在社交场合却不能随意发怒。这是因为,随便发怒至少会引起两种不良后果:一是对发怒的对象不友好,可能会伤了彼此的和气和感情,失去熟人或朋友之间的信任与友谊。二是对发怒者本人不利。俗话说“气大伤身”,发怒者会给自己的身体带来不良的影响,还要影响发怒者的自身形象,因为人们常会认为发怒者缺乏修养,不宜深交。

那么怎样才能克制自己少发怒甚至不发怒呢?主要应做到以下几方面:

1.遇事冷静思考

心理学研究表明,人的愤怒情绪按其程度可分为九个梯级:不满、气恼、愠、怒、愤懑、激愤、大怒、暴怒、狂怒。当人处在第一、二梯级时,还不一定发脾气,但已有发脾气的情绪基础了;在三、四梯级时,脾气有点发出来了,但还能听劝,或进行情绪转移;到五、六梯级时,自我克制能力已经很差,而且已具有某种“主动进攻”的色彩;到七级以上时,脾气就发得很大了,理智几乎完全丧失,往往会造成破坏性的后果。然而人的脾气与怒火会随着距事情发生时间的加长而出现递减的状态。因此,遇事不要急,先静下心来想一想,怒气就会大减,直至息怒。

2.多为他人着想

不断地为自己的行为、信念和感情辩解是人的习惯和本能。在社会交往中,有的人就会不知不觉地把自己与他人区别对待。对别人比较苛求,对自己则比较宽容,久而久之就变得事事不顺心,看谁都不顺眼,进而变得易怒。对于这种人,要能正确地对待他人,凡事都从别人的立场和角度去考虑,多为他人着想,从中找出自身的弊病,才能改掉易怒的脾气。

3.平等待人

在我们今天的社会里,人与人之间是平等互助、互相尊重、互相理解的关系。充分认识这一点,你就能平和礼貌地与人相处,也就不会动辄对人发怒、拿别人当出气筒了。

三、忌恶语伤人

所谓恶语是指那些肮脏污秽、奚落挖苦、刻薄侮辱一类的语言。这些语言是极不文明礼貌的。如果在社交活动中口出恶语,不但伤害他人感情,而且有损自身形象,会成为不受欢迎之人。

俗语说:“良言一句三冬暖,恶语伤人六月寒。”在社交活动中应极力避免恶语的出现。要做到这一点,主要应从以下几方面努力:

1.三思而后言

在与人交谈过程中要冷静思考,每说一句话都应经过大脑的分析,避免不假思索而出言不逊。

2.回避发怒的人

恶语往往出现于人的盛怒之下,因此,要避免恶语的出现,首先应做到控制自己的怒火,同时回避正在或正要发怒的人。

3.注意沟通

恶语有时是在双方发生误解和矛盾的情况下出口的,因此,要避免恶语,就要先消除双方的误解,解决双方的矛盾。而误解和矛盾的消除必须借助于彼此的沟通。

语言本是人们交流思想、传递信息和沟通情感的工具,但恶语却是损害别人尊严、刺痛别人神经和破坏相互关系的祸根,是社交之大忌。只要我们每个人都从我做起,不断提高自身素质和修养,注意语言美,充分认识到尊重别人就是尊重自己,伤害和侮辱他人的同时也贬低了自己,那么,在社会交往中就不会出现恶语伤人之事了。

四、忌飞短流长

所谓飞短流长,就是说长道短,评论他人的好坏是非。人与人交往贵在真诚,要以诚相见。私下议论别人是非的做法,是不利于团结的,它会伤害朋友之间的感情,最终使自己失去朋友。因此,在社会交往中要注意以下几点:

1.不干涉别人的隐私

我们提倡朋友之间以诚相待、胸怀坦荡,这并不是说个人全然没有秘密,必须把自己的一切公之于众。只要是不违背法律和道德,不损害他人利益和侵犯他人权利，每个人都可以有自己的隐私。这种隐私应该受到尊重和保护。到处刺探别人的隐私并当新闻来传播的行为是不道德的，是对当事人的人格的侵犯。

2. 不主观臆断，妄加猜测

在日常生活和工作中，有些人喜爱捕风捉影，无事生非，制造所谓的新闻。殊不知，这样做既制造了人与人之间的矛盾，也损害了当事人的名誉，不利于人与人之间正常交往的顺利进行，这种人为多数人所不齿。

3. 不传播不负责任的小道消息

小道消息往往是未加证实的消息，有的甚至是凭空捏造的。因此，一个道德高尚、有修养、会交际的人应该自觉抵制小道消息，而不是随波逐流，津津乐道。

4. 对朋友的过失不能幸灾乐祸

人非圣贤，孰能无过。一个人在工作和生活中出现差错和过失是在所难免的。对待朋友的错误不能熟视无睹，更不应幸灾乐祸，而应积极相助，指点迷津，这才称得上是真正的朋友。只有这样的人在社会交往中才会赢得朋友的信赖，交到更多更好的朋友。

五、忌言而无信

社会交往中，"信用"二字至关重要。自古就有"一诺千金"、"一言既出，驷马难追"的说法。因此，要让别人相信你、尊重你，你就必须要言而有信。

古人云："人无信，不可交。"如果言而无信，在社交场合中就不会有自己真正的朋友。而要做到言而有信，就必须从以下几个方面约束自己：

1. 对朋友以诚相待

与朋友相处要坦诚，只有牢记这一点，才能与朋友建立相互信赖的关系，朋友才会信任你。

2. 言而有信，不轻易许诺

一诺千金就是告诉我们，不能轻易向别人许诺，要时刻对自己的言行负责，一旦许诺，就要不遗余力地去兑现，否则会使你失信于人。

六、忌知恩不报

社会交往中，尤其是朋友之间的"我帮你，你帮我"是很正常的事，但受助者也要知恩思报。尽管不是人人都能达到"滴水之恩，当涌泉相报"的高境界，但对于朋友的帮助，无论是大还是小，受助一方都要及时通过恰当的方式表达感激之情。如果认为朋友之间无需感谢，或自己境遇改变，忘了朋友的相助提携，那就失了礼仪，也失了友谊。

七、忌强人所难

以朋友的身份，要求对方做为难的事，就是强人所难。提出让朋友为难的要求，要么遭朋友的拒绝，自己难堪；要么朋友勉强答应你的要求，内心反感，从此友情转淡乃至终止。比方说找人借钱时，一定要考虑对方的经济状况和感受，不能强人所难，俗话说"借钱要忍，还钱要狠"就是这个道理。

八、忌交浅言深

交友有不同的层次，有的是泛泛之交，有的是知音挚友。在知音挚友之间可以畅所欲言，袒露肺腑，在泛泛之交面前就不行。如果把内心的秘密吐露给一个并非深交的朋友，是比较危险的，会导致伤害友情，甚至导致身败名裂的后果。

第四章 家庭礼仪

家庭是社会的细胞，一个个和谐的家庭关系到社会的和谐与稳定。和睦的家庭充满爱：夫妻恩爱，兄弟姐妹相互支持、相互帮助；孝敬父母、尊敬长辈、爱护幼小、保护儿童；注重礼仪、崇尚文明。家庭的文化、家庭的规矩对于每一位家庭成员都会产生深远的影响。我们向往的和谐社会，首先是家庭的和谐、家人之间的和谐，是让家成为一个温馨的港湾，一个真正可以放松身心、享受天伦之乐的场所。

家庭礼仪指的是人们在长期的家庭生活中，用以沟通思想、交流信息、联络感情而逐渐形成的行为准则和礼节、仪式的总称。歌德曾说过："家庭和睦是人生最幸福的事情。""不幸的家庭各有各的不幸，幸福的家庭拥有同样的幸福。"这里所说的幸福是建立在礼仪的基础上的。"家和万事兴"，可见"和"的重要性，这个"和"就是相互谦恭有礼的意思。简单地说，家庭礼仪起到了维护家庭和实现幸福以及调节家庭成员间和谐关系的重要作用。

第一节　家庭关系

家庭成员间的关系是人类社会中最普遍的关系，以血缘关系、感情关系为核心。家庭关系主要包括父母与子女间的关系、夫妻关系，同辈人之间的关系、婆媳关系、女婿与岳父母间的关系、妯娌关系等。其中，夫妻关系是家庭关系的核心，夫妻双方相互体贴，家庭生活自然充满温馨；父严母慈子孝的家庭关系洋溢着天伦之乐。同辈兄弟姐妹之间要团结互助，体现手足之情，等等，他们之间和睦的关系也是以"礼"来维系的。

一、父母与子女

"老吾老以及人之老，幼吾幼以及人之幼。"这里长幼之间的礼仪其实就是指父母子女之间的礼仪，包括子女对父母的礼仪和父母对子女的礼仪。

（一）子女对父母

古代有"百善孝为先"的说法，从这一中华传统礼仪中我们可以认识到尊老爱老美德的重要性，中华传统礼仪绝不只是一种形式上的“礼数”，它是人们发自内心的真情实意，是人们对彼此情感的关怀和关系的协调，它所体现出的是中华礼仪超越了狭隘血缘亲情之爱的崇高性，融入的是浓郁爱心和人文关怀。

1.尽职尽孝

我国家庭的一个重要特征是家庭成员要承担一定的义务。孝顺长辈，是中华民族的千古美德，是一个人应尽的起码的义务之一。儿女有病，父母揪心地痛；子女有困难，父母会全力相助。每一个人都是父母从小拉扯大的，都倾注了父母的大量心血。“羔羊跪地求奶”、“乌鸦反哺”的例子告诉我们：做子女的应该对父母养育之恩“反哺”、报答。“滴水之恩，当涌泉相报”，对父母的养育之恩以“反哺”相报，乃是做儿女的职责。

两代人居住的家庭中，长辈与晚辈，都应承担各自的义务。对于子女来说，主要的是养老问题。人到老年，不单纯是拿点钱，养养老就能解决的。人年事越高，精神上就越孤独凄凉。父母辈无论收入多高，子女都应尽职尽孝。做子女的不仅要有物质上的赡养，还要有精神上的安慰。这样会增强子女的责任感、义务感，两代人的关系则容易相处。过新年或每逢父亲节、母亲节时，不要忘了向父母送上问候和祝福，体贴父母，关心父母的身体健康。一旦父母身体不适，应该主动问候，端药送水，加以劝慰。就餐中也要注意礼让，就餐先请父母就座后，自己方可就位。长辈要承担力所能及的家务劳动，学会料理个人生活，自己的用品收放整齐，不乱摆放。同时生活要节俭，不浪费，不摆阔气。儿女参加工作后，就不应再向父母要钱，不提超越家庭经济条件的过分要求。

2.尊重父母

子女对待父母，应当以敬重为先，认真做到一言一行的表里如一。孔子早说过，对待父母，只管奉养，不知道尊重，就如同犬马一样。父母有自己的社交、人情、利益开支，因此对父母的正常人情也最好不干涉。父母更有自己的思想感情，做子女的要尊重父母，切忌越俎代庖，尤其是丧偶再婚问题，子女应为父母的幸福着想，支持理解，不可粗暴干涉。人是社会关系的总和，精神要求不可缺少。日常生活中要注意经常与父母交流、沟通，关心他们的精神生活，使他们老有所乐。儿女们再孝顺再富有，只能满足父母生活的一部分，却解决不了他们的精神要求。因此，为了父母自身的幸福着想，儿女们要尊重父母，最好不干涉他们自身的事情。

3.理解父母

父母进入老年期,在生理和心理上会发生一些变化,这些变化体现在:

(1)孤独感。退休后生活内容减少,希望与人交往,尤其希望子女能够经常陪陪他们。

(2)退化感:由于记忆力减退,办事反应迟钝,效率降低,在心理上希望得到子女的照顾。

(3)自尊感:因阅历丰富,喜欢用教训人的方式来维护自己的尊严。所以儿女尽量不要顶撞他们。

(4)怀旧感:老人喜欢谈往事。子女要理解,不要厌烦。

(5)返老还童:有的老年人,情绪变化很大,容易生气,但有时也容易高兴,在有些事情上像小孩子一样天真。子女不要嘲笑他们,也不要介意。

4.正确对待父母的打骂和错怪

在家庭生活中父母常常会错怪孩子。子女首先要耐心听完父母的责怪、训斥,以便弄清他们在什么事情、什么问题上对你产生了误解。如果确实是父母误会了,可适当做些解释工作,消除误会;或是暂时沉默以缓和紧张气氛,不要急于争辩,以免激化矛盾。有时候沉默是很好的沟通方式。无论采取什么办法,最终目的都是要弄清事情原委,帮助父母消除误会,待大家都心平气和时,再进行详细的解释,要避免使用刺激性语言,更不要一味责怪、埋怨父母的一时不当。切忌因父母的错怪而对父母生气、失去信任,更不能因此而采取离家出走等过激的行动。要多想想平时父母对自己无微不至的关怀,多想想他们的养育之恩。当一切真相大白时,父母一定会为错怪你而后悔。

(二)父母对子女

父母是孩子的第一位老师。父母的文化素质、性格爱好,对孩子的自制力、思维灵活性、求知欲等方面的发展,有很大的影响。对待子女,父母负有养育和教育的双重责任。对待子女的礼仪具体体现在以下几个方面:

1.言传身教

父母的言行举止,往往在子女身上产生潜移默化的作用。要做好子女的教育礼仪,父母首先要做到以下几点:

(1)父母尽量不要当着孩子的面吵架,经常吵架的家庭对孩子将来的心理个性发展会造成负面影响。据统计,青少年暴力犯罪,很大程度上是因为从小生活在暴力家庭中。孩子心灵上最严重的创伤,就是父母关系不和谐造成的。

(2)对多子女的家庭,父母不要偏爱某个孩子,对待每个孩子都要一视同仁。

(3)父母任何时候都不要对孩子撒谎。

(4)父母与孩子之间要保持一种亲密无间的关系,孩子提出的问题,父母要尽量给予答复。

(5)父母不说违背社会生活准则和社会公德的话,更不能做违背社会生活准则和社会公德的事。

2.管教得当

古人云:"子不教,父之过。"父母对子女要全面负责,做到在生活上关怀,学习上督促,工作上指点。发现孩子的不足和过错,父母要及时予以指正,以便防微杜渐。"娇是害,严是爱",父母的爱一旦变成溺爱就会酿成大错。但是,"严"并不是无原则的,在管教过程中,要注意摆事实,讲道理,以理服人而非以势压人。要注意采取正确的批评方式方法,要循循善诱,启发引导,选好时机,没有搞清楚事情的真相时,不要盲目批评孩子,否则,容易引起孩子的反感。有时候沉默比说错话要好得多。吃饭的时候不要批评孩子,以免影响孩子的消化功能,时间长了,孩子容易得胃肠道疾病。睡觉前也不要批评孩子,孩子带着委屈睡觉,容易做噩梦,容易患神经系统疾病。不可当着外人面批评子女,孩子会觉得在众人面前丢了脸,容易有破罐子破摔的思想,而且会影响孩子心理的健康发展。父母应该多观察和表扬子女的优点,多一些鼓励少些批评。父母心情不好时,不要批评孩子,因为此时父母难以保持冷静,可能会批评过火。有些父母亲对子女过于严厉,动辄训斥、责骂,甚至采用暴力解决的方式,这常使子女产生逆反心理。因此,父母对子女的管教应建立在态度友善和人格尊重之上。

3.加强沟通

现代社会生活、工作节奏加快,父母应尽量缩短代沟,要尽量安排时间和孩子在一起,要加强与子女的沟通和交流,要相互了解、相互理解,以密切感情。父母与子女之间需要经常坐在一起谈谈期望、理想、担忧等等,而且要在有充足时间的前提下开始对话,并且要认真倾听子女的回答,不要乱作批评和嘲笑。子女在大学时代,思想活跃,感情丰富,但缺乏社会经验,容易盲目地随大流,此时父母更应该发挥引路人的积极作用。要经常鼓励子女勇敢地面对各种困难和挫折,尤其是对于处在青春期的子女,要尊重他们的个性发展，引导他们为学业、事业奋斗。

4.作风民主

“天高任鸟飞，海阔凭鱼跃。”现代社会信息化飞速发展，社会竞争激烈，生活节奏加快。新时代的大学生奋发向上，需要学文化、学技术、学交往、学管理等等，学习相当紧张，就业压力比较大。家长应该关心子女的成长和进步。一般来说，现在的大学生更希望有自由、宽松的学习、工作、生活环境。因此，作风民主、开明的父母善于理解子女，会适时地给予精神指点，但绝不要束缚他们的手脚，而是要放手让他们去闯，以便子女尽情舒展自己的才华和理想。

(三)婆媳

婆媳是一种特殊的家庭关系，它不像夫妻那样有亲密的姻缘关系，又不像母子那样有稳定的血缘关系，婆媳之间往往是家庭矛盾的焦点，处理好婆媳关系需要更多的艺术和礼仪技巧。婆媳相处有四大原则：

1.以诚相待

中国有句古话“将心比心”，公婆真心实意地把儿媳妇视为亲生女儿，以情换情，儿媳就会把婆婆当作亲生母亲对待。聪明知礼的婆婆讲究说话技巧，学会多夸奖，少批评，言辞过激的批评可能触伤对方的感情。儿媳对待婆婆像对待自己的母亲一样，这样会增加夫妻之间的感情，逢年过节要给婆婆和母亲买几乎相近的礼物，母亲节也要给自己的婆婆准备一份礼物。

2.以礼相待

婆媳之间需要真心交流，以礼相待。媳妇上班之前，跟婆婆道别：“妈，我走了。”下班后，先向婆婆问好，诸如“这一天您辛苦了”等等。一句简单的话，会使婆婆觉得儿媳心中有她，再累也觉得心里舒服。媳妇的朋友来作客时，先向婆婆介绍，婆婆也会觉得受到尊敬。日常称呼方面，儿媳一定要多喊“妈”，不要没有称呼，动不动就说“您”怎么怎么样，这是对婆婆的极不尊重，婆媳之间因为生活中的小事发生争吵，也不要大惊小怪，相视如仇，双方一定要注意语言礼貌，不要出言不逊，说过头话，在某些小事上可以适当宽容、忍让，装装糊涂，虽然个人受点委屈，但却换来了整个家庭的宁静与幸福。

3.相互理解

婆媳间贵在相互了解，相互理解。婆婆与儿媳的做法或生活方式可能会有很大的不同，婆婆一般不要干涉儿媳的生活方式。现在的年轻人，喜欢穿戴、爱唱爱跳，婆婆也不必看不顺眼，应尽可能适应儿媳的做法。媳妇到婆家之后，凡事不要由着性子来，要“入乡随俗”，克制自己，逐渐适应婆婆家的生活，主动帮助婆婆分担家务。儿媳许多家务活不会干，需要婆婆指点，边学边做，允许出点差错，闹点笑话，当婆婆的要理解。有的婆婆来自农村，与儿媳同住，她的生活方式、卫生习惯肯定与儿媳不同，儿媳不要嫌弃婆婆，埋怨婆婆没有好习惯，而要以宽容、高姿态处理这些问题，设身处地为婆婆想一想：“一辈子形成的习惯，怎么会说改就改呢?”所以，儿媳不要指责婆婆，可以试着去改变一些，如给婆婆买新衣服，与她沟通说明卫生的重要性等等。必要的时候，让自己的丈夫出面说一说，可能效果更好一些。

4.相互帮助

婆婆要关心儿媳的各个方面，尤其是儿媳怀孕期间，要多给予关心，不要让她干重活；媳妇坐月子要尽心侍候，多买些营养品等。儿媳娘家有些婚丧嫁娶等大事，婆婆也要主动关心，尽力相助。儿媳下班回家，尽可能多做些家务，减轻婆婆的劳累；逢年过节，可为公婆做些可口的饭菜；季节更换，为公婆添置件新衣服等等。婆媳双方都有互助意识，才会相处得和睦融洽。

(四)女婿与岳父母

一般说来，女婿和岳父母之间是比较好相处的。

1.多夸妻子

在岳父母面前夸奖妻子，这是和岳父母和睦相处的第一秘诀。在岳母面前夸奖妻子，岳父母听了一定会高兴。在岳母看来，女儿是自己一手抚养大的，女儿身上的优点都是自己培育的结果，或者是遗传了自己的优点。在岳父母面前夸妻子，可以与岳父母和睦相处，也可以让妻子感觉到你很爱她。

2.孝敬岳父母

女婿是岳父母的半个儿子，孝顺岳父母是女婿应尽的义务，女婿要多奉献少索取，同时，不要干涉岳父母家庭的财务支出，更不要让妻子回家要钱、物等。

3.互相尊重

赡养父母，是法律赋予子女的义务。平时休班女婿要多到岳父母家去探望；遇到节日、生日，买点礼品去祝贺，这都是女婿应尽的义务。空闲时间，把老人接到家中住几天，尽尽孝道，尤其是独居的岳父或岳母，多陪陪老人能消除他们的孤独。岳父母正确对待女婿要有“三忌”。一忌宠爱女儿。

夫妻二人吵架，妻子愿意跑回娘家向母亲诉苦，如果只知道宠爱女儿，小两口的矛盾会越来越大。二忌过分“参政”。有的父母对自己的女儿总是不敢放手，经常给女儿出主意，如果出的主意只考虑个人利益，就会挑起女婿家的矛盾，所以岳父母最好不要参与女婿家的“内政”。三忌指责女婿，小两口发生矛盾后，岳父母千万不要当着女儿的面指责女婿，因为二者的感情基础是相互敬重。

二、夫妻

夫妻关系是家庭的核心，家庭的幸福离不开夫妻间的和睦相处。众所周知，我国有一对夫妻一辈子相敬如宾，堪称夫妻的楷模，这就是周恩来和邓颖超。他们总结出夫妻相处的宝贵经验是“八互”，即互尊、互敬、互爱、互学、互助、互谅、互慰、互勉。这八条经验值得每一对夫妻学习。具体夫妻间的礼仪要遵循的原则概括起来有以下几点：

1.互相平等

夫妻平等是家庭和睦幸福的基础和前提，是受法律保护的。绝不能因为双方社会地位的高低、文化水平的差异、经济收入的多少而相互歧视。

2.互相信任

婚姻是建立在相互信任的基础上的，夫妻间缺乏相互信任，家庭是不会幸福的。夫妻间要开诚布公，互相信任。当然，夫妻间应保留一点自己的空间，允许保留各自的一些秘密。

3.相互尊重

夫妻之间相互尊重，主要是尊重对方的人格、性格、爱好、习惯等等，相互赞赏对方的优点和长处，取对方之长补己之短，不论在事业上还是在日常生活中，均要多看对方的长处，学习对方的优点，弥补自己的缺点，不断进步。相互尊重对方的兴趣，就会使对方体会到一种爱、一种理解和支持，夫妻感情就会得到又一次的升华。其实，夫妻虽是一家，相互间多说句“谢谢”、“请帮忙”或鼓励的话，并不是多余的。这样既体现了尊重对方，又能加深感情。

4.互相宽容和谅解

夫妻之间特别要互相宽容和谅解。“金无足赤，人无完人。”夫妻之间不仅要喜欢对方的优点，还要能接纳对方的缺点和不足。两个人生活在一起，很容易产生矛盾。要避免争吵，消除矛盾，实现和睦与融洽，夫妻双方就必须相互体谅。宽容和谅解是解决矛盾的催化剂,也是夫妻感情的润滑剂。

5.相互关心

夫妻相互关心不仅体现在关心对方的事业、前途等大问题上,更主要的是体现在日常生活中的细微之处。日常生活中的许多小事,都能表达和体现对对方的关心:外出前说声“再见”或说声“路上慢走”、“早点回来”。下班回家后,对方端来的一杯茶,说一句“累不累?”“喝茶吧?”话虽简单,但对方却倍感亲切。外出办事,多日不归,回来尽量记得给家人和孩子捎点礼物,不在乎礼物价值大小,而是它表达了对家人的关心和重视。

6.相互赞赏

人人都有自尊,都希望得到赞扬和鼓励。在夫妻关系中,经常地赞美对方,特别是当对方取得一定成绩以后,适时地由衷赞美几句,会令夫妻感情更深一步。在人际交往的过程中,恰当地将自己的配偶的特长、优点介绍给他人,会使自己的配偶产生一种荣誉感和自信心。

7.相互支持

“每一个成功男人的背后都有一位好妻子”,这句话充分说明了夫妻之间相互支持、相互帮助的重要性。在日常生活中,夫妻应共同承担家务事,共同解决家庭中遇到的困难,同舟共济,共同走向人生的辉煌。

三、同辈

主要指兄弟姐妹之间以及堂兄弟姐妹、表兄弟姐妹之间的关系和礼仪。同辈之间,要相互尊重、关心、谅解、帮助、谦让,长爱幼,幼尊长,彼此爱护,不争不吵,情同手足,共同创造温馨祥和的气氛。同辈之间交往主要应注意以下几个方面:

1.厚待同辈

同辈的亲属,“本是同根生”,血统与姻亲的天然纽带将其联系在一起,因而交往中一定要真诚、厚待。不要听不得对方的逆耳之言,见不得对方的逆己之事,且要容忍同辈亲属无意间对自己的冒犯,即便对方的确做了有负于自己的事情,也要看在“一家人”的面子上对其宽大为怀。

2.主动谦让

与同辈之间打交道,与跟其他人交往一样,都不可能不涉及物质利益。对待同辈之间的财物要有一个正确的态度,兄弟姐妹之间,要避免你争我抢,甚至撕破脸,大打出手。要尽可能地做到退让,不要斤斤计较,而要知道

“吃亏就是福”。平日与同辈在日常生活中的经济账要算清楚。“亲兄弟明算账”,不要老是自己赚便宜,而让别人吃亏。

3.相互帮助

对同辈亲属的爱护,首先应当是无条件的、不图回报的。这种无私的爱护,既要体现在物质利益的支援方面,又要表现在精神情感的沟通方面。在力所能及的前提下,对于同辈亲属的爱护,应当多多益善。对于来自同辈的爱护要领情,要知恩图报,不要认定对方天生就该“爱护”自己。在寻求同辈亲属的帮助时,则不宜强求。另外,互助还需要建立在合理、合法的基础上,徇私枉法,乃是同辈亲属互助的大忌。

第二节　家庭交往

一、祝贺

祝贺是加强家庭人际关系、增进友谊的重要方式之一。每逢他人遇上喜庆节日,如结婚,宝宝出生、满月,或者在生活、事业上取得成功,对当事人说些赞美祝福的吉祥话,可使这种喜悦更添色彩,他会感受到你的关心支持,从而加深双方的友谊。祝贺时也要注意礼仪,遵循一定的原则。一般祝贺时应遵循的三个原则是:态度诚挚、用语准确、方式恰当。下面让我们了解一下主要的祝贺礼仪。

(一)出生庆贺

亲友家中新添宝宝,是人生家庭一大件喜事,值得祝贺。一般说来祝贺出生有以下礼仪:

1.探望产妇和婴儿礼仪

如果你在外地,不能亲自探望产妇和婴儿,可以写祝贺信,表示祝贺和关心,主要话题围绕产妇和婴儿的健康。探望产妇和婴儿时,要注意探望的时间。产妇刚生完宝宝身体精神都比较疲乏,因此探望时间不要过长,以免影响产妇的休息。探望婴儿时,注意说话声音勿过大,有的宝宝吵醒后容易哭闹不止,因此,不要给产妇和自己带来尴尬。探望产妇和婴儿时,如果你患感冒或其他疾病,不要亲近婴儿,以避免传染。

2.赠送礼物

宝宝出生、满月或百日时,家里都要举办宴席。当你应邀参加时,要注意带上两份礼物,一份给婴儿,一份给产妇。给产妇的要以适合产妇滋补的食品为主或有关育儿的书籍,给婴儿的礼品可以是奶粉、衣物、鞋帽、尿布、玩具或有纪念意义的生肖纪念章等。

3.祝贺用语

祝贺用语要文雅准确,不能重男轻女,宜说吉利话,比如夸奖宝宝可爱、白皙、漂亮等。

(二)生日寿辰祝贺

青年人的生日典礼叫"过生日",年长者的生日典礼叫"做寿"。生日祝贺可以较随意,一个电话、一封祝贺信、一张祝贺卡片都能送去真诚的祝福,一束鲜花、一件小礼物也会带来一片温馨的祝福。但是参加祝寿活动不同于一般性的走访亲友或赴宴。因为这是社交礼仪活动,要做好充分准备。

1.备好寿礼

寿礼一般可选择包装精美、做工精细,含有祝贺健康长寿、吉祥如意意义的食品或物品,生日蛋糕大多由其子女准备,农村习惯赠送糕团、寿面,并且放上红纸或由红纸剪成的"寿"、"福"。禁忌赠送钟表,在中国送钟表的发音同"送终"相似,这是大家最忌讳的,而且在有些西方国家也忌讳。

2.服饰选择

服饰宜选择色调明快,含有吉庆之意的红、黄等色。这样穿整洁庄重,但禁忌穿全黑、全白或黑白相间的服饰等。

3.祝贺语言

语言要以祝贺、颂扬为主。常用的祝寿语有:福如东海、寿比南山;寿星高照、松鹤延年;身心愉快、天地比寿;如松如柏、青春永驻等等。切忌说写"死"、"病"、"灾"之类的不吉利的语言。

4.行礼要庄重

行礼一般以抱拳、鞠躬或握手等礼节为宜。

为一些社会上有影响的知名人士贺寿,除家庭成员及亲友表示祝贺外,有时还由机关团体公开发起庆贺活动。这种活动一般是颂扬性的集会,一般不办酒席也不送礼品。

另外,在许多地方,过生日要吃寿面,即面条。生日吃寿面是我国民间的传统习俗,取其"长寿"之意。如在我国南方,为老人祝寿还有向邻居送寿面的习俗。

(三)结婚祝贺

接到亲朋好友的结婚请柬或者电话、书信通知后,要做好准备。一般来

说,准备参加婚礼祝贺的宾客应注意以下几点礼仪规范:

1.及时回复邀请

收到邀请函后,一般应及时回复,如果你确实有急事或者出差在外地,可以向朋友说明,请求原谅,或者让自己的妻子或丈夫代你前去表示祝贺,也可以电话表示祝贺。朋友虽然有点失望,但会理解你的,总比在婚礼那天才回复朋友好。参加婚礼时,一般以不携带小孩为宜;如请柬上注明“全家”字样,不包括已结婚的子女;如你已有恋人而主人未邀请,可向主人表达是否带上自己的恋人的征询。

2.结婚礼物

结婚礼物以钱或物为主。送钱时要用红纸包好,并写上祝福与自己的名字等,以便新人登记清楚。如果在婚礼现场有专人登记,可以 直接将钱交付。送实物要注意美观、实用,一般以家庭陈设品、床上用品、餐具茶具、厨房用具等礼品为宜,也可以事先征求新人的意见再采办。有时因为意外情况不能参加婚礼,但祝贺礼品不能少,或事前事后向新人祝贺。

3.宾客礼仪

婚礼上的宾客礼仪要注意以下几点:

(1)服饰要干净、整洁、庄重,颜色搭配合适,但黑色除外,中国人则更注重以红色为主,红色代表着喜庆。

(2)话题要围绕婚礼,不要只谈论自己,不要谈你的感受如何,昨天你做了些什么,更不要谈工作的事情等等。

(3)向新郎、新娘介绍自己,不应计较新人与你相处、交谈的时间长短,因为在这兴奋的喜庆日子,新人很容易忘记熟人的名字,而且婚礼上有很多事情等着他们去做。

(4)婚礼酒席上要举杯向新人表示祝贺,敬酒时要注意用语得当文雅,如“祝某某新婚快乐,白头偕老,早生贵子”等等;接受敬酒的人不必喝酒,只需坐在座位上,微笑面对敬酒者;婚宴上每次敬酒时间不宜超过 3 分钟等等。婚宴上,一定不要喝醉酒,酒后容易说错话,容易失态,不仅给新人带来尴尬,而且影响喜庆的气氛。婚礼上也不要把新娘、新郎灌醉。婚宴尽量轻松愉快,切忌酗酒大喊大叫,要让新人完满地结束婚宴。

(5)如果你想在婚礼上告退,只管随时离开,除非新人刚好在旁边而且空着无事,一般不必向新人面辞。

二、宴请

家庭常见请客有三种:正式宴会、便宴、家宴,前两种一般选择在酒店餐厅举行,后者会由女主人亲自下厨料理,家人共同招待,规模比较小,自然、随便。宴请时主人要做好准备,客人也要注意宴会进行中的礼仪。

(一)宴请准备礼仪

一次宴请是否成功,能否达到主人预期的目的,取决于主人的准备是否周到。在宴请前的准备中要注意以下礼仪:

1.邀请礼仪

家庭宴请的邀请礼仪常有三种方式:一是口头通知,二是打电话通知,三是发请柬邀请。

口头邀请比较自然,适用于相互之间比较熟悉的亲友。邀请的时间可以选择在周末或晚上,到被邀请者家中邀请以示郑重。这种邀请不但可以让被邀请者了解赴宴的目的,而且邀请者当场就可以知道被邀请者是否有空来赴宴。

打电话邀请的方式比较灵活。采用这种方式可以节约邀请者的时间,以便有更多的时间用来作好宴请准备。

发请柬邀请的方式,一般在举行隆重的宴请、被邀请者也比较多的情况下采用。家庭中的宴请是各种各样的,比如:生日晚宴、结婚宴会、为人饯行、接风洗尘,等等。请柬的内容和对象虽然不同,但其书写格式基本相同。

拟写请柬要注意以下三点:

(1)称谓。发给长辈的请柬可以省略姓名,直接写称谓,例如大伯、小舅等。平辈人之间以及小辈的亲友则要加上姓名或只写姓名。

(2)宴请形式。请柬上要写明被邀请者所要参加的宴会的形式,例如结婚宴会、家庭聚会、生日派对,等等。还可以简要写明此次宴请的其他人都有哪些。

(3)宴请的时间和地点。宴请必须详细写明举办宴会的地点、日期和时间,且不可遗漏。

举例:婚礼请柬

伯父:

我将于本月10日星期六与黄丽在××饭店举行婚礼。我们两人都盼望您和伯母能莅临观礼,并参加喜宴。

在此并祝

福安

侄儿××敬上

××××年×月×日

总之,邀请者可以根据个人情况,选择合适的邀请方式,作好宴请前的准备工作。

2.列出名单

宴会之前应该认真列出被邀请人的名单,并且要一一列清谁是主宾,谁是次宾,谁作陪客。一般每次宴请都有一定的目的,不宜把不相干的两批客人在一起宴请,更不要把平时有芥蒂的客人请在一起吃饭、饮酒,以免出现尴尬场面。

3.确定时间

宴请时间的安排原则上以大多数宾客能来参加宴会为准则,尤其应以主宾最适宜的时间来确定,而不能只迁就主人的心意。在企业开张、友人聚会时,可以按照主人的主观安排;有的随同其他因素的决定,如接风送行等。

4.选好场所

选好宴请的场所,无疑是十分重要的。有的适合家宴,以显示主客之间的深厚友谊;有的宜在星级酒店宴请,以表示对宾客的尊敬;有的则选择在特色小吃店里,以满足宾客的兴趣爱好;有的则在民族特色饭店,以表示对少数民族客人民族习惯的尊重。精心的宴请场所选择,能充分表现出主人对客人的敬意。

5.座次安排

宴会的席位是指在同一桌上,座次有主次之分。一般以向门一面为主宾席,主人背门而坐,为次位。其他依次以离主位远近而定,一般右主左次。各桌的主位可与主桌的主位相同,也可以方向相对。而西式宴会的座位安排,按国外的礼仪是由男主人陪伴最尊贵的女宾客入席,让女宾客坐在右边,左侧是第二位的重要男宾客。

总之,无论哪种安排,都要在入席之前通知赴宴的客人,使大家心中有数。

(二)宴请进行时的礼仪

当宾客相继来到后,要及时开席。在宴会进行中,主人要一直保持热情好客的态度,以保持宴会的热烈气氛,收到预期的目的。因此要注意以下礼仪：

1.引客入席

宴会开始前，主人要热情接待每位客人。如果客人间有相互不认识的，主人要逐一介绍，使彼此有所了解，以保持宴会的友好气氛。然后按预先安排的座次，依次引客入座。如果客人不小心坐错座位，一般应“将错就错”，或很巧妙地加以换座，以免挫伤客人的自尊心。一般客人到达赴宴场所时，不要急于找座位坐下，应等主人引座。

2.按时开席

客人落座后，主人要按时开席，不因个别客人影响整个宴会的进行。如果主要宾客或主宾没有来，应该及时联系，问明原因，以便采取应急措施，并向其他客人表示歉意。一般情况下，宴会开席延误10～15分钟是允许的，但最长不要超过30分钟，否则会影响宴会的气氛。

3.上菜礼仪

宴会菜谱的确定，应根据宴会的规格“看客下菜”。总的原则是考虑客人的身份及宴请的目的，做到丰俭得当。上菜左首上右首下，上菜顺序一般为：冷盘—主菜—热菜—大菜—甜菜—点心—汤。上菜时机选择要恰当，防止空盘又不宜堆积过多；上最后一道菜应暗示酒宴已近尾声。我国传统习惯中有“鸡不现头，鸭不现尾，鱼不现脊”的说法。每上一道菜都要介绍并邀请主宾先动手品尝或给客人分菜或汤。

4.举止文明

宴会进行中，要做到举止文明。所谓“以食为天”，大有学问。

(1)吃相文雅。餐桌上的吃相体现着一个人的文化修养水平，是不可以忽视的。具体有以下几点：

①食物入口后应该闭嘴咀嚼，尽量把咀嚼食物的声音限制在最小的强度范围内，切忌咀嚼时发出“叭叭叭”的声音，不仅显得不文雅，而且会影响他人进食情绪。

②喝汤注意应用汤勺，一勺一勺送入口中。切忌端起碗来一口气喝完，也不要发出“咕咕”的声音，这是不文明也是不文雅的表现。如果汤太热，不要用嘴对着汤吹，可以用汤勺慢慢搅拌。

③用餐过程中，有些东西需要吐出来，如鱼刺、排骨渣，还有饭菜中的沙子需要吐出来，这些在正式宴会中是允许的，但要注意吐的规范。一般的食物残渣用筷子从口中夹出，放在自己前面的桌子上或者专门的容器内，而不

可低下头嘴对着桌子吐出来,更不要直接吐到地上。如果饭菜中有沙子,则应该离开饭桌吐到卫生间,不要直接吐到饭桌上。

④餐巾、纸巾及热毛巾,只用来擦嘴,不可擦头、颈、胸部。席间一般不要剔牙,确实需要剔牙时,应该用另一只手挡住嘴再剔。要控制尽量不要打喷嚏、打饱嗝、吐痰等。

(2)吃量适中。要求每次送入口中的食物要适量,每次送入口中的食物太少,会影响进食速度,也会让人觉得造作。反之,每次把大量的食物塞入口中,以致两个腮帮子胀得鼓鼓的,不但不利于消化,而且吃相也十分不雅观。

(3)吃速适宜。用餐时速度不宜过快,狼吞虎咽,一口接一口,看似跟人抢食或者几天几夜没有吃饭了。也不要太慢,慢条斯理地细嚼慢咽,会给主人及陪客造成不便。合适的进食速度是左右兼顾,和同餐桌的其他人的速度基本同步。

5.敬酒礼仪

宴请一定少不了酒,亲友遇喜事,自然要相聚喝上几杯。大家坐到一起举杯,欢声笑语,或祝贺、或共勉,能使人融于快乐的氛围之中。

宴会上没有喝酒自斟自饮的,都有祝酒的程序。一般是宴会开始时,主人应该向全体宾客敬酒,并致以简短的祝酒词。祝酒词随宴会的性质而定,如“祝某某公司生意兴隆,财运亨通”,“祝愿我们友谊地久天长,与日俱增”,“祝某先生一路顺风,前程似锦”等等。祝酒要有艺术性。千万不要粗鲁劝酒,更不要硬逼酒、灌酒。宴会中不要猜拳行令。饮酒要留有余地,特别是烈性酒,不要逞强好胜,喝得酩酊大醉,甚至口出秽语,这样是很失礼的。不善饮酒者,主人敬酒时可以婉言谢绝,或用淡酒、饮料、茶水象征性地表示一下。

6.热情话别

当酒足饭饱后,应该及时向主人话别并表示感谢,中国有句古话“客不走,主不安”,因此应该使宴会按时结束。在热情与主人话别的同时,也应该与其他客人道别。如果主人有礼物要馈赠,应该表示乐于接受而且很喜欢,并表示感谢,决不要不屑一顾。

第五章 校园礼仪

大学的学习和生活都是在与人交往的过程中进行并实现的,大学生有着强烈的交往需求,但许多同学却不善于与人交往。人际交往能力是现代社会人才的重要素质,是衡量一个人能否适应社会的重要标志。就大学生而言,在其学校生活中需要直接面对的人际关系主要包括师生关系、同学关系、集体关系等三种。在协调、处理这些方面的人际关系时,大学生要摆正自己的位置,遵守基本的礼仪规范。

第一节 校内人际交往

一、师生之间

师生关系是一种重要的社会关系,正是在这一关系的互动中,大学生逐步地学到了知识,提高了技能,完善了素质,处理好师生关系也就能更有效、更愉快地完成学习任务。大学的师生关系与中学有所不同,中学教育的一切活动基本上是由教师来安排的,而大学教师虽然依旧发挥主导作用,但大学生在受教育过程中更多的是发挥主动性和主体作用,因而与中学时期师生朝夕相处的关系不一样。怎样才能更快地适应大学的新环境,建立良好的师生关系,是每个大学生都必须认真思考的问题。良好的师生关系不仅能够促进学生的身心健康,也能够让教师产生强烈的满足感。建立良好的师生关系离不开教师和学生这两个重要因素,一方面,教师对学生要充满热爱之情,具有良好的师德和较高的教学水平;另一方面,学生要尊重老师,具有较高的道德修养和文化素质。

师生交往的基本原则主要包括以下几个方面:

(一)相互尊重

美国社会学家和心理学家马斯洛提出了人的需要层次理论,把人的需要从低到高分为五个层次,分别是生理需要、安全需要、社会交往的需要、尊重的需要和自我实现的需要。尊重的需要包括要求受到别人的尊重和自己具有内在的自尊心。高等教育从某种意义上讲就是一种“尊重的教育”，包括对教育规律的尊重、对人才成长规律的尊重、对学生人格的尊重以及对教育者劳动的尊重四个方面。尊重应以人为核心，尊重人就是为了人更好地全面地发展。

1.学生对教师的尊重

“尊重”一词意味着对对方的重视和接纳，尊师重教是中华民族的传统美德，其本质是尊重知识、尊重教育、尊重人才。教师之所以被人们尊称为“师长”，就是因为中国人讲究“一日为师，终身为父”，将教师视为自己的长辈。中国古代思想家、教育家孔子把“教”与“政”视为同等重要，主张实行礼义教化。荀子将“君”、“师”并称，认为“国将兴，必贵师而重傅”。宋代苏轼主张“斯文有传，学者有师”，认为教师对于发展文化，培养人才具有重要的作用。为确立教师的政治地位，1985年国家把每年的9月10日确立为教师节，1994年1月1日起正式实施了《中华人民共和国教师法》，这是中国教育史上第一次以法律手段保障教师的合法权利，提高了教师的待遇和社会地位，对树立尊师重教、尊师敬长的良好社会风尚起到了重要的保障作用。

学生对教师的尊重不仅体现在每年教师节给老师的祝福和问候，还应体现在对教师劳动的尊重、对教师人格的尊重和对教师的礼貌行为上。

(1)对教师劳动的尊重。勤奋学习、全面发展、早日成才，是老师对学生寄予的最大期望。认真学习、好学上进，则是学生对老师的最好回报，也是对教师劳动尊重的具体体现。具体表现在专心听讲、虚心求教、帮助老师。①专心听讲。大凡有责任心的老师都非常重视备课，精心组织每一堂课的教学内容。作为学生，不论从学习专业知识角度，还是从尊重老师的劳动角度来讲，在课堂上都要认真听讲、做好课堂笔记，上课期间不允许迟到早退、交头接耳、接打手机、做小动作。尤其不允许随意走动、擅自离开教室，如身体不舒服可向老师请假，获得允许后才能离开教室。②虚心求教。要善于向老师求教，做到勤学好问、学而不厌。要利用一切机会，及时向老师请教，千万不要放过自己头脑中的疑点。要及时完成老师布置的作业，认真回答老师提出的问题，对老师的点评和提出的要求要虚心接受，同时要积极思考问题，养成独立思考问题的习惯。

(2)对老师人格的尊重。学生和老师说话时，应主动请老师坐下，如果老师不坐，那么学生应该和老师一起站着说话。和老师说话时学生要集中精力、姿势端正，目光要尽量集中于老师。一般而言，老师对学生的批评、教诲都是出自善意，学生要虚心接受，一心一意地洗耳恭听，绝不可顶撞老师。对于学生与老师之间所存在的某种误会，学生可以在适当时机心平气和地向老师作出解释，以求得老师的谅解，但一定要注意具体的表达方式。教学中，如果老师出现口误、笔误或者操作失误，教学方法不当，教学水平较低，在日常生活中遇到问题等情况，学生正确的表现应当是若无其事，千万不要哄堂大笑、起哄闹事，不可公然嘲笑老师，不可令老师过分难堪。任何时候，学生都不可直呼老师的姓名，更不允许给老师起外号。

(3)文明礼仪。大学生在同老师接触交往时，不论与老师是否熟悉，都要对老师恭恭敬敬，主要体现在语言和行为上。①在遇见老师时，通常应由学生主动先向老师打招呼，道声“老师早”或“老师好”。教师应该面带微笑地回答“早”或“好”。与老师一同出入房门、上下楼梯、乘坐车辆时，学生应处处对老师礼让，学生出了校门，见到老师也要像在学校里一样，主动跟老师打招呼问候。这样，能充分体现出尊师的美德，有助于师生感情的融洽。②老师走向讲台时，学生应行注目礼，开始上课和下课时，学生要全体起立，对老师表示欢迎和欢送。③学生应主动为老师的课堂教学进行必要的准备，如准备粉笔、提前打开电脑、帮助拿取教具等等；对年老、体弱或者多病的老师加以必要的照顾。④课间前往老师办公室或休息室时，要轻轻敲门或喊报告，然后开门进去，行礼后说明来意。⑤在老师办公室、寝室不能乱翻、乱动、乱用老师的东西；不宜逗留过久，办完事情应尽快离开。⑥休息时间最好不要打扰老师，周末如果不是特别要紧的事尽量不要找老师。⑦在乘车时遇见老师，也要先让老师上车；在车、船上或娱乐场所、交际场合中遇见老师，要主动给老师让座。如果懒于或羞于打招呼或装作没有看见，故意躲开，是不懂礼的表现。

2.老师对学生的尊重

在师生交往中，我们往往过多地强调学生对老师的尊重，事实上，师生之间应当相互尊重。在知识、经验和阅历方面学生或许不如老师，但在人格方面老师与学生是平等的，因此，作为一名教师，要更加自觉地尊重学生。

教师对学生的尊重应体现在：

(1)热爱学生、善待学生。教师要注意教育的方式和方法，在营造和谐的师生教学环境等方面，教师应该以严谨的治学态度上好每堂课，耐心详细地解答学生提出的问题，深入细致地了解学生的思想动态，能够设身处地为学生着想，这本身就是对学生最大的尊重。假如教师找学生谈话，谈话前一定要进行调查研究，对问题的处理一定要客观公正。如果一次谈不好，还可再谈第二次、第三次，直到双方需要沟通的问题解决为止。

(2)“换位”思考，尊重学生的个性，理解学生的差异。不同的学生，其成长背景、生活经历不同，性格有着较大的差异，教师要尊重差异、理解差异，不能要求千生一面，教师不仅要以师长的身份，而且要以朋友的身份处理好与学生的关系，对待学生应一视同仁。

(3)文明礼仪。如果老师通知学生来办公室，教师应热情予以招呼，并请学生坐下；谈话时，应认真、仔细听取学生意见，即使意见是片面的，甚至是错误的，也要让学生把话说完；谈话后，教师应送学生离去。

(二)相互关心

关心的含义非常丰富，“关”含有关切、关爱之意；“心”就是指留心、留意。表现在师生关系中，关心就是指老师和学生共同关注、留心对方的工作、学习、生活等方方面面。关心和发展有着密切的关系，老师对学生的关心能促使其综合素质的提高，而学生对老师的关心则会激励老师更好地做好教学工作。

1.学生对老师的关心

学生对老师的关心可体现在许多细节上，如对老师的问候、为老师让座、在老师生病和有困难时问候老师、在教师节、新年等节日为老师送上贺卡、鲜花等。某大学学生发现有位老师上课声音嘶哑，当这位老师上课时，同学们在讲台上放了一盒“金嗓子喉宝”并压了张字条，上面写道：“尊敬的老师请多喝水保护您的嗓子。”此举感动得那位老师热泪盈眶。这些看似小事，但对于老师却感到莫大的安慰和无比的幸福，能充分体现出学生对老师的浓浓情意，也更加激励老师把课讲好以回报学生。

2.老师对学生的关心

老师对学生的关心首先体现在与学生平等相处上。学生在老师的权威面前，常常感到一种莫名的压力，他们渴望与老师平等相处，渴望能有与老师交往的机会。作为老师要注意和学生打成一片，保持亲和力，不要摆出一副盛气凌人的架子，只有这样才能为学生所接受和欢迎。有些时候，学生对于自己在学习或生活中遇到的一些具体矛盾和问题因碍于面子或顾及老师的忙碌与辛苦，不敢或不好意思主动去找老师诉说或询问，老师应主动地关心学生，体察他们的疾苦，帮助或指导他们去战胜困难或走出困境。当然，当学生取得优异成绩或逢遇某些欣喜事情时，教师也可以适时地给予祝贺，分享他们的喜悦和幸福。这样,学生能够时常感受到教师给予他们的教益和温暖,心灵充实而温馨。

(三)相互坦诚

坦诚就是诚恳、真诚,表现为人与人之间相互信任和接纳。在人际交往中,最主要的是坦诚,坦诚是一个人做人的根本,是中华民族的传统美德,一个人如果不坦诚、不慎独、不顾及他人,是不会受人欢迎的,而不被大多数人欢迎的人,很难在工作和生活中顺利发展。

1.学生对老师坦诚

坦诚是一种优良的品质,老师在与学生交往中同样喜欢具有坦诚品质的学生。世界著名教育家苏霍姆林斯基说:“对于一种人、一种行为、一件事情,你是怎样想的就要怎样讲。任何时候不可试图猜想别人想要让你说些什么。这种企图会使你成为一个伪君子。”学生对老师的坦诚主要包括对自己在学习上的失误、在交往上的不足、在性格上的缺陷等方面,能够坦然地对待,并敢于向老师公开,认识到自己并非在各方面完美无缺;犯了错误要勇于承认,及时改正。有的同学明知自己错了,受到批评,即使心里服气,嘴上也不肯认错,与教师的关系搞得很僵。有的同学则受过老师一次批评心里就特别怕那个教师,认为他是对自己有成见,这都是没必要的。错了就是错了,主动向老师承认,改正了就是好学生。“青年人犯错误,上帝都会原谅”。教师不会因为学生犯了一次错误就抱有成见,相信老师是会全面、客观地评价学生的。

2.教师对学生坦诚

坦诚象征着一个教师的质朴无华和胸襟坦荡,这一点也是师生之间进行良好沟通的前提条件。只有坦诚,教师才能赢得学生的充分信赖,使学生能够敞开心扉,说出他们在学习、生活中遇到的问题以及思想中的症结,只有这样,教师才能有针对性地实施各方面的教育和引导,从而取得良好的教育教学效果。榜样的力量是无穷的,教师在学生面前就是一面镜子,教师在教育学生应该坦诚做人的时候,自己应该先做到坦诚,教师做到的坦诚包括对知识的学习和研究上的坦诚,当课堂讲课中出现错误后,教师要勇于承认错误,及时加以纠正并向学生道歉。人非圣贤,孰能无过?教师所讲的一切也不可能都是正确的,也可能会存在这样或那样的问题,关键是对自己所犯的错误不可遮遮掩掩。

二、同学之间

大学生为了一个共同的目标从四面八方聚到了一起，成为彼此的大学同学。同学之间朝夕相处，是学习的伙伴，是生活的朋友。同学之间的情谊，往往既纯洁，又长久，对人的一生来说都是美好和难忘的，它通常被视为人类所拥有的最美好的感情之一。但是，由于同学们个性各异，长期在一起学习、生活，难免会发生这样或那样的分歧和摩擦，因此如何发展和巩固同学之间的友谊，进而升华成日后事业发展中的益友，就是需要认真对待的课题了。

（一）大学生交往现状

当代的大学生大多数在家庭中属于独生子女，他们有着聪明、好学等优点，同时也存在着任性、懒散、以自我为中心等缺点，在与同学交往的过程中往往经历从不适应到逐步适应的转变过程。

1.交往需求表现强烈

进入大学后，没有升学的压力，大学生更愿意走出家门，结识更多的朋友、交流更多的信息、接受更多的新思想、学到更多的新知识。在这种心理作用下，大学生的人际交往就会表现出强烈的需求，不愿意把自己封闭起来，渴望得到其他同学的认可。但对于如何与他人交往又往往缺乏方法和技巧。

2.交往范围扩大

大学文化生活比较丰富，各种社团活动较多，同学之间的交往也不同于中小学阶段。大学生不仅与同班同学交往，还与同年级、同系部甚至全校范围同学都有一些交往；不仅有同性之间的交往，异性交往也很频繁。

3.交往方式多样化

伴随着经济的发展和现代化通讯设备的使用，大学生的人际交往由原来的互访、通信转向使用现代化通讯设备，如手机、互联网等，使交往变得更方便、更快捷，交往范围更广阔。

（二）大学生交往的礼仪要求

大学生之间应该怎样进行交往呢？每一位大学生都应当遵守交往的规则和礼仪，做到真诚友善、互帮互助、谦虚随和、遵时守信、理解宽容、尊重异性。

1.真诚友善

与同学相处，一定要注意以诚待人、与人为善。以诚待人就是要求自己心口如一，言行一致，不可以口是心非，表里不一。与人为善，就是要求自己在待人接物方面凡事要心存善意，对同学友好相待，切不可心存恶念，以恶待人。“不以善小而不为，不以恶小而为之”一定要牢记于心。与同学相处，不论对方与自己的关系如何，个性特征和家庭状况怎样，均应以礼相待，处处依礼行事，相互尊重。在集体生活中，每位同学都要注意尊重和保护别人的隐私，给同学留有个人空间，不可私自翻看同学的日记和信件，有的同学对自己的某种情况或家里的一些事情，不愿告诉他人，不喜欢他人询问，这属于他个人的隐私，应该受到其他人的尊重。只有相互尊重，才能营造出团结友爱的交往氛围，才能使同学之间和睦相处。

2.互帮互助

对大学生而言，“在家靠父母，在外靠同学”，同学之间的相互关心、相互帮助、相互体谅，不仅是应该的，也是必不可少的。每个人都应树立“我为人人，人人为我”、“帮人如帮己”的观念，同学之间相互帮助应从思想、生活、学业等多方面进行。在思想上，要互帮互促，共同进步。对有缺点错误的同学既不要包庇袒护，也不要讽刺挖苦，应热情关怀，勉励上进；对取得优异成绩或进步大的同学，应该虚心学习、衷心祝贺，不应嫉妒。在学习上，要互帮互助。学习好的同学要保持谦虚，戒骄戒躁，主动真诚地帮助学习困难的同学。学习落后的同学要虚心求教，勤于思考，迎头赶上。在日常生活中，同学们应该和睦相处，特别是当同学遇到困难的时候，要伸出援助之手，这样的同学情谊往往令被关爱者刻骨铭心。同学之间有意见分歧时，要心平气和地讲道理，不能用不文明的语言辱骂同学，更不能粗暴地动手打架。同学之间相互帮助应注意以下几点：一是帮助别人应量力而行。二是帮助同学应不图回报。三是同学之间的帮助应有来有往，不能只要求别人帮助自己。

3.谦虚随和

满招损，谦受益，同学之间交往既要保持应有的自尊心，不要盲目自卑，又要保持谦虚谨慎的态度，不能夜郎自大，盛气凌人；要注意取人之长以补己之短，不可骄傲自大、夸夸其谈、卖弄所长、自以为是。只有谦虚、不摆架子、不自以为是，才能使人感到容易接近，愿意与你交往。做一个谦逊的人，是获得同学友谊的一大法宝。

4.遵时守信

遵时守信，是现代社会人际交往中的基本要求。从根本上讲，一个人对于交往双方所共同约定的时间遵守与否，实际上表现了对其交往对象的尊重与否。大学生一定要养成遵时守信的良好习惯，比如，与同学相约共同去办事，或者是约会，确定了时间，就不要轻易更改，如不得已要更改也必须早打招呼并做好解释，尽量避免给对方造成麻烦或使对方产生误解，不能只从一己之利着想。

5.理解宽容

理解，就是懂得别人的思想感情，理解别人的观点、立场和态度，能心领神会别人的喜、怒、哀、乐。宽容，就是要宽宏大量，能容人，能原谅别人的过失。同学们学习生活在一起，发生分歧和摩擦是常有的，对此要宽容大量，善于容人，凡事不要过于斤斤计较。古今中外凡是能够成就大事之人，通常都具有容人之雅量。

6.尊重异性

异性交往是大学生走向社会的重要方面，也反映着当今社会的文明程度。正常的异性交往有助于大学生的情绪稳定和心理补偿，有益于行为的调节和个性的完善。男女大学生在日常交往中要树立正确的观念，既要反对"男女授受不亲"的错误观念，又要注意尊重异性，注意交往的方式，提倡把握好男女同学交往的尺度。具体讲，与女同学交往时，男同学应心胸开阔，光明磊落，注意体贴保护对方；与男同学交往时，女同学应文雅端庄、落落大方、善解人意，给予对方应有的关心和帮助，绝不可以在对方面前举止轻浮、有失检点。总之，诚恳待人、热情大方、自尊自重，就能处理好与异性的关系，以自身良好的修养和人品赢得异性的尊重和友情。

三、集体关系

在校园生活中，大学生所面对的集体关系包括个人与集体和集体与集体的关系。

（一）个人与集体的关系

大学生所经常接触的集体，主要有班级、年级、专业、院系、社团和学校，集体是由每个成员组成的，也是每个成员的共同家园，大学生作为集体成员中的一分子，有责任、有义务关心它、维护它。

1.关心集体。大学生对集体的关心主要表现在将个人融入集体，积极参加集体活动，支持集体所做的工作，努力完成集体所交付的工作任务，当个人的利益与集体的利益发生矛盾时，通常要求个人利益服从于集体利益，反对崇尚极端个人主义，反对凡事"我"字当头，个人至上。

2.热爱集体。热爱集体具体表现在两个方面:一是自觉维护集体利益,二是努力为集体多作贡献。身为集体的成员之一,每一名大学生都有责任、有义务维护其所在的集体利益,敢于同损害集体利益的一切行为作斗争,自觉维护集体的荣誉,为集体争光。大学生要尽其所能为集体多作贡献,积极出主意、想办法,为集体服务。大学生对自己所承担的工作要尽职尽责完成,决不可推诿,不能讨价还价。

(二)集体与集体

校园内经常开展班级之间或院系与院系之间的学习竞赛、文体比赛活动等,每个人都有机会代表自己的集体与其他的集体交往,在处理集体与集体的关系时,一定要注意以下几点。

1.虚心学习。个人不仅要努力维护自己所在集体的利益,还要虚心学习其他集体的长处,客观地实事求是地看待交往双方的具体情况,学习对方集体的一切长处,这既有利于自己所在集体的进步,也有利于加深双方的友谊,同时也是对自己集体的最好爱护。

2.互相帮助。集体与集体之间存在着相互依存的关系,如果想要友好相处,就必须互相帮助,友好协作,如果拒绝帮助其他集体,或拒绝来自其他集体的帮助,则会陷入孤立无援的境地,不利于集体工作的开展,不利于集体的发展和进步。

3.宽容大度。集体与集体之间可能出现利益纠纷和矛盾,这就需要集体成员能够虚怀若谷,从所在集体的小圈子里跳出来思考问题,不要为鸡毛蒜皮的小事争执不休,只要不是原则性的大问题,就要采取谦让的态度,如果知道自己集体成员犯有错误损害其他集体的利益,就要主动承认错误,以求得对方谅解。

4.共同进步。集体之间经常会有一些竞争性的活动和工作。开展竞争性的活动,是为了激发人的活力,培养大学生适应社会的能力。在集体之间提倡按照规则进行公平竞争,竞争的目的,不是非要争个你死我活,而是需要相互促进,共同进步。在正常情况下,集体与集体的竞争都需要事先设定“双赢”的目标,必要时,要善于妥协,看重竞争的过程,不必太在意结果,只要集体在竞争中付出了努力,每个人都受到锻炼和提高就达到目的了。

第二节 课堂

课堂是老师传播知识、学生学习知识的场所,学习是比较严肃的事情,课堂上也必须保持严肃认真的态度。老师要为人师表,同学要虚心学习。课堂礼仪是校园礼仪的重要组成部分。课堂礼仪体现在三个环节:上课前,上课中,上课后。

一、课前礼仪

课前礼仪是指正式上课铃响前应遵守的礼仪。具体有以下几点。

1.着装得体

到教室听课与出席其他的社交活动显然不同,因此着装不必特别讲究,但这并不意味着可以随意穿着,到教室听课的着装应该干净整洁。穿拖鞋、挎带背心或者穿着休闲短裤、超短裙之类的服装到教室上课,都是不符合礼仪要求的。

2.提前到达

学生应该在上课铃响前10分钟进入教室,做好上课准备,教室里的安静气氛,既能为老师取得良好的教学效果打下基础,又能密切师生之间的关系。如果遇到特殊情况,学生不得已在老师上课后才进入教室时应该注意礼貌道歉:应先在教室门口轻轻叩门或喊"报告",得到老师允许后方可进入教室。假如老师问及原因,要诚实地向老师说明,得到老师谅解和允许后,迅速而轻声地落座。当然,也要了解老师的习惯,有的老师不希望学生喊"报告"以打断讲课思路,并可能影响同学们集中注意力。如果老师当时没有询问迟到原因,课后应主动向老师解释。

同时,作为教师,在预备铃之前,应该做好上课的准备,不能再和其他同事谈笑,要让思路进入上课状态。当预备铃响后,便应拿起教具,面带微笑地出现在教室门口,用亲切的目光扫视教室一周,使同学的情绪立即平静下来,并产生对自己的好感,这有利于帮助学生提高求知欲。当发现有学生迟到时,也应该注意必要的礼仪。

(1)当迟到学生有礼貌地报告后,老师应当允许学生进教室,不能无故拒绝他们进入教室上课。

(2)不要用生硬的语气训斥学生,因为学生迟到有时候的确是出于某种迫不得已的原因,教师应以谅解的态度予以处理。

(3)最好不要当众追问学生迟到的理由,可以课后再进行了解,因为不能为了一个学生而中断教学,影响大多数人上课。

3.课前值日

上课前值日生应该把黑板擦干净,并准备老师用的粉笔或者多媒体教具等,这是对老师起码的尊敬。

二、课中礼仪

课中礼仪是指课堂教学期间的礼仪。遵守课堂纪律既是学校明文规定的内容,也是讲求礼貌的体现。主要应该注意以下几个方面。

1.认真听课

上课铃响后,老师走进教室,班长喊“起立”,全体同学立即起立,并向老师行注目礼,待老师回礼后再轻轻坐下。课堂中应该保持肃静的气氛,这一方面可为老师创造良好环境,另一方面也有利于学生专心学习。课堂上学生要集中注意力,积极思考,重要的内容做好笔记,有不懂的地方做好标注,课后及时向老师请教。一般情况下学生不宜早退,如确有特殊情况需要提前离开课堂,应该向老师请假,得到老师许可后方可离开。

2.回答问题要得体

课堂上学生如果要回答问题,首先应该举手,经教师同意后可站起来答题,切不可坐在位子上就七嘴八舌地发言,当教师未点到自己名字时不要抢先回答。在起立回答问题时,学生态度应严肃认真,说话声音要清晰,声音不要过低,以免老师和同学都听不清。对老师的提问自己回答不出来时,应表示歉意。在别人回答老师提问时,不应随便插话。如别人回答错了,或者回答不出时,切不可在旁边讥笑嘲讽。

教师在提问时,也应注意下列几点:

(1)要采用启发的方式,这样有利于学生积极开拓思维、开发智力。

(2)对学生正确的回答,应及时给予肯定。

(3)当学生回答不出问题时,应让其坐下再进一步思考,切忌用讽刺挖苦的语言伤害学生的自尊心,以致挫伤学生的学习积极性。

3.行为举止要规范

在课堂上学生坐姿要端正,举止要规范,不应一边听课,一边却出现吃零食、嚼口香糖或吸烟等不良行为，更不应该伸懒腰或趴在桌子上，即使在炎热的夏天也不应该脱下鞋袜。有手机的同学应该关机或者将手机调成震动状态。女生更不应该在课堂上化妆，照镜子，以免影响课堂秩序，干扰老师讲课。老师在教学中出现板书笔误或其他错误，如果不影响对教学内容的理解，学生可以在课后提示老师，如果需要及时更正，学生应该举手示意，得到允许后，起立并用诚恳礼貌的语气委婉地向老师指出来，也可以写一张纸条请老师纠正。

教师讲课时要注意语气语调，不要带着个人情绪给学生上课。教师要注意个人仪表。穿着得体，整洁大方，可以适当化淡妆，不要佩戴夸张的首饰，不要穿奇装异服。

三、下课礼仪

下课铃响后，老师要及时下课，尽量不要拖堂。爱拖堂的老师，在同学们心目中的地位会大大下降。下课时，老师喊“下课”，全体同学起立站好，目送老师离去后再自由活动，切忌不要在老师还没有走出教室门口时，学生就挣着挤出教室，这是对老师的不尊敬。

第三节　宿舍

学生宿舍主要是供学生休息的场所，也是大学生交友的场所，有时还兼作自习室。在大学生活中，大学生有相当多的时间要在宿舍度过。只有每位生活在其中的学生都能礼遇他人，彼此尊重他人个性，淡化习俗差异，才能为大学学习生活营造一个良好的宿舍环境。

一、起居礼仪

1.认真遵守作息时间

宿舍的作息时间是一个系列时间，大学生对其中每一个环节都忽略不得，须认真遵守，才能建立起一个良好的宿舍生活秩序。

(1)按时作息。首先，不宜睡懒觉，一般情况下不要起床太晚，否则会影响学习，还可能会导致宿舍不能开窗通风换气。其次，不宜过早起床，舍友们都睡意正浓，某一位同学过早起床，必然打扰他人休息，尤其是动作幅度比较大时，会导致他人心中不悦，甚至可能影响同学之间的感情。因事需要提前早起，应该向舍友打好招呼，起床时要特别注意动作要轻柔，尽量不要弄出大的声响，并尽快离开宿舍，以免影响他人休息。

(2)准时归舍。学生应该按照学校规定，晚上及时回宿舍休息，只有准时回宿舍才能确保在熄灯前洗刷完毕，否则，可能会干扰其他人休息。因事推迟归宿，应该对自己给舍友带来的惊扰表示歉意，并努力把这种惊扰减少到最低程度。

(3) 适时就寝。熄灯后适时就寝也是遵守作息时间的一个重要方面。宿舍熄灯后，学生往往不能马上入睡，舍友之间卧谈几分钟是正常的合乎情理的，也有利于彼此之间的信息交流和沟通，但切忌谈兴大发，越谈越起劲，这样势必影响休息。不要养成睡前听收音机、录音机、MP3 等习惯，以免影响睡眠。

2.讲究公共卫生

所谓“一屋不扫，何以扫天下”，宿舍公共卫生及宿舍面貌在一定程度上反映出学生的劳动观念、文化修养。整齐洁净的宿舍环境，不仅有利于学生的身体健康，同时也有助于其养成良好的行为习惯和道德品质。

(1)用品摆放整齐。用品摆放整洁，是宿舍整齐干净的基础。只有每个学生都从自己做起，收拾好自己的衣物等用品，才有宿舍整体的洁净整齐。具体应注意以下几个方面。

①床上用品要整洁。每天要把被褥叠放整齐，床单应铺平扫净。夏天的蚊帐白天应挂起来，暂时不用的衣物要归放整齐，脱下来的脏衣服要及时洗净收好，不要在床上随意堆放。

②洗涤用品要摆放在固定的位置上。毛巾、脸盆、牙刷等洗刷用具应该有规律地摆放在固定的地方，而且同宿舍的同学的同类物品应尽量摆放在一起，这样既方便生活，又不至于由于物品的摆放零乱而影响宿舍的整齐干净。

③其他物品忌随意乱放。学习生活中常用的其他零乱物品，不要毫无顾忌地随意乱放，尽量把它们装入自己的抽屉里或放在属于自己的“领域”范围内，随用随取，用后及时放回，避免因无节制地扩张自己的“势力范围”而给他人造成不便。书籍、学习用品要整齐地摆放在书架上，餐具用完应及时刷洗干净，摆放整齐。

(2)保持宿舍整洁。宿舍整洁是指宿舍地面没有杂物、纸屑、痰迹，门窗洁净，桌面、床铺、物品摆放整齐。

①安排值日。为了保持宿舍的整洁卫生，应安排宿舍全体同学轮流值日。担任宿舍值日生的同学，应认真履行职责，负责任地把宿舍卫生清理干净。

②定期大扫除。每隔一段时间应该组织一次全宿舍同学参加的大扫除，最好一周一次，把宿舍的卫生做一次彻底的清扫。

③自觉保持。尽管有值日生，但每个同学都有自觉保持宿舍卫生环境的义务，不随便吐痰，不随手乱扔废弃物，不随处乱扔果皮、果核，并及时把桌面、地面收拾干净。一些带有气味的物品，如球鞋，应及时清洗，被褥要常晒。

二、以礼相待

大学生来自四面八方，由于地域的不同、成长环境的不同，每个人的生活习惯、兴趣、性格也会有许多不同的地方，为人处世的方式也会有很大的差异。因此，生活在同一个宿舍的同学之间要和睦相处，每一个人都必须遵守一定的礼仪规范。

1.相互帮助。同学之间同窗苦读，朝夕相处，是学习的伙伴，是生活的朋友，彼此之间要互相帮助。同学有事要主动热情地关心帮助。同学生病陪着去医院，帮同学打水、买饭，同学来客人帮着照顾等，虽是举手之劳，但却有利于形成相互关爱的同学关系。对同学求助的事情要尽量去办，确实做不到的事情要说明真实情况，切忌虚伪应酬或轻易许诺。

2.要严于律己，宽以待人。只要不是原则问题，一般不要计较。生活习惯上的不同要相互包容，自己做错了事，给别人造成了不便和麻烦要及时道歉，对别人的失误要宽容谅解，即使是对自己的攻击和伤害，也没必要以牙还牙，以眼还眼，宽容和大度一定能赢得尊重和理解。

3.言谈举止要讲礼貌、谨慎。要注意约束自身行为，克服自身的不良习惯，不要因为是同学、同龄人就毫无顾忌，任何粗话脏话以及言语行为中的庸俗都有可能伤害舍友的自尊，破坏同学之间的融洽和团结。

4.尽量不到其他同学宿舍串门。如有同学相邀，在得到允许后方可到其他同学宿舍串门，进门后，要和其他同学打招呼，并且不能随处乱坐，只能坐在邀请你的同学的铺上，不乱翻乱动别人的东西。讲话声音要轻，时间要短，不能坐得太久，以免影响其他同学处理生活上的事情。拜访时间最好不要正逢宿舍休息时间，尤其是午休期间。拜访异性同学，一般安排在宿舍外面。

5.在宿舍接待来访亲友时，要向室友打招呼，并主动为同学做介绍。不要随便留人住宿，更不要留底细不明或不十分熟悉的人住宿，以免出现问题。

6.严禁在宿舍吸烟、喝酒、赌博。

7.不私拉电线，不准搭建有安全隐患的架、阁等。自觉遵守学校有关宿舍管理的规定。

三、尊重隐私

1.不在宿舍谈论老师、同学的是非以及低俗荒诞离奇的事情，不传播没有根据的小道消息。

2.不乱翻、乱动他人的物品，不能翻看他人的日记、笔记、书籍，更不要未经允许随便取用他人物品。不私拆私藏他人信件，更不能把拆阅的信件内容在公共场合公布、逗乐或取乐。

3.发现同学的缺点或不足，要善意地当面指出来。同学之间相聚一室，彼此了解较多，相互尊重隐私和秘密极为重要，否则很容易造成误会和隔阂。

第四节　校园活动

一、学校集会

集会是校园活动中一个重要的组成部分。学校里召开集体大会，由于参加的班级多、人数多，为了保证大会的顺利进行，要求每位同学都应严格地遵守纪律，顾全大局，遵守礼仪，尽力做到下列几点。

1.准时到场

会前准时到场，宁可提前十几分钟，也不可迟到一分钟。到场后，应迅速把队伍整理好，保持良好的精神面貌。与会者不得勾肩搭背、任意谈笑、相互嬉闹。

与会者要服从会场工作人员的安排，按既定安排入座，切不可一窝蜂争抢好座位。班级之间要发扬风格,互谅互让。

2.保持安静

集会开始后,与会者不可随便走动和发出声响,以免影响报告人的情绪,影响其他人听讲,影响班级的集体声誉。迟到者应悄悄入场,坐在后排的座位上,不可大摇大摆地走到前面。总之,要尽量避免分散别人的注意力。若由于某种事情必须暂时离开会场,也应弯腰悄悄出去,尽量减少对别人的干扰。

3.遵守规则

上台领奖要用双手接物,行礼后面向台下,按指定路径退出。在开会的过程中,与会者不能打瞌睡,没有特殊的原因,不得中途退席。可在精彩处报以掌声,但绝不可起哄。

4.有序退场

集会结束离开会场时,要服从会场工作人员的指挥,按顺序出场,切忌一哄而散,争先恐后,使门口拥挤堵塞,导致混乱和事故。

二、参加文体活动

(一)文艺晚会礼仪

文艺晚会是一种深受广大学生欢迎的文娱活动的主要形式,也是学生进行交际联谊的主要活动形式之一。

1.主体明确、内容健康。一场高质量的晚会,首先要求节目不论从整体上还是从单个项目上看,都要有明确的主体和健康的内容,使晚会寓教于乐,节目应体现文明、高雅、积极、向上的精神,不可庸俗无聊。

2.精选节目。节目的形式应当生动活泼、轻松愉快、别有新意、令人难以忘怀。晚会的节目要宁缺毋滥,宁少勿多。确定晚会上演的节目后,要落实专人负责排练、预演,有专人负责检查、督促。

3.安排场地。注意音响和灯光效果,努力保证观众席一人一座。如果班级组织晚会,根据具体条件场地无须安排太复杂。

4.制作节目单。标题可写晚会的主题,如"庆祝五四青年节文艺晚会",将晚会上正式演出的每一个节目的具体名称、形式、演员的姓名列出,落款写明主办单位。

5.服从安排,尊重观众。演员要服从安排,相互配合,相互支持。登台下场时,要向观众行礼,若有观众献花,应落落大方欣然接受;演出结束后,全体演员应登台列队谢幕。

6.文明观看,适时鼓掌。参加晚会,观看演出应尽量提前入场,进入晚会会场后观众应将手机关闭或调至“静音”状态。在演出过程中要有礼貌地适时鼓掌为演员喝彩,向他们表示感谢、表示祝贺、表达谢意。演出结束后,要井然有序地离场。

7.尽力协助。举办一场晚会,需要投入较多的人力和精力,同学们应尽力协助,服从指挥和安排,主要协助班干部布置场地。晚会结束后,及时进行清扫。

(二)体育比赛礼仪

大学生正值黄金年华,热爱运动,强身健体是他们平时学习、生活之余的一大爱好。高校每年都会举行丰富多彩的体育活动,如体育运动会、趣味运动会,这些运动会不仅丰富了学生的业余生活,增强了他们的体质,也有利于大学生的人际交往。由于体育活动参与人数较多,为了保证活动的正常有序进行,运动员和观众都应遵守体育活动的礼仪规范。

1.遵守比赛规定。在参加各类比赛时,首先应全面了解比赛的规则,一旦犯规,应该主动认错。比赛结束时,双方运动员应该相互握手致意。

2.尊重、服从裁判。赛场上运动员要尊重裁判,服从裁判的裁决,当赛场上出现错判或误判时,不能在赛场上公开表示不满,甚至攻击裁判,应该选择比赛暂停阶段或在比赛结束之后,通过适当的渠道进行申诉。申诉时要注意情绪平静,不要有过激的行为。比赛结束后,运动员应主动与裁判握手,以表示感谢。

3.尊重对手。体育比赛的目的除了健身之外,还有助于运动员之间的交往和友谊,因此,比赛场上的对手不仅是竞争对象,也可以成为朋友,互相促进,共同提高。对对手要本着友谊第一、比赛第二的原则,发现对手有不文明的行为时,要能够原谅、忍耐;当对手实力确实比自己强时,赛后就应该虚心向对手学习;如果对手在体育比赛中实力不如自己,也不能骄傲自大,而应该主动帮助对方。当对手取得较好的成绩时,应该主动真诚地向对手表示祝贺。

4.做文明观众。观摩比赛应提前几分钟入座,在指定的位置进行观看,自觉地维护和遵守赛场秩序,注意保持场地的卫生,不能将废物随地扔掉;除了给自己熟悉的同学加油助威外,当其他队员有精彩表现或成绩领先时,也要给予掌声和鼓励;同时,要积极为参赛的同学做好后勤服务,多为体育活动通讯报道组撰写稿件,以表达对运动员的喜爱和支持。观看完比赛后,要将所丢弃的垃圾投入垃圾箱,并有秩序地离开比赛场地。

三、学校仪式

学校举行的仪式主要有:开学典礼、毕业典礼和校庆典礼。

(一)开学典礼

开学典礼是宣布新学年、新学期开始的仪式。在开学典礼上需要介绍学校的基本情况;宣布新学年、新学期的教学计划,提出教学要求;动员全体师生员工共同努力完成教学任务等。

在开学典礼上,组织者一般邀请各级各类领导和有关单位、有关部门的负责人参加,并请他们讲话,有的还邀请学生家长代表发言。为确保开学典礼顺利进行,有关部门要事先做好以下准备工作。

1.及时发请柬

组织者要在举行典礼前一周左右,将请柬送到或递到当地领导机关和上级部门,邀请学校所在地领导和上级有关部门负责人或代表参加。

2.精心布置会场

学校要安排专门负责人布置会场,把学校大礼堂或露天会场打扫干净。会场内外可张贴一些标语,标语要庄重、新颖、大方,内容要适应新的形式。要制作好大会标语,简称会标。会标可写"××大学20××年新学年开学典礼"或只写"开学典礼"四个大字。会标挂在会场主席台前幕(也称"大幕")上边,两边可配对联。主席台后幕正中挂国旗,国旗两边可以各插5道红旗,礼堂外边也可插彩旗。有条件的可以张灯结彩,摆设鲜花,放置盆景。

在主席台上安排若干座位,座位前放置会议桌,会议桌用红布或天蓝的布围好,主席台上可摆放鲜花,并备齐扩音器等设备以及音乐唱片、录音带(必须包括《中华人民共和国国歌》)以及饮料等,做到庄重严肃。

主席台席次:按照职位高低排序。

10	8	6	4	2	1	3	5	7	9
主席台									

图5-1

3.典礼其他准备

(1)做好大会发言人准备工作。提前安排通知典礼主持人、学生代表、教师代表、学校领导、上级领导和有关方面代表的发言。典礼筹备组要安排好典礼程序和大会发言人顺序，排好名单并粗略地计算发言时间。常见的是学校党委副书记（或支部副书记、副校长）主持，校长讲话。校长讲话之后，再请上级领导同志和教师、学生家长及学生代表等发言。发言人要明确自己的身份，语言简明扼要，铿锵有力，带有热烈欢迎祝颂的气氛。

(2)做好大会后勤服务工作。典礼筹备组要选好若干名人员和工作人员，安排好迎送来宾的车辆。接待人员中的礼仪小姐可身披礼仪绶带，在校门口或会场门口接待来宾，为来宾引路、倒茶等。工作人员负责维持会场秩序、安全保护、会场记录（包括录像、录音等）。

一切准备就绪，按时举行典礼。届时，师生排队入场，分别在指定的位置就位。典礼开始时，由主持人介绍来宾，宣布学校开学典礼开始。全体起立，唱国歌。然后，发言人讲话。主持人宣布开学典礼结束。师生有秩序地退场。

（二）毕业典礼

大学生、研究生以及学习班、培训班的学员完成学习任务，经考试成绩合格时，学校及其院、系或其他单位，要给成绩合格的学生发毕业证书或结业证书，并举行毕业典礼（或结业）典礼。

毕业典礼的筹备要按照各单位人力、物力、财力等条件确定其规格。要事先统一印好、填好毕业（结业）证书，盖上钢印。处理好邀请参加典礼的领导和来宾等事宜以及典礼会场的布置等工作。举行典礼时，可以参照开学典礼的要求布置会场、安排发言人等。

毕业典礼上，学校可以简明扼要地总结几年来教学和师生员工所取得的成绩和经验，总结工作中的某些不足、失误和教训。通过举行毕业典礼活动，可以向毕业生颁发证书和奖品等，还可以对毕业生表示祝贺，并提出希望。成功的毕业典礼，可以增进师生之间、同学之间的友谊，进一步密切师生之间、同学之间的关系。

（三）校庆礼仪

校庆是为庆祝学校成立日而举办的庆典，学校一般逢十年举行一次大型的庆典活动。校庆活动的内容和方式是多种多样、丰富多彩的。诸如：开座谈会表示祝贺，请领导人和著名校友题词，筹办图片、文字、实物展览，筹办教学、科研成果展览，编写校史，校友名册，印制校庆纪念册、纪念章，组织校庆文艺晚会，举办各类体操表演、体育竞技、智力竞赛，举行庆典仪式等。

校庆期间可邀请当地党政军领导参加，邀请教育行政部门和有关负责人参加，邀请往届毕业生参加，欢迎他们到学校分享庆贺的喜悦。老校友可以合力赠送学校纪念物，如雕像、艺术品等，也可以为学校捐款，帮助学校发展等。举办校庆典礼，有助于增强师生之间的凝聚力，扩大学校的影响，因此，要认真做好校庆典礼的各项工作。如提前发校庆信息或广告，有条件的可以在学校内设立校庆倒计时电子屏幕等；事先邀请有关领导和兄弟院校代表参加。校庆典礼的会场布置与活动，可参见开学典礼的做法。但在校庆典礼发言人名单上，应增加兄弟院校代表和校友代表。校庆典礼的气氛要隆重、热烈。

第五节　恋爱礼仪

大学生由于所处的特定的年龄阶段，伴随心理和生理的成熟，恋爱应该说是一种正常的社会现象。爱是人类所特有并经后天学习而获得的一种情感体验。爱情是其中最美好、最令人陶醉的一种情感。虽然爱谁与被谁爱，似乎只是个人的选择，但怎样对待爱情，能否把握爱的真谛，却反映着一个人的精神境界与道德品质，为了把爱情之舟划向幸福的彼岸，让恋爱的小溪不会中途干涸，大学生谈恋爱也要注意一定的礼仪。

一、正确的恋爱观

所谓恋爱，即指婚前男女双方培育爱情过程中相互了解、相互爱慕、相互追求的情感和行为。真挚的爱情往往经历一个由好感到钟情，由友谊到爱情的发展过程，大学生在恋爱过程中首先应树立正确的恋爱观。

（一）恋爱交往是以互爱为基础的

爱情是一种复杂、圣洁、崇高的感情活动，它是由两颗心灵弹拨出来的和弦，彼此相互倾慕，情投意合，真正的爱情是不可以强求的，只能以当事人双方的互爱为前提。恋爱双方只有将感情作为恋爱的基础，才能让双方的爱情天长地久。

（二）恋爱交往要尊重对方选择的权利与自由

男女之间确定恋爱关系，必须是出自双方的共同意愿。在恋爱过程中，其中一方如果感到不合意，提出中断彼此的恋爱关系，重新选择恋爱对象，并非不道德。恋爱双方都有自愿选择和决定恋爱对象的自由与权利。即使自己的爱慕是纯洁的，也不能要求对方违心地接受自己的“爱情”。那种只考虑自己而不尊重别人的意愿，强迫或诱骗对方接受自己的“爱情”，只能是一种虚幻的爱情，不仅是自私的，也是极为不道德的行为。

(三)恋爱交往要真诚相待，忠贞专一

男女相爱之前，应相互坦诚地说明自己的各方面情况，让对方对自己有个全面的认识和了解；一旦双方自愿确立了恋爱关系，就应以诚相待，专一地培养和珍惜双方之间的情感，即使双方的爱情关系已不适于再发展，也应在通过恰当的方式与对方中断恋爱关系之后，再考虑选择新的伴侣。忠贞专一是婚姻道德的重要内容，也是爱情的主要特征，它既与封建伦理道德的“从一而终”有着本质区别，又与那种视爱情为儿戏、对恋爱极不严肃的态度根本对立。

(四)恋爱交往要情趣高尚和健康向上

人们常说，人生有两大课题：事业和爱情。爱情是人生的重要组成部分，但摆正事业与爱情的位置对每一个人的人生都非常重要。爱情离不开共同的事业和理想。男女双方对事业与生活理想的追求和进取，会给爱情不断地注入新的活力，是情感不可缺少的精神力量。有些青年人堕入情网后便不能自拔，陷入彼此卿卿我我的狭小天地里，把时间和精力都用在谈情说爱上，荒废了学业，疏远冷落了同学和朋友，情趣变得越来越贫乏、庸俗，这是不可取的。同时，在恋爱交往和表达方式上，还要注意以理智控制自己的感情，用道德约束自己的行为举止。不同国家和民族都有自己的婚恋习俗与传统，我们中华民族在爱情的表达方式上，历来有含蓄、深沉和自尊的传统美德。现实生活中，个别人不分时间地点，在众目睽睽之下随意轻浮放纵，不仅有损于社会公德，而且也是对纯洁爱情的亵渎。

(五)恋爱交往要互相尊重，信守责任

恋爱过程中，应该是既要尊重对方的人格，也要尊重自己的人格。互尊互爱，自尊自爱，是爱情严肃性、高尚性的表现。特别是在婚前的交往中更应相互尊重，用理智驾驭感情，尊重对方的名誉和尊严。在恋爱过程中，双方都必须保持清醒的头脑，明确各自应当承担的责任和义务，切不可因一时的感情冲动或受自私心理的驱使而丧失理智，以致做出使自己追悔莫及、悔恨终身的事来。这既是不尊重对方的人格，也是缺乏恋爱礼仪及基本道德规范的表现。大学生在恋爱过程中，不能忘记信守责任，包括在学习、生活上的互相关心和帮助,遇到困难能够共同面对,珍惜双方之间的情感。

二、求爱时的礼仪

恋爱的第一步是求爱。当大学生对对方萌生了爱慕之情时,应选择适当的时机和适当的方式向对方表白。时间过早,条件不成熟,就等于盲目乱求,这会使对方反感,甚至失去原来的情谊;时间过晚,该表白时仍沉默,也可能会错失良机,甚至会抱憾终生。

(一)求爱礼仪

初恋对象不同,求爱的方式也不同,但不管哪种方式,双方都要彼此尊重、有礼貌,千万不可莽撞。求爱时必须把美好的情感与恰当的方式结合起来。有以下方式可以利用。

1.当面表白。当面表白体现了求爱一方的主动性。由于求爱者爱得热烈,情意真切难以抑制,于是便鼓起勇气一吐为快。被恋的一方也往往会被对方的勇气和感情所感动,就会欣然接受对方的爱意。假如你悄悄爱上了一个人,但又因某种原因不便或不好意思表白,可以拜托与双方都比较熟悉的人或为对方所依赖的人,把爱的信息传递给对方,采取这种方式,即使不成功,也可以避免主动一方的尴尬。

2.写情书。写信抒发情怀,是男女青年初恋时最常用的方式。双方相处的时间不长,或脸皮薄爱面子,许多埋藏心底的绵绵情意很难大方流畅地当面表达,同时还怕说漏嘴引起误解,这时写信就成了一种最好的传递爱意的方式。情书没有什么固定的格式,可以根据个人的文化素养和对恋人所爱的程度来确定信的内容和格式,总的要求是:要说心里话,感情要真挚热烈,切忌言不由衷,卖弄辞藻;要写得工整、好看一些,体现对恋人的尊重,切忌用漫不经心的草体字写情书。总之,主动求爱的一方,写信时要尽量发挥才思,朴实无华地一诉衷肠。假如对方也是才思敏捷,那就可以投桃报李,尽书情怀,这样就拉开了恋爱的帷幕,开辟了一个"二人世界"的新天地。

3.主动约会对方。初次约会对双方关系的建立和发展起着很重要的作用,青年朋友切不可忽视。一般来讲,初次约会要注意以下几个问题:第一,要准时。相约人应提前到达约会地点,被约一方准时到即可。无特殊情况不要失约。第二,要衣着整洁。不必刻意装扮,自然随意最好,但要干净利索,体现尊重对方。第三,交谈要诚实、坦率。对方所要了解的情况要如实回答,切忌弄虚作假、隐瞒吹嘘,对方不喜欢的话题要尽量避谈。第四,要文明礼貌。既不故作深沉,也不夸其谈,更不能傲慢。如果第一印象不佳,话不投机,谈不下去,可以找个理由征得对方同意后离开,而不能不辞而别。

(二)拒绝求爱礼仪

当追求自己的异性并非本人所爱的时候,有必要对对方加以拒绝。拒绝他人的求爱,这是每个人的权利,但是拒绝求爱也要讲究礼仪,不恰当的拒绝可能会伤害对方,因此要特别注意以下三点。

1.拒绝必须及时。对于求爱者,要敢于说“不”。要是碍于情面,犹豫不定,一再拖延时间,就会让对方觉得仍有机会,抱有希望和幻想,而自己也会“当断不断,反受其乱”。

2.拒绝必须友善。拒绝他人的求爱,应该以尊重对方的人格、不伤害对方的自尊心为前提。切勿对对方破口大骂,指责侮辱,大肆中伤,搞得人人皆知,名声扫地。

3.拒绝必须巧妙。拒绝他人的求爱,切不可广而告之,令对方难以下台。必要的时候,可酌情采用单独谈话、请人转告或借物示意、委婉暗示的方法,对其采取“冷处理”,让对方自己主动地“知难而退”。毕竟,每个人都有示爱的权利,也有拒绝的权利。

三、热恋时的礼仪

男女双方经过一段时间的相恋之后,即进入热恋阶段。其特点是:双方相互熟悉,初恋时那种有意无意掩饰、心理设防的幕纱已被揭开;真实地展现各自的志向、情趣、性格等方面的优缺点,让对方对自己更深入、更全面地了解。这时,要注意两个问题:一是保持理智,二是尊重对方。具体有下列礼仪规范。

(一)保持理智

1.区别恋爱中的情侣关系和婚姻关系。要明白,尽管双方已经发展到热恋,但关系仍不稳定,也不受法律的认可和保护。双方还有很长的路要走,而且道路漫长,目标更伟大,所以双方要合理、恰当地处理双方的关系。

2.热恋时要保持一定的距离。热恋时双方一定要保持理智,不要被初步的胜利冲昏了头,待人处事还是以冷静为妙。人们常说“恋爱中的女人的智商通常为零”,因此恋爱中的女人更容易被欺骗,甚至伤害。不要因为爱着恋人,便对其缺点、毛病视而不见。尤其不要使双方关系超出恋爱这一概念的界限,男女双方都要自尊自爱,所以,适当地保持一定距离,是极为必要的，正所谓“距离产生美”。

3.过分亲昵举动回避他人。热恋中的男女在私下以某种方式表达爱意，只要不违反上述规范，亦属正常现象，无可厚非。但是如果在大庭广众之下过分亲昵，全然不顾他人的感受，则是不懂礼仪、不符合中国的传统礼仪，也是对别人不尊重、不自重自爱的表现。总之，你的自由不能不让别人不自由。

4.要充分尊重对方。热恋时双方关系非同一般，感情也极为脆弱，这时更需要尊重对方。在爱护对方的同时，切记不要因为过于豪放而忽视了对方的人格尊严。不要只是片面地要求对方为自己付出，而不懂得尊重对方，为对方付出。爱一个人，首先要懂得真心地付出，这也是做人的一条基本道理。爱是相互的，两个人要相互关心、相互理解，彼此为对方考虑，感情之路才会越走越宽。

(二)拜访家人

在我国，谈恋爱不到一定程度，一般不带恋人回家见父母。而父母对子女的恋爱、婚姻又有很大的制约作用，所以在你第一次踏进恋人家门时，要考虑周全，争取给恋人的父母一个好印象。初次到恋人家时需要注意下面几个问题。

1.要考虑带什么礼物。第一次上门，两手空空总不太好，但选择什么样的礼物合适呢？最好与恋人商量一下，达到既经济实惠又令长辈喜欢的效果。如果事先不了解、不商量，仅仅为了显派头，一味追求时尚，买高档礼品，结果价格昂贵，华而不实，在长辈眼里显得有失朴实，可能会适得其反。

2.要在长辈面前“亮本相”。衣着打扮比平时讲究一些即可，看上去整洁随意，自然利索，显得风华正茂。切忌奇装异服，女性不要太“摩登”，男性不要有“痞子相”。稳重而不呆板，活泼而不轻浮，才是长辈们喜欢的“女婿”或“儿媳”的形象。

3.讲究文明礼貌。见到长辈要请安问好，说话要注意分寸，对长辈提出的问题要如实回答，不必胡吹乱侃，也不必隐瞒什么。

四、如何对待恋爱中的挫折

在恋爱过程中，会遇到一些棘手的问题或没有预料到的情况，如果把握不好，就会使感情受到伤害，并由此导致一些其他后果。这就要求恋人们学会把握自己的感情，要经得住挫折考验。

(一)分析求爱被拒原因

求爱被拒绝时,首先要保持理智,冷静地考虑一下被拒绝的原因。大概有这样几种原因:一是对方不太熟悉自己,思想无准备,接到求爱信息时感到突然,便本能地拒绝了;二是对方不愿过早地考虑恋爱问题,只想全身心地投入到工作或学习中去,努力开创自己的事业;三是对方对你的素质或其他条件不满意,及早回绝比不搭理你要礼貌得多。遇到上述情况中的任何一种都要理智地退却,不可勉强纠缠,更不能反目成仇。

(二)正确对待失恋

失恋时,要摆脱失恋带来的影响可采取以下方法:

1.要冷静分析。思考一下对方移情的原因是什么,当初建立恋爱的基础是否牢靠,这段感情是否值得留恋,留恋旧情能有什么结果,等等。想清楚了,心理也就平衡了。另外,学会自我宽慰。

2.积极主动。要想恢复感情,可以主动阐明恢复关系优于移情别恋的理由,如对方仍然没有恢复关系的意思,就要勇敢地接受现实,以免陷入失恋的泥潭不能自拔。若对方仅仅是看重物质与外表,这种失恋反而是一种好事,没有必要为此而苦恼。

3.要及时转移注意力。用学习、工作、生活中的兴趣爱好来充实自己,是医治失恋创伤的一种好方法。它能使你感到生活的幸福与美好,增强对未来、对寻找新爱情的信心。

4.归还礼物,以免见物生情。恋爱期间,双方互赠一些礼物,以物寓情,这是很正常的。当一方提出终止恋爱关系后,互赠的礼物,尤其是贵重的物品应退还给对方。这样做不是“小气”,而是为了防止见物生情,引起不必要的烦恼,同时也是为了避免给以后的爱情生活带来不必要的麻烦。

第六节 网络礼仪

随着现代信息技术的不断发展和电脑的普及与推广,网络在人们的工作、学习和生活中所占比重越来越大。现在,网络已成为大学生交往中的重要工具。大学生网络礼仪,是指大学生在使用网络时应当遵守的一系列具体规则。

一、网络礼仪的原则

互联网上人与人之间的交流，由于环境因素，对方未必可以完全正确理解你所表达的意思，很容易陷入“言者无意，听者有心”的困境，所以网上交流必须更加注意自己的言行。

（一）学法守法

法治不仅是社会和谐发展的保障，而且也是网络活动有秩序、有趣进行的前提条件。作为一名大学生，首先要学习有关法规，不得有违反《计算机信息网络国际联网安全保护管理办法》、《互联网信息服务管理办法》、《互联网电子公告服务管理规定》、《维护互联网安全的决定》等规定的言行，要切实做到以下几个方面。

1.自觉抵制不良内容

网络上鱼龙混杂，网民往往难辨真伪，难免遇到一些虚假、失真的消息，甚至是色情、暴力、反动的内容。此时，要保持头脑清醒，增强辨别能力，远离这些不良内容，既不要成为不良内容的受害者，也不要做不良内容的传播者。

2.自觉保护知识产权

要从网上转载、复制那些具有版权的文字和图片时，应该首先征得版权所有人的同意。下载使用应用软件、电影音乐等网络资源时，则一定要付费。

3.绝不侵害他人利益

网络是全世界人民的共同财富，每一位公民都有义务维护它。传播网络病毒，必然会给广大网民造成极大的不便和严重的损失，情节严重的还会受到法律制裁。以网络为媒介，从事伤害他人身体、诈骗他人财物、窃取他人隐私的行为，会给他人造成物质和精神上的双重伤害，这也是法律所不允许的。

（二）自尊敬人

网络是人们自由分享的大舞台，在网上可以畅所欲言，但是不可以目无他人，肆无忌惮。尊重自己和他人，是做人的基本行为准则，也是网络礼仪的基本要求。在网上与人交流，同现实生活的交流一样，也应确保用语的规范和文明，不得使用攻击性、侮辱性、谩骂性的语言。

（三）言语有度

不能用单位或部门名义在网上任意发表个人对新闻时事的看法，尤其不可发布假消息或泄漏国家机密等。网上广告也应合法、公正,不可从事不法生意并招揽客户、做虚假广告,不要任意链接他人站点的内容;不可随便散发不属于自己的信息。

(四)分清虚实

众所周知,网络是一个虚拟的世界。上网时,大学生要时刻保持清醒的头脑,分清虚拟与现实的区别,以免沉溺于其中不能自拔。

1.限时上网。昼夜不歇的上网,不仅损害个人身体健康,而且会给个人的精神状态造成不良影响。要养成良好的上网习惯,形成合理的生物钟,自觉遵守学校的作息制度。

2.慎选内容。网上的色情、暴力、反动等不良内容,往往利用人们的猎奇心理来吸引注意力,因此,一定要保持冷静和理智,自觉抵制网上不良内容,以免害人害己。

(五)自我保护

网络世界虽然是一个虚拟的世界,但在这个世界里也会充满邪恶,应该提高警惕,保护好自己的人身财产安全,保护好自己的隐私。

1.保护人身安全

要保护好自己的人身安全,就应该提高自己的辨别和判断能力,坚决抵制虚假资讯;在选择网友时要三思而后行,以免因一时的疏忽而被"损友"伤害。尤其是网恋、与网友约会等,要注意保护好自己的人身安全,现实生活中时常发生因网友约会而上当受骗现象。

2.保护财产安全

在网上进行活动时,有必要自觉地维护个人的财产安全。要注意防范"黑客",及时安装防火墙等保护软件。平时使用计算机时,要将重要的文件加密、对关键的资料备份,这是减少"黑客"入侵导致损失的最有效的方法。

3.保护隐私安全

在网络生活中要注意保护自己的隐私,其基本要求有以下几点:

(1)树立"隐私意识"。应该时时刻刻注意保护自己的隐私,从思想上注重个人隐私。

(2)保护个人"密码"。个人密码是保护个人隐私的钥匙,因此需要妥善保管。个人密码保护可以采取以下几点措施:

①要设置安全性高的个人密码,以免密码被破译软件窃取。

②使用安全方式登录,以防止恶意软件的盗用。

③使用软键盘键入信息，以防止密码泄露。

④要将个人密码准确记录并保存在安全的地方，以免忘记或记错。

⑤不要轻易将个人密码告诉他人，尤其不可以将其透露给自己的网友。

(3)重视个人信息保护。不要轻易将个人信息提供给他人，家庭住址、手机号码等重要信息尤其应当保密。

二、合理利用网络

网络兴起之初，我国就曾有过关于网络利弊的大讨论，其核心在于如何对网络资源进行合理的利用。

1.学习、工作方面的利用

对现代学习、工作而言，网络无疑是一座内容丰富的知识资源库，如能对其合理利用，将会使我们受益匪浅。

(1)电子商务。

电子商务，通常是指信息技术的商业化应用，目前，它也是互联网的重要用途之一。电子商务与传统商务在方式上迥然不同，但本质基本一致。主要包括：平等交易，公平竞争，诚实守信，等等。

(2)电子政务

电子政务，是信息技术在政务活动中的应用。它是互联网的新兴功能，正处于探索和完善的阶段。电子政务所采用的方式和利用的工具与传统电子政务活动不同，基于这一点，在从事电子政务活动中，应遵守的礼仪规范既包括从事传统政务活动的基本礼仪，也包括因网络作为其工具而带来的特殊要求：

一是忠于祖国。要热爱祖国，任何时候都不得发表分裂祖国、非议政府的言论。

二是集思广益。网络可以使群众的声音更快、更清晰地传到决策者耳中。让每个人充分发挥自己的聪明才智，对现状提出批评意见和建议，这无疑将成为提高政府效能的催化剂。

2.生活方面的利用

互联网作为新闻、报纸、电话之后的又一获取信息的工具和交流沟通的重要媒介，在很大程度上方便了人们的生活。

(1)实时资讯　毋庸置疑，互联网是当今最便捷、最丰富的资讯来源，从互联网上获取各类资讯时要做到：

①谨慎辨别。它要求提高自己的辨别能力,以免被虚假资讯误导和欺骗。

②合法利用。对网上资源应首先明确其所附带的知识产权等相关权利,然后再合法利用。

(2)电子邮件 。

目前,电子邮件是应用广泛的网络沟通方式之一,而且新浪、搜狐、网易等各大网站均提供了免费邮箱。因此,作为交流沟通的便捷手段,电子邮件已经在很多领域代替了传统信函。使用电子邮件也应遵循一定的礼仪规范:

①格式规范。电子邮件即电子化的信函,因此它仍然具有最原始的信函传递信息的功能。在撰写正式电子邮件时,应该按照通行的格式来组织内容。亲人、朋友、同学之间发送电子邮件时,可不拘小节,视具体情况而定。

②简洁明了。一般来说,电子邮件的篇幅不宜过长,以便收信人阅读。发送较大邮件前,要进行适当压缩,以免给他人接收带来不便。

③文明礼貌。电子邮件的具体用语一定要礼貌规范,以表示对对方的尊敬。撰写英文邮件的时候不可全部采用大写字母,否则会让对方感觉你对他盛气凌人地高声叫喊。

④专函专用。不可以随便发送无聊、不良内容的邮件或以广告为内容的邮件,否则会给对方造成困扰和不便,还会损害自身形象。

⑤定期查阅。最好每天都要查看一下自己有无新的电子邮件,以免造成遗漏或耽误重要邮件的阅读与回复。

⑥及时回复。凡公务邮件应当天予以回复,以确保信息的及时交流和工作的顺利进行。若涉及难以处理的问题,可先以电话方式告知对方已收到,再另找时间发邮件予以回复。

⑦尊重隐私。在任何时候,都不要擅自转发别人的私人邮件。

(3)网上购物。

网上购物,是目前流行的一种购物方式。网上购物,也应遵循以下基本的礼仪规范:

①公平交易。网上购物是电子商务的一大分支,是广大网民以个人而非公司的名义参与电子商务活动的主要形式,因此理应公平交易。

②谨慎购物。由于开通网上业务的商家众多,其所提供的商品也可谓

包罗万象,千差万别,因而形成了网络商品资源良莠不齐的局面。对此种情况,消费者应提高警惕,货比三家,多积累经验,以便买到物超所值的商品。

③诚实守信。购物者进行网上购物,一般无法亲眼目睹所购商品。鉴于网上购物这一特殊方式,卖方应尽量为消费者提供全面详细真实的信息,以诚信为原则。不得利用网络以次充好,欺骗消费者。

3.休闲娱乐方面的利用

可利用网络聊天、玩游戏等。

(1)网上聊天。

网上聊天可以结识新朋友,联络老朋友,缓解压力,调节心情。其方式有虚拟社区、网络空间、网络论坛、聊天工具(如腾讯QQ聊天)等等。网上聊天是人们沟通的一种有效手段,其具体礼仪规范有:

①尊敬他人。就是要求我们遵循网络的自尊敬人的原则。虽然网络是虚拟世界,但所面对的对象是真实的人,她们沟通的是温暖的心灵,而不是单纯冷冰冰的机器,因此,聊天中也要尊敬他人。

②真诚交流。在保护隐私的前提条件下,聊天中要遵循真诚原则。如果说话拐弯抹角,满口谎话或怪话,网上聊天就失去了其原有的意义。

(2)博客与播客。

博客与播客是人们私人的网络空间,网民通常可以根据自己的意愿考虑是否将自己的空间开放给他人。各种多媒体手段并用的博客和播客,往往更受人们的欢迎。使用博客和播客时,也应遵循相应的礼仪。做到内容文明,定时管理,积极沟通。

(3)网络游戏。

目前,网络游戏的内容、变化的形式、逼真的场景、震撼的声音吸引了众多网民,尤其是青少年。网民在虚拟世界里游玩时,也要分清虚拟与现实,不要忘记必要的礼仪规范:

①及时回归。要及时回归现实,在闲暇时,可以尽情地享受游戏带来的快乐,忘记烦恼,缓解压力,放松心情。需要注意的是,网络中的游戏世界毕竟是虚拟的,切忌不要过分沉溺于游戏中,从而荒废了学习、生活和工作。也不要将游戏中过分渲染的色情、暴力行为带到现实社会生活中,否则是害人害己。因此,反对青少年花费大好时光玩网络游戏,作为一名大学生应保持清醒的头脑,不迷恋网络游戏,如果上网成瘾,荒废学业,后悔莫及。

②量力而行。网络游戏尤其是竞技游戏,往往要花费大量的时间和金

钱。大学生应该根据自己的情况量力而行,不要因为网络游戏损害自己的身体健康或花费过多的金钱。有些青少年的偷盗行为,很多是因为迷恋网络成瘾,零花钱全部花光后,走投无路才导致犯罪活动。

③体谅他人。网络游戏通常需要大家的共同参与,在合作过程中,玩家应该互相理解、互相体谅、互相帮助,共同完成任务。即使遇到不如意的情况,游戏者也应该坦然面对,不可以互相埋怨,恶语相向。毕竟网络游戏只是供大家娱乐的一种媒介。

三、网络礼仪规范

网络是现代科学技术的结晶,需要正确认识其价值与功能。为了得到真正的友情,更好地沟通交流,一定要树立网络礼仪的观念。网络礼仪的范围十分广阔,小至打个招呼、说话发问的礼貌,以及顾及他人权利和方便,不妨碍别人的动作,不得有恶意蓄意行为,大到不侵入对方计算机、传播计算机病毒等触犯法律的问题,所有这些都基于网络礼仪之上。

(一)记住人的存在

当我们面对屏幕时不要忘了是在跟“人”打交道,“记住人的存在”,在网上与人交流,同现实生活的交流一样,当着人家面不能、不会说的话在网上也不要说,确保用语的规范和文明,不得使用攻击性、侮辱性、谩骂性的语言,不要随意评论对方的长相、宗教信仰、智商、生活方式和饮食习惯等。另外,亲切、热情固然是好事,但如果对初次见面的人表现得过分亲切热情的话,会令人难以接受,甚至会让人产生恐惧感。所以,互相尊重、相敬如宾、礼仪得当是十分必要的。

(二)网上网下行为一致

在现实生活中大多数人都是遵纪守法,同样地在网上也应如此。网上的道德和法律与现实生活是相同的,千万不能认为面对电脑在网上就可以随随便便。据说一名学生发了一封电子邮件给他的老师,信件开头就是“Hi”,然后直呼他的名字。老师说,从信件用词看,这名学生的英文水平不低,怎么就不懂基本的通信礼仪呢?为了证实自己的猜测,他回信要求这名学生打印或手写一封信给他。对比两封信,老师感慨不已:这名懂得通信礼仪的学生为什么在虚拟世界里不遵守呢?他再次回信提醒这名学生,传统的通信道德礼仪完全适用于现代的网络世界。我们应该认同:虚拟世界,礼仪必须实在。不要以为虚拟世界里,别人看不见你的笑貌,听不见你的音容,殊不知,从电子信件的字里行间可以看出你的礼仪水准。如果你的电子邮件简明扼要,开头结尾与通信者身份相符,便是懂礼貌的表现。

(三)尊重他人

聊天一般是许多人在一起,应该注意:不要发表污秽的言论、不发表过于长篇的言论、不要重复某一句话。针对某一个人时,要先标明对方的姓名或者邀请他到单独的聊天室。在用英文与某人沟通时,切忌通篇文章全部大写,这让人无法舒服地阅读,而且容易造成大喊大叫的印象。回复电子信件时,请适当附带上原文,这样别人知道你是为什么而回复的,这里要注意,不要把原文全部附带,而只需要附带上回复的那段,正确、简短地书写邮件,而不要加入过多无谓的感情词句,每一封信,都要标明一个主题,发送邮件时,检查收件人的邮件地址,当要把信件发送到多个邮件地址时,最好能分别发送。

(四)给自己在网友中留个好印象

给他人留个好印象,是尊重他人的体现,也是获得他人尊重的开端。因为网络的匿名性质,别人无法从你的外观来判断,因此你一言一语成为别人对你印象的唯一判断。发帖以前应仔细检查语法和用词,切不可故意挑衅和使用脏话。当需要向别人提问题时,先自己花些时间去搜索和研究,尽可能不浪费他人的时间。网络是学习和交流经验的场所,除了回答问题以外,还包括你提了一个有意思的问题而得到很多回答,分享知识是网络的乐趣。向他人询问问题时,态度要诚恳;每次尽量只询问一个问题;不要笼统地写上问题,比如如何做网页这类大而宽泛的话题;不要在对方暂时没有回复时再次发送询问信件。

(五)争论要心平气和,要以理服人

不管论坛还是聊天室,五湖四海的人们共聚一起,意见总是有分歧的,矛盾总是存在的,争论是正常的现象,争论是为了寻求统一。争论要心平气和,要以理服人,不要进行人身攻击。如果你受到一些恶作剧性的来电、来信的骚扰,可考虑与网络管理人员联系,切不可因一时气愤,对其他用户进行无差别的报复,发火是最不可取的,别人会认为你既愚蠢又不成熟。

(六)不随意公开个人情报,也尊重他人的隐私

编写个人档案,其实就是把您编写的情报公开,个人情报可以公开多少呢?只能由自己衡量:如果您想大量地结交新朋友,那么您就得在编写个人档案上下一点功夫了;如果您不想公开您的个人情报,那么请在编写个人档

案时将个人档案项目设定为[不在检索结果中表示]。一般情况下不要随意公开自己的E-Mail、真实姓名、地址、电话号码等个人情报，就算你觉得彼此已成为好朋友，还是应该小心一点。对于他人的个人情报，也应更加注意保密，以免给他人带来伤害。别人与你用电子邮件或私聊(ICQ/QQ)的记录应该是隐私的一部分；如果你认识某个人用笔名上网，在论坛未经同意而将他的真名公开也是一个不好的行为；如果无意看到别人的电子邮件或秘密，也不应该到处传播。

(七)管理员不要滥用权力

管理员比其他用户有更多权力，应该谨慎使用这些权力，要多考虑以自己的内涵与修养感染他人，潜移默化，润物无声。管理员的首要责任是维持秩序，树立健康、文明的形象；管理员在行使权力前，应对用户进行劝说和警告，同时，合理保证管理员的公正、威严，不可发生包庇、偏袒行为；管理员要有广阔的胸襟，谦虚、热诚、礼貌地对待网友，不可经常炫耀自己的管理员身份；管理员要搞好与其他管理员基本的同事关系，对其他管理员不可使用权力；管理员应帮助用户并回答用户合理的问题，如不能解决，要说明原因。

(八)网上待人也需要宽容

宽容是一种美德，在人际交往中，凡能做到宽以待人者，一般都深受众人的欢迎。人与人交往，难免会有些小摩擦，只要是无恶意的，就应该设身处地站在他人角度想一想。由于各种主客观原因所致，每个人都会有这样那样的过错，如果对别人的过错能以宽容对待，就等于给对方提供改过的机会。网上的道理也是这样，要允许犯错误，当看到别人写错字，用错词，问一个低级问题或者写篇没有必要的长篇大论时，你不要在意；如果你真的想给他建议，最好用电子邮件私下提议，这样可顾全他人面子。

网络是个虚拟的空间，同时也是个小型社会，但它的范围绝对不只是我们所及的一个社区、一个县市、一个国家，而是全世界。在互联网上，真是人人可以说话，人人可以发表观点，畅所欲言，因此，我们就必须对自己的所作所为负责，从不妨碍别人的动作、不要有恶意蓄意行为，以至不侵入对方计算机、传播计算机病毒等触及法律的问题，所有的基础都建立在网络礼仪上。每个人都希望在网络上能够找到自己想要的，然后安全舒适地使用网络，享受网络的美好与便利，这就需要尊重对方，并且规范自己，用谨慎并且尊重的方式来使用计算机与网络。

第六章 求职礼仪

伴随我国社会主义市场经济体制建设，社会发展、科技进步对大学生就业提出新的要求，大学生面对新形势下的就业趋势，应当主动抛弃旧的传统就业观念，在实践中树立正确的职业理想和新的求职观念，以提高自身应对未来各种就业压力的能力。

第一节　面试前

面试是求职的重要过程，是供求双方面对面近距离接触的第一次经历，通过面试可以向对方传递各种信息，加深双方的了解和信任。而求职者怎样才能在面试中充分发挥自身优势，使求职获取成功呢？做好面试前的各项准备工作十分重要。

一、面试应遵循一定的原则

（一）走向成功的自信原则

自信是迈向成功的第一步。求职者无论在什么情况下，都应向用人单位传递“自信”的信息，要向用人单位表明你有帮助他们提高工作效率、实现目标及创造价值的能力，你是他们的有利资产，他们会因为你的加盟而更加生机勃勃。只有树立信心，才能使自己在面试时以坚定的态度和从容的风度应对挑战，以最旺盛、最活跃的精神状态去克服困难。

（二）远大的人生目标原则

对自己的前途有长期的、明确的目标的人，更容易得到用人单位的赏识和任用。因为用人单位需要具有积极自我成长概念的人，青睐对工作积极投入、努力进取、充满旺盛的事业心和斗志、能较快进入工作状态的人，并委以重任。

（三）强烈的工作意愿原则

面试时，求职者要随时保持对工作的高度热忱和兴趣，适时地提出对所求职位工作的意见和建议，以加深用人单位对你的认识和信任。

(四)充分展现合作能力的原则

所谓众人拾柴火焰高,任何工作的顺利开展与圆满完成都离不开集体中每个成员的共同合作。一个善于与人合作,有积极的团队精神的人是很受用人单位欢迎的。因此,面试时,求职者应向用人单位充分展示自己的合作能力和协作精神,以赢得用人单位的信任和好感。

二、了解面试单位,分析招聘者的心态

面试前应多方面收集资料,详细了解面试单位的具体情况,认真分析招聘者的心态,这样才能使自己在面试中占据主动。

(一)了解面试单位概况

对面试单位的性质、规模、发展前景、应聘岗位职责、待遇、违约金等具体内容应详尽了解。具体地说,性质指单位的类型,如政府部门、企业、事业单位等;规模指面试单位的注册资金、职工人数、单位成立时间等;待遇指单位的人事制度、初级薪金、失业保险、养老保险、医疗保险、奖金等。此外,还应了解面试单位的主管部门是否有用人审批权等。

(二)分析招聘者的心态

面试是招聘单位伯乐相马的过程,德才兼备的人才能吸引众多的眼球。因此,除考察求职者的学历、专业技能等硬件资质外,求职者的综合素质及实际操作能力也是招聘单位关注的重点,如求职者的学习能力、适应能力、表达能力、沟通能力、创新能力、组织协调能力以及敬业精神、团队合作精神和职业道德等。面试过程中,招聘者会通过多种方式测试或考查应试者,因此,求职者在面试前要做好应对各种测试和考查的准备,以便使自己在面试中占据主动。

三、撰写自荐材料

自荐材料是向用人单位自荐以谋求职位的资料,是踏入社会、寻求工作的第一块敲门砖,也是求职者与用人单位的第一次短兵相接。如何让你的才能、潜力在有限的空间里闪耀出夺人的光彩,在瞬间吸引住用人单位挑剔的眼光,自荐材料的内容与设计就显得极其关键。

自荐材料一般包括:履历表、求职信及其他材料,如各种证明材料(包括毕业证、学位证、专业技术职称证书及外语、计算机等级证书,获奖证书等),发表的文章、著作或科研发明等。如果是应届毕业生还应准备学校推荐材

料、在校学习成绩单等。一般自荐材料采用打印装订形式。随着网络科技的发展,电子版形式的自荐材料越来越多地运用于招聘过程中,通过互联网的沟通与交流,为招聘双方提供了更加快速、便捷的服务。

(一)个人履历

1. 内容

(1)个人基本资料。个人基本资料包括姓名、年龄、性别、出生地(籍贯)、最高学历、学位、政治面貌等。

(2)教育程度。按照履历表的次序,依次填写所读学校名称、专业、学习年限及进修、深造的有关经历等,让招聘单位迅速了解个人的学历背景和知识层次。

(3)工作或社团经历。充分提供自己以往的打工经历、社团经历,说明自己担任的工作、组织的活动等,供招聘单位参考。这些经历也许只是短期的,但从另一个角度也能够突出个人的一些品质,如志趣、合作性、组织能力、协调能力、领导能力及有没有团队精神等,因此,也会受到招聘单位的重点关注。

(4)专长。无论是与所学专业有关的专长还是单纯从个人兴趣方面发展而来的专长,只要是与工作有关的,都应在履历表上说明。这将有助于招聘单位评估应聘者的专长是否与所求工作的要求相符,是否有助于工作的顺利开展。如应聘同一工作的两个人,学历等条件相同,具有个人专长的则较受欢迎。陈述专长要实事求是,不可夸大其词,亦不可随意捏造,不可欺骗招聘单位。

(5)语言、计算机能力。作为对外交流的工具,外语能力显得尤为重要,尤其是在大规模跨国公司,具有良好的外语才能的人是很受欢迎的。语言能力主要包括语种、级别及自己的运用能力等,若应聘者参加过有关的特殊训练课程,特别是与所求工作有关的,应加以填写。计算机能力主要包括国家计算机考试等级及对各种办公软件的使用能力等。

(6)求职意向。履历上应注明求职职位,以便招聘单位根据你的志向和意愿做出正确的选择。履历表要根据所申请的职位认真设计,突出自己的特点。

(7)联系方式和备注。为了方便招聘单位与应聘者及时取得联系,履历表上应具体列出联系方式,如电话号码、长途区号、手机号码、电子邮箱、邮政编码、联系地址、传真号码等。

2.个人履历的写作要求

个人履历书写时应遵循以下标准。

(1)真实。客观、真实是书写履历应遵循的重要原则。履历的各项内容都应是真实的,任何弄虚作假都是对招聘单位的欺骗,都是对自己求职的不负责任。

(2)重点突出。履历应突出个人的经验、经历、能力以及成就等,这些内容需要用相关材料来证明。

(3)"简""洁"。个人履历一般很简短,常规不超过一页纸。对于招聘单位,阅读履历一般只需数分钟,因此,履历内容要简练。履历要保持整洁,不折叠、不损坏、不玷污、不随便在履历上勾画或记录。

(4)准确。履历应保证在用词、术语及撰写方面准确无误。撰写时要先打草稿,反复斟酌、修改,确保没有任何错误后再行打印。那些错别字多,在格式、排版上有技术性错误,被折皱的、有污点的简历,都会使招聘单位对求职者产生不认真、不严谨的不良印象。

(二)求职信

1.求职信的格式和内容

一般来说,求职信是书信的一种,故其基本格式也符合书信的一般要求。求职信的基本格式与书信基本一致,主要包括收信人的称呼、正文、结尾、署名、日期和附录共六个方面的内容。

(1)称呼。求职信的称呼与一般书信不同,书写时应正规。如果写给国家机关或事业单位的人事部门负责人,可用"尊敬的××处(司)长"称呼;如果是"三资"企业领导,则用"尊敬的××董事长(总经理)先生";如果是各企业厂长经理,则可称之为"尊敬的××厂长(经理)";如果写给院校人事处负责人或校长的求职信,可称"尊敬的××教授(校长、老师)"。求职信不管写给什么身份的人,都不要使用"××老前辈"、"××师兄(傅)"等不正规的称呼。如果确定对方是高学历者,可以用"××博士"、"××硕士"称呼之,则更易为其所接受,也于无形中使其对你产生一种亲切感。

(2)正文。求职信的中心部分是正文,形式多种多样,但内容都要求说明求职信息的来源、应聘职位、个人基本情况、工作成绩等事项。

①写出信息来源渠道,如:"得悉贵公司正在拓展省外业务,招聘新人,且昨日又在《××报》上读到贵公司招聘广告,故有意角逐××一职。"切忌在信中出现"冒昧"、"打搅"之类的客气话,因为招聘人才就是他们的任务,

何来“打搅”之意？如果目标公司或单位并没有公开招聘人才，或者说你并不确定他们是否需要招聘新人时，你可以写一封自荐信去投石问路，例如“久闻贵公司实力不凡，声誉卓著，产品畅销全国。据悉贵公司欲开拓海外市场，故冒昧写信自荐，希望加盟贵公司。我的基本情况如下……”这种情况下用“冒昧”二字就显得很有礼貌。

②在正文中要简单扼要地介绍自己与应聘职位有关的学历水平、经历、成绩等，令对方从阅读完毕之始就对你产生兴趣。但这些内容不能代替简历，较详细的个人简历应作为求职信的附录。

③正文中应说明能胜任所求职位的各种能力，这是求职信的核心部分。目的无非是表明自己具有专业知识和社会实践经验，具有与工作要求相关的特长、兴趣、性格和能力。总之，要让对方感到你能胜任这个工作。在介绍自己的特长和个性时，一定要突出与所申请职位有关联的内容。

(3)结尾。一般应表达两层意思：一是希望对方给予答复，并盼望能够得到参加面试的机会；二是表示敬意、祝福之类的意愿，如“顺祝愉快安康”、“祝工作顺利”、“深表谢意”、“祝贵公司(单位)财源广进”等，也可以用“此致”之类的通用词。最重要的是在结尾认真写明自己的详细通讯地址、邮政编码和联系电话，如果让你的亲朋好友转告，则要注明联系方式以及联系人及其与你的关系，以方便用人单位与之联系。

(4)署名。按照中国人的习惯，直接签上自己的名字即可。国外一般都在名字前用“你诚挚的、你忠实的、你信赖的”等之类形容词，这种方法不能轻易效仿。

(5)日期。写在署名下方，应用阿拉伯数字书写，年、月、日应全写上。

(6)附录。求职信还可附有相关资料，如毕业证、学位证、职称证、获奖证书、身份证等相关资料的复印件，以便用人单位更加全面地了解你。

2.写好求职信的要点

求职信写起来并不难，但要写出特色，能够在众多求职信中脱颖而出却又是不容易的。为此，广大应聘者在写求职信时应该注意以下几个问题。

(1)字迹工整、言简意赅。求职信文字的整洁美观很容易引起招聘单位对求职者的好感。相反，如果字迹潦草，龙飞凤舞，则会给招聘单位留下不认真、不严谨的不良印象。现在绝大多数求职信都采用打印的形式，但如果你的钢笔字比较好，建议你还是工工整整地用手写，这样能给人以亲切之感，同时也向招聘单位展示了自己的特长。不管是手写还是打印，都应该注意言简意赅。废话连篇不但会浪费阅读者时间,也会引起反感。拟定好草稿后应反复推敲,确保用词得当,表达清楚,力求做到尽善尽美。

(2)不宜太长。求职信在篇幅上应注意不能过长,因为来自各方面的求职信很多,用人单位没有足够的时间和精力去阅读洋洋洒洒几千字的长篇大论。但也不能过短,过短容易表达不清楚,给人以缺乏诚意、没有特点之感。一般应在一千字左右。

(3)富于个性、针对性强。求职信的首要目的是力求吸引对方,引起对方的关注,因此,开场白就显得尤为重要。用富有新意的开场白吸引读者,势必会提高自己的印象分。例如,一位在外地求学的毕业生在给家乡所在地一家单位写求职信时写道:“我的故乡,请接受一名游子对您的问候。”这样的开场白即刻就拉近了与用人单位的距离;或者直接切入主题,如写“从××得到贵单位招聘人才的信息”,也能使用人单位主管感到单位名声在外,无形中增加了求职信的分量。

求职信的核心部分是自己胜任工作的条件,求职信中应客观表明自己的经历、知识、专业技能和特长,不说大话。尽量在书写求职信之前对招聘单位的情况有所了解,用事实和成绩恰如其分地介绍自己,针对性地突出自己适合于所求职业的特长和个性,不落俗套,以吸引和打动对方,使自己在求职中赢得主动。

(4)杜绝错别字。求职信中字词的选择往往能反映出应聘者做事的态度是否仔细、是否严谨,一篇求职信往往会因为错别字而大打折扣,影响效果。因此,招聘者在寄出求职信前应仔细审阅内容,精雕细琢,发现错别字要及时纠正,修改时不能在信上涂改,最好重写或重新打印一份。

(三)其他材料

除了自荐信和个人履历之外,为了加深招聘单位对自己的印象,应聘者还需提供一些相关材料。为招聘单位提供的材料应遵循实事求是的原则,不弄虚作假。

1.就业推荐表和成绩单

如果是应届毕业生,在求职时应提供就业推荐表和成绩单。成绩单必须有学校教务部门盖章,毕业生可根据用人单位的需要或求职的职位对某些相关课程的要求,提供有效的成绩单。另外,如有辅修第二专业的学习成绩证书或学历证书,也应向用人单位提供。

2.学历证明、技能证书

主要包括毕业证、学位证、外语、计算机等级证书、普通话等级证书、专业技术职称证书等。

3.荣誉证书

荣誉证书是展现求职者综合素质的重要支撑，一般包括各类奖学金证书、荣誉称号证书、立功受奖证明以及参加各种竞赛的获奖证书等。若荣誉证书较多，则优先选择荣誉等级较高的。

4.学校及相关专业介绍

若为应届毕业生求职，在递交自荐材料时，应附上毕业学校及相关专业的介绍。包括学校的发展历史、目前在校生的规模、专业设置、师资队伍、毕业生就业情况等。

5.其他材料

发表的文章、出版的著作，或虽未发表但具有一定水平的论文和有关专家的评价材料；科研成果证明、开发的新产品简介和照片、设计的图纸、发明专利证书；权威的个人推荐材料等。

以上附加材料对于求职者争取面试机会是非常重要的，应根据具体情况有针对性和选择性地附加。

四、求职形象

在现代社会中，求职者如何在求职择业的激烈竞争中脱颖而出，除了自身的能力外，形象也至关重要。形象是为推销自己服务的，为了创造一个良好的面试气氛，为了在有限的时间里更充分地展示自己，注重面试的基本礼仪，用礼仪来展示自己的最佳形象，对每个求职者来说都是非常重要的。

（一）面试着装

1.女士着装

以整洁美观、稳重大方、协调高雅为总原则，服饰色彩、款式、大小应与自身的年龄、气质、肤色、体态、发型和拟聘职业相协调、相一致。

(1)服装要得体。女士求职服装一般以西装、套裙为宜，这是最通用、最稳妥的着装，不论年龄，一套剪裁合体的西装、套裙和一件配色的衬衣或罩衫外加相配的小饰物，会使求职者看起来显得优雅而自信，会给招聘方留下良好的印象。切忌穿太紧、太透和太露的衣服。袒胸露背一般是西方女士参加社交活动的传统着装，但在我国却不一定适合；不要穿超短裙（裤），不要穿领口过低的衣服；夏天，内衣（裤）颜色应与外套协调一致，避免透出颜色和轮廓，否则，会让人感到不庄重、不雅致，也给人轻佻之感。

(2)鞋子要便利。求职时女士对鞋的选择也有学问,总的原则是和整体相协调,在颜色和款式上应与服装相配。面试时,不要穿长而尖的高跟鞋,中跟鞋是最佳选择。另外,设计新颖的靴子会显得自信、时尚。但穿靴子时,应该注意裙子的下摆要长于靴端。

(3)袜子要合适。袜子不能有脱丝,以肉色或者接近肤色为宜。面试前,应准备一双备用袜,以便万一脱丝能及时更换。另外,面试时禁忌光腿光脚不穿袜。

(4)饰物少而精。

①公文包或手提小包,带一个即可。在多数面试场合,携带公文包比手提小包更适宜、更协调。

②首饰。戴首饰的重要原则是:少则美。耳环应小巧且不引人注目;项链应朴实无华,不戴假珍珠或华丽的人造珠宝项链;手镯应简单大方。刻有名字首字母的首饰应避免,面试时不要戴脚镯或脚链。

③眼镜。选择适合自己的镜框,式样宜新;不戴太阳镜(护目镜)面试。必要情况下可选择隐形眼镜。

④围巾。一条漂亮的围巾有画龙点睛的妙用。蓝灰色服装,可搭配一条色彩浓郁、风格热烈的围巾,达到生机勃勃的效果;藏青色的西服,搭配一条纯白的围巾,既能显托红唇黑眸,又能保持藏青色清爽如水的气质,衬托出女性的敏捷和果断。银灰色是高雅大方的色彩,穿银灰色衣服,若围巾搭配不当,则会显得呆板平淡。

⑤丝巾。丝巾飘逸清秀的特点最能烘托出女性的美,但选择丝巾时一定要注意与衣服的协调搭配。如花色丝巾可配素色服装,而素色丝巾则适合艳丽的服装。

(5)发式适宜。根据自己的脸形选择合适的发型。

(6)化妆淡而美。对于女性求职者,化妆一定要坚持素淡的原则,切不可浓妆艳抹。

(7)手和指甲。女性的手通常是其气质外观的另一方面。求职时不宜留长指甲,不涂艳丽的指甲油。

爱美之心,人皆有之,但对求职者而言,面试着装除了要符合一般社交场合服饰的共同要求外,更要注重和突出服饰的职业特点,使你的着装打扮与所求职业相称,给人一种鲜明的职业形象的感觉。如应聘教师、工程师、干部等职位,打扮则不能过分华丽、时髦,而应该选择庄重、素雅、大方的着装，以显示稳重、文雅、严谨的职业形象；如应聘导游、公关、服务等职位，则选择华美、时髦的着装，以表现活泼、热情的职业特点。

2.男士着装

(1)西装要笔挺。在现代社会的公关社交活动中，人们普遍认为西装是职业男士的正规服饰，就求职面试活动而言，穿西装也是最为稳妥的，因此，西装成为许多求职者的首选装束。然而，穿西装也有许多讲究。

①颜色。应聘者应选择深色的西服，如灰色、黑色和深蓝色，它们给人以稳重、可靠、忠诚、朴实、干练的印象。

②面料。宜选天然织物类型的面料。天然织物做的服装通常“下垂”感较好。人造织物的光泽和质地都较差，而且，还常留有人体的气味不易去除。

③西装要得体。根据自身特点选择适宜的西装。例如体瘦的人，如果着深蓝色或中粗竖条的西装，会露出其纤细、瘦弱的缺憾，而穿米色、鼠灰色等暖色调，图案选用格子或人字斜纹的西装，就会显得较为丰满、强壮。高而胖的人，宜穿用三粒扣的西装和单件西装。穿单件西装上衣时，宜穿深色上衣，配同色系的浅色长裤，这样既能掩饰缺点，又显得帅气十足。

(2)衬衫要理想。衬衫必须是长袖的。有些衬衣的袖口上有简单的链扣，给人以格外注重细节的感觉。衬衫应当是白色或淡蓝色，不带图案或条纹，避开印有交织字母的衬衫。跟西服一样，衬衫的最理想布料也是天然织物。要穿那些经过精心缝制、专业洗涤、中度上浆(挺括)的全棉衬衫。

(3)领带要选好。领带应选用丝质面料，一般不选用亚麻或毛料，前者容易缩水，后者显得不庄重；合成织物面料显得廉价，而且打出的结也不美观，一般不宜选择。领带的颜色应与衬衫、西装相协调，宽度随衣服款式的不同而不同，穿西服时，稳妥的着装规则是领带宽度接近西服翻领的宽度。对于领带花纹的选择也要精耕细作，认真挑选。一般来说，传统的图案如立体形、条纹、印花绸以及不太显眼的螺旋纹布等都是可以接受的。但在求职时，应避开带有圆点花纹、图画(如动物)、体育形象(如马球棍和高尔夫球棒等)以及设计者的徽标的领带。选好领带后给领带精心打结，注意系好的领带不要超过腰带。

(4)皮鞋要擦亮。应选择黑色或棕色的皮鞋，注意保持鞋面光亮。鞋跟要结实，系带的皮鞋要检查鞋带是否干净且系紧，松开或未系的鞋带会给你带来不安全感甚至可能将你绊倒。另外，皮鞋的选择应该体现着装和谐一致的特点。

(5)袜子要够长。如果选择一双鞋面较低的无带鞋,袜子的选择就尤其重要。一般来说,袜子的颜色应当和西服相配,通常应选蓝、黑、深灰或深棕色,不穿颜色鲜亮或花格袜子。袜子要够长,避免你在叠起双腿时露出有毛的皮肤,显得不雅。袜子还要有弹性,避免穿着时从腿上滑下或缩成一团。

(6)个人卫生要讲究。求职者去应聘前首先去除体味,保持身体清洁无味;发型简单、朴素、稳重大方,头发整洁,精心梳理,不留鬓角,不留中分头;剔除胡须、不留络腮胡。保持手的清洁,不留长指甲。

(二)面试举止

举止是反映人的礼仪修养的重要方面。求职面试过程虽然很短暂,但这一时段的行为举止正是你的思想、气质、修养的真实体现。因此,把握好面试时的举止,用行为举止去打动人、说服人,就显得特别重要了。面试时应注意几点。

1.入室敲门

进入面试室之前,应轻叩房门二三下,得到考官的应允后才可进入(若有工作人员导引则不必如此了)。如果叩房门后,没人应答,等一至两分钟后再叩,千万不能破门而入。进门后应将房门轻轻关上。自然地环视整个房间,确定面试考场的基本布局(包括自己的坐椅位置),然后面带微笑,用目光逐一向各位面试考官致意,以充分表现你的修养、稳重、信心和力量。千万注意:自然、热情的微笑是非常重要的,它不仅说明你比较放松,而且在展现风采时,微笑已经开始在你和面试考官间进行积极的情感交流了。

2.步入考场

进门后应迈着优美、稳健的步子走向面试考官。优美的步态有一种轻快自然、从容不迫的动态美。目光保持与主考官的视线接触,不要看着天花板或盯着自己的脚尖,步伐可以比平时加快四分之一。不要小看这些关于步态的建议,一个垂着肩、驼着背的应试者,会给人悲观消极的印象;而缓慢的步伐会表明应试者对自己、面试以及面试考官的消极和不愉快的态度。聪明的面试者会用他略快的步伐向面试考官声明:“我要去做非常重要的事情——面试,并且我的面试会获得成功。”除此之外,这样的步态会增强应试者的信心,挺胸、抬头、加快步伐,你会发现信心倍增。走路时比较忌讳的是:摇头晃脑、东瞅西望、左右摇摆。

一般面试考场放置有考生坐的椅子,这时你径直走到椅子前站立即可。

面试考场的设置是有一定规范和科学依据的,请务必遵守。

3.与面试考官打招呼

当你停住脚步站稳后,要向面试考官打招呼。站立时,身体要正对面试考官,挺胸抬头,直背舒肩,目光平视,面带微笑,表现出充分的自信和对面试的积极关注。当面试考官介绍考评组成员时,如果考官主动伸出手,你要毫不迟疑地走上前去,报以坚定而温和的握手;但如果考官不主动握手,应试者最好不要伸手向前主动和对方握手,因为这么做不符合礼仪,也可能由于考官没有思想准备而造成尴尬,一定要避免。

一般来说,工作人员将应试者引入考场后,会主动向考官引见应试者。如果没有工作人员,应试者请注意不要故作聪明,瞅着考官的胸卡径直称呼,也不要泛泛地称呼:"女士们、先生们,您好!"更不能随意猜测对方的身份而乱称呼,这种做法将会让自己很被动。

4.握手技巧

面试中,握手可以发生在面试考官与应试者互相认识时的寒暄,同时表达了考官对考生的问候以及考生对考官的感谢。握手也可以发生在面试结束时,表达应试者向考官的致谢与道别及考官对应试者的祝贺等。

正确的握手方法是这样的:走上前去,距离考官约一步远,上身稍向前倾,两足立正,伸出右手,右臂与身体略呈五六十度角。手掌心应微向上,四指并拢,拇指张开,与考官的手合在一起,大拇指再夹住对方的手背,形成握手姿势,并上下轻摇(别左右晃动)。握手的力气要适当,时间一般以三秒为宜。握手时,应该面带微笑,双目注视对方,上身略微前倾,头部略低一下,以示恭敬。

握手是整个面试过程中应试者和考官的唯一一次身体接触的机会,也是应试者与考官空间距离最近的机会,恰当合理地运用握手礼仪,会使自己受益匪浅。握完手后请马上返回原来位置,不要等到考官请你退回,你再照此去做。如果考官请你坐下,不要再三推辞,说声"谢谢"坐下即可。但若考官没有邀请,切勿自行坐下,你可以礼貌地征求考官的同意后再坐下。

5.坐姿技巧

首先,入座(离座时也一样)时动作要轻盈和缓,从容不迫,不要像挤公共汽车抢座位那样慌张,也不要双腿一软,径直跌坐在位子上。其次,坐下来之后,要保持得体的坐姿。不仅要符合体态美的礼节,而且要与你的表情、语言协调一致,也要与面试情景相符。

从你入座之后，面试就正式开始了，考官们这时将全神贯注地注意你，捕捉你的一举一动、一言一行，其中你的姿势语言将作为“背景”而存在，所以务必坐好，不要随心所欲。

好的坐姿：落座后，请不要坐得太满，尤其是软椅或沙发，坐到椅面的一半到三分之二即可。两脚平稳着地，平行放好。男性两膝之间可空出一个拳头左右的空间，而女士两膝应并拢。一派端正、大方、自然的坐姿既显得精神十足，又表现了对考官的尊重。

落座后避免小动作。应试者坐得再端正，如果不停地晃腿、跺脚、搓手，或者伸懒腰、打哈欠（在公共场合下，这种举动不是表明你疲倦了，而是表明你不耐烦了），这是对考官的极大的不尊重，会引起考官反感。另外，随身带的公文包或文件夹等可平放于膝盖上（或桌子上），但双手不要玩弄公文包上的拉链扣或卡舌等。

五、心理准备

（一）建立信心

“自信人生二百年，会当水击三千里。”信心会给应聘者带来洒脱和豪情。一个应聘者，只有坚信自己有实力胜任某项工作，才能表现出坚定的态度和从容不迫的风度，才能赢得组织人事部门的赏识和信任。而缺乏自信或自信心不足的人则常表现为过分自责，常常因为一点小的挫折而过分自卑，或盲目羡慕别人，忽略自己的长处，而拿自己的短处比别人的长处，自暴自弃；或自尊心太强，置身陌生人之中不知所措等。

当然，信心不是万能的。绝不会因为相信自己，困难就会少几分。但是，信心将会帮助自己藐视困难，以最旺盛、最活跃的精神状态去克服困难，以足够的耐受力面对挫折，以足够的勇气迎接挑战，而这正是应聘者成功的重要精神支柱。

（二）具有竞争意识

“物竞天择，适者生存”是生物界生存和发展的普遍法则。对于应聘者来说，必须强化自己的竞争意识，崇尚竞争，敢于竞争。在社会生活中，“优胜劣汰”已逐渐成为历史发展的趋势。敢于竞争，要从实际出发，对自己所处的环境，对自身的能力结构、专业特长、性格气质、兴趣爱好等进行具体分析和评价，扬长避短，先声夺人；敢于竞争，就要有足够的自信。在了解用人单位的要求后，只要自己符合条件，就要充满自信，相信自己能够胜任工作，大胆地接受挑战;敢于竞争,还要有经受挫折的心理准备和承受力。竞争往往是成功与失败并存。在应聘竞争中失败在所难免,但只要正确对待,调节抱负水平和期望值,就会成为竞争中的优胜者。

第二节 面试中

一、应答的原则

在面试交谈中把握要领、运用技巧获得好印象,是面试取得成功的关键。一般来说,需要把握好以下应答原则。

(一)眼观六路

这里的眼观六路是指与考官的目光交流。面试时,应试者应该与考官保持目光接触,说话时不要低头。如果考官有多位,应用目光环视其他考官,以示平等和尊重。合理运用目光进行交流,要避免"紧盯"等不礼貌行为。

(二)耳听八方

耳听八方指的是"认真聆听",好的交谈是建立在"聆听"基础上的,聆听就是要对对方的谈话表示出兴趣。聆听对方谈话时,要自然流露出敬意,一个好的聆听者应该做到:了解谈话的主题或内容;谈话时注视谈话者,身体前倾,保持微笑;对谈话能够做出积极反应,如点头、微笑、提问等;牢记谈话者;不偏离主题,在谈话中能巧妙地把话题转向自己所需的方向和层次。

(三)回答问题有的放矢

当考官提问时,应聘者应遵循问题,有问必答。回答问题要有的放矢,切忌答非所问及随意发挥。如果有的问题回答不出,可以坦诚相告。一般情况下,不要拒绝回答考官的提问,如果确实有不能回答或者不方便回答的则婉言相告。

二、应答的禁忌

(一)忌沉默寡言

一般来说,用人单位不欢迎那些只能按部就班、工作呆板、缺乏主动性和创造性的求职者。因此,面试时禁忌沉默寡言,回答问题不可过于简短。

适当的发挥，向考官展示自己的观点和想法，充分展现自己的能力，可加深考官的印象和好感。

（二）忌固执

面试交谈只是互相阐述观点，交流信息，而不是一场争论，因此，对于一些有分歧的问题，最好不要固执己见，更不能与考官发生辩论。

（三）忌演讲

面试交谈时注意把握好自己的角色，不要让双方谈论的话题成为自己演讲的题目，喋喋不休，口若悬河，导致双方的角色发生转换。

（四）忌任意插话

交谈时打断别人是极不礼貌的。因此，考官讲话时，不要随便打断，应耐心地聆听，如果你对对方谈话中的问题及观点有异议，可先记下，待对方讲话结束时再行请教和讨论。

（五）忌狂妄自大

面试时应该抱有一个谦虚的心态，不能自命不凡，目空一切，说一些诸如“不录取我将是你们单位的一大损失”、“有我的加盟，你们公司一定会越做越好”等的大话，这些大话不是自信，而是无知和狂妄，会令考官十分反感。

第三节　面试后

一、致谢

面试后表示感谢是十分重要的，这不仅是礼貌之举，也表现了自己对此次面试的重视及对所求职位的渴望，还可以加深招聘单位对自己的印象。另外，面试后的致谢也能给自己提供一次纠正错误的机会，面试中出现的错误或者遗漏的一些事项，可以在致谢中加以纠正和弥补。同时，通过致谢，可以展现自己良好的人际交往能力，以赢得招聘单位的好感和信任。致谢的方式一般有传统信件致谢、电子邮件致谢及电话致谢。致谢信要简短而热情。礼多人不怪，在招聘单位难以取舍之际，这封致谢信可能会起到决定性的作用。当招聘单位表示不予录用时，也可以通过致谢的方式与招聘单位或主试人沟通交流，为获得其他求职信息提供帮助。一般来说，在面试后的当天或一两天内对招聘单位或主试人进行致谢。致谢的内容主要是感谢招聘单位或主试人为面试所花费的精力和时间,感谢他们为你提供的各种信息和机会。同时,信中还应该简短地谈到你对招聘单位的兴趣,你有关的经历和可以胜任的工作。

二、调整心理

面试的结果一般有两种:受聘或落聘。如果受聘,则快速收拾起求职的忙碌,为上岗做积极准备。如果落聘,不要气馁,重塑信心,直面失败,认真分析落聘的原因,积累经验,为再次面试做充分准备。世界上没有一蹴而就的成功,每次面试都是一次重要的经历,都会给自己带来收获,在收获中不断积累,不断提高,不断进步,才能胜利到达成功的彼岸。

第七章
公务礼仪

公务礼仪是一项实用性很强的礼仪，是公务人员在日常公务活动中逐渐形成并得以公认、必须遵循的礼仪规范，是人们在公务活动中的行为规范和准则，具有塑造集体形象、沟通信息、提高办事效率等作用。本章将重点介绍办公、会议、拜访及接待礼仪。

第一节　办公礼仪

办公室是一个集体，无论是对本单位还是对他人，集体的每个成员都应体现出对他人、对社会的尊重和责任心。一个集体待人接物的礼仪水平，正是从每个员工的言行举止中体现出来的。个人的言行举止代表着集体的形象，因此，每个员工都应牢记并自觉地遵守办公礼仪。

一、行为要求

(一)保持良好的工作状态

保持良好的工作状态是保证工作顺利开展的先决条件。积极、乐观的工作态度，认真、严谨的工作作风，高尚的职业道德情操与敬业精神都是良好工作状态的体现。生活和工作中常会遇到一些事情而影响情绪，情绪不稳定时往往会影响自身对事物进行客观公正的判断，因此，情绪起伏时，切莫贸然决定决策，坚决做到不把个人情绪带进工作。

(二)严格遵守工作时间及请假制度

遵守工作时间，不迟到、不早退是个人职业道德的最基本体现。一般情况下，应提起10分钟左右到达办公室，如果迟到，应先道歉，再作解释。下班前，应整理好文件及工作物品再下班。如遇生病或其他情况可能导致迟到、早退或缺勤时，应尽早向上级请假，得到批准后才可以晚到或缺勤。休假结束，也应提前向单位报到。

(三)恪守职责

个人在工作中应树立敬业爱岗的精神，努力使自己干一行，爱一行，钻一行，以饱满的工作热情、高度的工作责任心，创造性地干好自己的工作。这就要求个人在工作中应一丝不苟，精益求精，讲究效率，减少或杜绝差错，按时、按质、按量地完成每一项工作；对于领导交付的任务，应愉快接受，并做好记录，然后认真办理，及时汇报。工作中应恪尽职守，严守机密。

（四）取送文件要保密和礼貌

取送文件时要注意以下要求：保密文件取送时都应装在信封或文件袋内；送文件时，保密文件应直接送到收件人手中，切不可将文件放置在桌面上或交与他人转交，以免泄漏机密。文件带出时，应将文件放在公文包里；递交文件时，要正面朝向对方，以示礼貌；自己接收文件时，应正面相对，双手接过。

（五）不假公济私

要正确处理好个人与集体的关系，办公物品不能占为已有，不随意挪用公共物品为已所用，贵重物品应妥善管理，使用时要倍加爱惜；上班时间应积极处理各项工作事务，不聊天、不打牌、不做与工作无关的其他事情。处理公务要认真、严谨，自己工作范畴内的事务，要认真负责地处理，不推脱。下班后，不约私人朋友在单位聊天、玩要或处理私事。

二、环境

办公室是单位的门面，是来访者对单位的第一印象。办公室环境保持整洁、优雅不仅能使员工心情舒畅、提高工作效率，还能体现出个人的工作作风和良好的习惯素养。一个良好的工作环境也关系到单位的对外形象。因此，应注意自觉维护办公室环境。办公室的环境应该遵循整洁、严肃、高效、安全的原则。

（一）办公室应保持整洁

地板、天花板、走廊应经常打扫，玻璃、门窗、办公桌擦洗得干净明亮。废纸应扔入废纸篓里。

（二）办公室应保持严肃

办公桌上只放必要的办公用品，且摆放整齐。不能将报纸、杂志、餐具、小包等个人物品放在办公桌上。文件应及时归档，装订整理好，放入文件柜。办公桌上的玻璃板下，主要放与工作有关的文字及数字资料，不放照片等私人物件。

（三）办公室应保持高效、安全

办公室内桌椅、电话机、茶具、文件柜等物品的摆设应以方便、高效、安全为原则。

三、人际交往

办公室同事之间、上下级之间关系和谐融洽，是促进工作顺利开展的必要条件。办公室的每个成员都应在交往中以友好相处为基本出发点，以尊重、宽容、沟通、理解为礼仪手段，约束规范自己的举止行为，共同创造和谐友好的办公气氛；同时，良好的人际关系也能很好地展示自己的礼仪修养，使自己成为大家尊重、信任的合作伙伴。因此，在办公室的人际交往中，应该遵循以下几点。

（一）与同事相处

1.相互信任

同事之间的友好关系应该建立在相互信任的基础之上，只有信任才能架起友谊的桥梁，只有同事之间相互信任，不猜测，不怀疑，友好协作，才能共同创建和谐的工作环境。因此，本着相互信任、将心比心的原则，坚决杜绝同事之间造谣、中伤、打击报复、采取低劣手段伤害同事等一系列不良行为；不对同事开恶意玩笑，不捉弄他人，不背后议论他人，齐心协力，互助友爱，共同创建友好、融洽、和谐的工作氛围。

2.尊重同事

相互尊重是维系人际关系的基础，同事关系不同于亲友关系，亲友之间一时的失礼可以用亲情来弥补，用亲情的纽带来维系，而同事关系是以工作为纽带的，一旦受创伤，难以借助其他方式恢复，这势必会给工作带来很大的不便。维系好同事关系应该尊重同事，这不仅表现在对同事热情、有礼貌，在工作上给予支持、帮助，还应注意以下几个方面。

(1)不偷窥别人办公。同事书写或阅读书信时，最好与同事保持一定的距离，需要从旁边走过时，也不要距离太近，更不能用眼睛的余光去“窥视”。同事办公时，除非有重要的事情，一般不去打扰，也不随意询问，以免打断别人的思路或干扰别人的工作进程，造成尴尬的局面。

(2)不插手他人分管的工作。在工作繁忙之时，互相帮助是应该的，但给予帮助时要注意尺度，不要越过同事的职权范围加以干预或揽事，也不要对别人的工作指手画脚。

(3)不随意翻动别人的东西或擅自借用他人的办公用品。在单位，每个人都有自己的一方“天地”，如办公桌、书柜等。不随便翻动别人的东西，这是一种文明，一种礼貌，也是一种规矩。即使要找东西，也请他本人代找。如需要借用别人的东西，应事先打个招呼。确实需要找某种东西时，而主人又不在，应事后向其说明情况，并致歉意。借了别人的东西，要记得及时归还，不要随意转借。

(4)不打听、传播同事的私人秘密，不干预他人的私事。每个人都有属于自己的隐私，因此，在大庭广众之下大谈别人不愿公开的事是不道德的。猜测、打听同事的隐私，以同事隐私为谈资是很容易破坏正常的同事关系的。碰到有人找同事谈话，最好避开。为别人提供方便也是一种美德。即使无法回避，也不要有意偷听。

3.避免嫉妒

同事之间，既是合作者，又是竞争者。嫉妒是同事之间友好相处的绊脚石。嫉妒不仅影响个人的身心发展，也会给工作带来各种不利。对于嫉妒心理，要从以下几个方面努力克服。

(1)正确对待别人的嫉妒。当你在工作中取得了成就，或者得到提升、领导嘉奖时，你便有可能遭到别人的嫉妒。遇到这种情况，首先应该冷静面对，用一颗理解和包容的心，坚持认真地做好各项工作，用成绩证明自己的能力。其次，在适当的时候，用正确的方法化解嫉妒。例如为嫉妒者提供帮助，这不仅体现我们自身的修养，还能把自己的才智、经验等传授给他们，化解嫉妒为共同前进的动力。金无足赤，人无完人，适时向同事展示自己的弱点、短处，不仅能使处于弱势的同事找到心理平衡，也能活跃互助为乐的气氛，化解嫉妒。

(2)克服自己的妒忌心理。当你因同事的工作成就超过自己而感到苦恼或痛苦时，应理智分析，克服嫉妒心理，不要把妒忌演绎成对同事的敌视和冷漠。古人云："临渊羡鱼，不如退而结网。"与其让嫉妒之火煎熬自己，不如扬长避短，发挥优势，努力工作。把自己的嫉妒变成工作上进取的动力，化消极的嫉妒为积极的竞争意识，从而创造和谐的工作环境。

(二)与上级相处

领导在组织中处于核心地位，要使组织正常运行，就必须确保领导的权威性，所以尊重领导、服从领导是首要的。另外，获得上级领导的有力支持，也是更好地开展工作的条件之一。为此，要做好以下几个方面。

1.尊重上级

尊重上级主要体现在：对上级要恭敬、不献媚；无论在哪里遇到上级，都应主动问候;对上级用职务称呼;对上级的询问,要有问必答、清晰有力;当上级走进你的办公室或走到你的办公桌前时,应起立问好;与上级同行,应走在他的左边或后边;上下汽车、进出大门或楼梯,应让上级先行;在通道或走廊的前方遇到上级,应走上前问好;在狭窄的过道与上级相遇,应停止脚步,侧身让道,并向其问好。

2.服从领导、维护威信

当你认为上级的指令或决策正确时,服从是硬道理,并认真做好两点:按时完成上级交付的各项任务,工作中的具体问题要如实向上级反映和请示。如果对上级的指令或决策有疑问时,可以向上级委婉陈述自己的观点或者提出自己的建设性意见,绝不可当众否定上级的决定,损害上级的威信。

3.体谅上级、虚心接受上级批评

虚心接受批评不仅是个人修养的良好体现,更是一种美德。对于上级的批评首先要正确地认识,如果的确是自己的过错或失误,就应真诚、坦率地认错,虚心接受上级批评,而不能当场辩解,更不要觉得自己受了委屈而发牢骚;如果遇到上级错怪自己,则不要耿耿于怀,可以寻找合适的时机向上级解释澄清,不要当众争辩;如果上级受批评,作为下级也不要幸灾乐祸,要时刻以一种宽容态度体谅上级,尊重上级。

(三)与下级相处

1.尊重下级

人都是有尊严的,每个人都渴望得到别人的尊重和认可,工作中只有认真做到尊重下级,才能充分调动其积极性和主动性。

(1)尊重下级的人格。希望得到别人的尊重,这是人的基本心理需要之一。上级领导应充分尊重下级员工的人格,顾及他们的兴趣、爱好、生活习惯及生活方式等,才能真正了解他们,发挥他们的积极性、主动性、创造性。

(2)尊重下级的意见和建议。在工作中,下级往往处于工作的第一线,对具体的工作情况比较熟悉,资料的掌握也比较丰富,因此,为了避免差错或失误,上级应尊重下级的意见,认真听取和考虑下级的建议。对下级的意见,择善而从,使他们在工作中充分发挥主人翁的作用。

(3)尊重下级的职权。适当放权,不独断专行,鼓励下级在职权范围内认真行使权力,尊重其在职权范围内独立处理问题的权力,工作中各司其职,既体现下级的重要性,也是发挥其积极性、主动性的重要方式。

(4)尊重下级的劳动和成绩。每个人都有自我实现的需要,希望在工作中取得一定的成就,实现自身的人生价值。作为上级,应该尊重下级的劳动,充分肯定他们在工作中付出的努力和取得的成绩,以提高其工作的积极性,从而使其以更高的热情投入到工作中去。

2.信任下级

疑人不用,用人不疑。要充分发挥下级的积极性,就必须用人所长,用人不疑。只有上级对下级充分信任,大胆使用,才能充分发挥下级的聪明才智,使其更好地行使权力和职责,做好工作。

3.帮助下级

对下级的关心,还体现在对下级的帮助上。

(1)合理安排工作。上级应该根据不同的专业、特长、技能对下级进行合理的调配。因为个人的能力、性格、专长不同,所以在安排工作时,要根据不同岗位的要求,恰到好处地安排合适的人选,使每个人都能找到最适合自己的位置。

(2)设身处地地为下级着想。上级给下级分配任务、提出要求时,要先换位思考,站在下级的角度设身处地地为其着想,这样才能做到客观、公正,避免给员工出难题。

(3)多沟通、多协调。通过沟通、协调达成共识,消除上级与下级、个人与组织之间在利益、观点、态度等方面的矛盾,使上下行动一致,也使下级体会到在组织中有理解、有支持、有帮助、有安全感,因而更安心地投入工作。

(4)关注下级的个人前途发展。上级对下级的提升、继续教育等个人发展应该有一系列的计划和安排。让员工在工作中不断得到成长、进步。

4.对下级赏罚分明

对下级的工作要赏罚分明,应赏必赏,该罚必罚。赏罚分明应遵循实事求是、标准统一、不徇私情的原则。对工作出色的员工适时表扬是对他的鼓励,应当奖赏;对工作中出现错误的员工应及时指出并进行相应的责罚也是对他的负责。当出现责任事故时,作为上级领导,应积极主动为下级分担责任。

第二节　会议

会议是一种以交际为重要手段和形式的集众性活动,是一项经常性的公务活动，是各种聚会形式中最为正式的一种。会务工作是为确保会议的顺利进行而从事的一系列服务性和辅助性工作。对于现代办公人员来说，学习并能在日常工作中灵活运用会议礼仪规范是会议取得良好预期效果的基础。

一、工作程序

（一）会前准备工作的礼仪要求

1.确立会议议题和议程

举行任何会议，皆须先行确定其主题（包括会议名称），这是会前有关领导集体已经确定了的。负责筹备会议的工作人员，则应围绕会议主题，将领导集体议定的会议的规模、时间、议程等组织落实。通常要组成专门班子，明确分工，责任到人。

2.拟定与会人员范围

议题确定后，筹备人员应根据议题涉及的内容、各部门的职责以及领导的意图，拟出出席会议人员的名单和范围，然后报领导审定。这项工作要尽早完成，这样有利于与会者及时调整和安排工作，按时参加会议，同时也充分体现了对出席会议人员的尊重和关心。

3.拟发会议通知

会议通知是指由会议的主办单位发给所有与会单位或全体与会者的书面文件，同时还包括向有关单位或嘉宾发的邀请函件。一般来说，举行正式会议均应提前向与会者下发会议通知。

(1)拟好通知。会议通知一般应由标题、主题、会期、出席对象、时间、地点以及与会要求等七项要点组成。拟写通知时，应保证其完整而规范。

(2)及时送达。通知的方式一般包括发文通知、发电传通知和电话通知等。下发会议通知时，应设法保证其及时送达，不得耽搁延误。

4.准备会议文件

会议上所用的各种文件材料，一般应在会前准备妥当。需要认真准备的会议文件，主要有会议的议程、开幕词、闭幕词、主题报告、大会决议、典型材料、背景介绍等。有的文件应在与会者报到时就要下发。

5.常规性准备

负责会务工作时，往往有必要对会议所涉及的一些具体细节问题做好充分的准备工作。

(1)做好会场的布置。根据会议的性质和规模认真选择会议举办的场地,合理安排好座位,对于开会时所需的各种音响、照明、投影、摄像、摄影、录音、空调、通风设备和多媒体设备等,应提前进行调试检查。做好会场气氛布置,主席台的上方应悬挂写有会议名称的横幅,主席台上摆放鲜花;场外横拉标语、张挂彩旗。

(2)根据会议的规定,与外界做好沟通。比如向有关新闻部门、公安保卫部门进行通报。

(3)会议用品的采办。一些会议用品,包括如纸张、本册、笔具、文件夹、姓名卡、座位签以及饮料、声像用具,需要采购补充。

(二)会中组织工作的礼仪要求

1.做好接待工作

会议举行期间,一般应安排专人在会场内外负责迎送、引导、陪同与会人员。对与会的贵宾以及老、弱、病、残、孕者、少数民族人士、宗教界人士、港澳台同胞、海外华人和外国人,往往还需进行重点照顾。对于与会者的正当要求,应尽可能有求必应。

2.做好签到工作

为掌握到会人数,严肃会议纪律,凡大型会议或重要会议,通常要求与会者在入场时签名报到。负责此项工作的人员应及时向会议的负责人进行通报。

3.安排饮食

举行较长时间的会议时,一般要为与会者安排会间的工作餐。与此同时,还应为与会者提供卫生可口的饮料。饮食选择以便捷、卫生为主,会上所提供的饮料,最好便于与会者自助饮用,不提倡为其频频斟茶续水。对于外来的与会者还应在住宿、交通等方面提供符合规定、力所能及的方便条件和帮助。

4.做好会议记录

凡重要的会议,均应安排好专门负责记录会议内容的工作人员做好现场记录。具体的记录方式一般包括笔记、打印、录入、录音、录像等形式。记录时可选用一种或者多种形式记录,其中,笔记会议记录最常见。笔记时要对会议名称、出席人数、时间地点、发言内容、讨论事项、临时动议、表决选举等基本内容做到完整、准确、简洁的记录。

(三)会后工作的礼仪要求

会议结束,应做好必要的后续性工作,以便使之有始有终。后续性工作大致包括三项。

1.形成文件

一般情况下，会议结束后一些文件包括会议决议、会议纪要等要求尽快形成，会议一结束就要下发或公布。

2.处理材料

会议结束后根据工作需要及有关保密制度的规定，应对与会议有关的一切图文、声像材料进行细致的收集、整理。收集、整理材料时，应遵守规定与惯例，认真汇总，如数回收，及时归档，按规定需要销毁的要依法销毁。

3.协助返程

大型会议结束后，主办单位一般应主动跟外来与会者联络，为其提供交通工具，或是替对方确认、订购返程的机票、船票、车票。对于团队与会者或与会者中有德高望众的领导、专家或是老弱病残等特殊人士离开时，应安排专车、专人为其送行，并帮助其托运行李。

二、组织者礼仪

作为会议的组织者，大量的会务工作要求其必须保持清醒的头脑和敏锐的洞察力，在会议的组织过程中及时发现并解决问题。另外，组织者还应对各项会务工作努力做到有求必应，有问必答，不厌其烦，善始善终，以高度负责、认真的态度做好会议的各项组织工作。

三、主持人礼仪

会议的主持工作，一般来说都由要职人员来担任，因此，主持者的言行举止必须符合角色身份。主持者的言行除符合一般个人礼仪规范外，还应在仪态方面给予足够的重视，例如主持者的走姿步伐应稳健、从容、不慌张；步幅、步频根据会议性质的不同而定。通常，纪念、悼念性会议步频可稍慢些，以每秒1~2步为宜，且步幅略小；而欢快、喜庆的会议步频可稍快些，每秒约2.5步左右，步幅可稍大。主持庄严的大会，步频以每秒2步为宜，步幅适中。必须注意，无论主持何种会议，主持人行走时均应挺胸抬头，目视前方，摆臂自然。入座后，主持人的坐姿要端稳，腰背挺直，梗脖含颌，目视前方，虚视全场，双臂前伸，两肘轻按桌沿，呈对称的“八字”状。站立时，主持人应双腿并拢，头正背直；双手持稿时，右手持稿底部中间，左手放在稿纸的左边缘中间，稿纸底部与胸齐平，与身体呈45度角。主持时，始终保持言行得体、举止大方,不得出现抓耳挠腮、晃头抖腿等不雅体态。在会议期间,主持人对会场上的熟人不能打招呼,更不能寒暄闲谈,会议开始前或会议休息时间可点头、微笑致意。

会议主持人的言谈举止基调要根据会议气氛做调整,或庄重,或幽默,或活泼;主持会议时尊重他人的发言和提问,口齿清晰,思维敏捷,机智灵活;善于调控会议气氛,会议出现冷场时能够及时引导,主动打破僵局;不以动作、表情或语言对不同意见者表示不满。

四、与会者礼仪

与会者在出席会议时应在仪表、言谈、举止等方面符合一定的礼仪规范,这不仅是个人修养方面的要求,也是对会议组织者及其他与会者的尊重。与会者仪表要求整洁、大方,衣着风格与会议气氛相协调。与会者要掌握好开会时间,准时到场,不迟到不早退。入场后说话音量应自觉降低,注意维护会场秩序,他人发言时不得交头接耳、哈欠连天、昏昏欲睡;他人发言精彩时或发言完毕应鼓掌致谢。随身携带的手机应调整至无声状态,以免影响会议气氛。若确实急需与外界联系,也可轻声离开会场后再行事。对与会者的坐姿虽无太过严格的要求,但随意抖动、跷腿、晃椅等不雅坐姿应避免。再者,有吸烟习惯的与会者进入会场后应尽量做到不吸烟。

五、记录与善后

(一)会议记录

做好会议记录和笔记是秘书的主要职责,会议记录员应协助主持人进行会议的筹划和安排。正式会议的记录是会议进程中的原始记录,是具有法律效力的档案,因此,必须准确、完整、条理清晰。

1.做好会议记录的准备

(1)做好与记录相关的物品准备,如钢笔、铅笔、笔记本和记录用纸、录音设备(以补充手工记录)、议程表及其他相关资料和文件(需要核对相关数据和事实时可以随时使用),在录音的同时做好手工记录,以防录音设备出现故障。

(2)记录员应提前到达会场,了解与会人员的座次安排,以便识别会议上的发言者。

(3)安排记录员的位置。规模、种类不同的会议,文秘人员、记录员的位置安排也不同。记录员的位置安排一般不能太靠前,容易喧宾夺主;也不能太靠后,导致隐而不见,应该安排在台下会场两侧,这样既能听清楚发言的内容,也能观察会场的全貌。记录员的位置也不是一成不变的,有时会根据会议的情况临时指定记录员的位置。有的会议如工作会议、办公会议等,记录人员一般坐在主持人的后面或身旁。

2.会议记录的内容与格式

一般会议记录的格式包括两部分:一部分是会议的组织情况,要求写明会议名称、时间、地点、出席人数、缺席人数、列席人数、主持人、记录人等;另一部分是会议的内容,要求写明发言、决议、问题。这是会议记录的核心部分。

对于发言的内容,一是详细具体地记录,尽量记录原话,主要用于比较重要的会议和重要的发言。二是摘要性记录,只记录会议要点和中心内容,多用于一般性会议。

会议结束,记录完毕,要另起一行写"散会"二字,如中途休会,要写明"休会"字样。

会议记录格式(一)

会议名称:

会议时间:　　　　　　会议地点:

记录人:

出席与列席会议人员:

缺席人员:

会议主持人:　　　　　审阅:　　　　　签字:

主要议题:

发言记录:

会议记录格式(二)

××办公会议记录

时间:××××年×月×日×时

地点:××会议室

出席人:×××　×××　×××　×××　×××　……

缺席人:×××　×××　×××　……

主持人:×××

记录人:×××

主持人发言:(略)

与会者发言:×××……………………………………………

×××……………………………………………

散会

主持人:×××(签名)

记录人:×××(签名)

(本会议记录共×页)

3.会议记录的要求

(1)准确。真实的会议记录具有法律效力,要确保内容真实可信,条理清晰,准确无误,不能含糊其辞,更不能有错误。

(2)完整。会议记录必须体现会议的实际进程,要将所有的要点完整记录下来,不能遗漏。

(3)简洁。会议记录是将会议进程简明扼要地表达出来。因此,在记录时记录员应时刻保持精力高度集中,不漏记、错记;对发言人的原话,要听清、记准、记全,不断章取义;对于漏记的内容可先做出记号,然后对照录音修改,也可以提示会议主持人请发言者重复内容或对有关术语做出简单的解释。

(二)会议的善后工作

1.会议文件的清退、归档

在清退过程中,应统一发清退文件的目录;分清清退文件的范围。小型的内部会议,可以用以下几种清退方法:由会议主持人宣布会议结束的同时,请与会者将文件放在桌上,由秘书统一收集;由秘书和工作人员在门口收集;由秘书单独向个别已领取文件而未到会的人员收集。大型会议文件收集的方法:提前发出文件收集目录,先由与会者个人清理,再统一交给大会秘书处;对会议工作人员,采取下发收集目录,现时交退的办法。最后,收集整理好会议资料,把会议过程中的一整套材料进行分类立卷,正本呈给负责人过目后归档。

2.整理会议室

收拾整理放置在会议室的茶杯、桌椅、烟灰缸和其他用品;清理并取走所有的与会议有关的文件;检查、归还各种视听设备及临时借用的会议物品。各种临时摆放的物品要放回原处;认真打扫卫生,使会议室恢复原貌,处于备用状态。如果发现会议现场有遗失的物品,要妥善保管,并与失主联系。

第三节 拜访

随着科学技术的进步,社会交往的方式日益增多,书信、电报、电话、传真、可视电话、网络电话等交际方式都在人们的情感沟通中发挥着重要作用。但与这些交往方式相比,拜访更直接、更亲近,交流的内容更广泛、更深入,更容易达到交往的目的。拜访时宾主双方都应按照相应的礼仪规范来行事。

一、拜访的准备

随着生活节奏的加快,人们对私人生活空间日益重视。任何形式的拜访,一般都应做好预约,这样既体现对对方的礼貌和尊重,也不会侵占对方的私人空间,扰乱对方的日常工作安排、生活计划。拜访前应"预约有先"。

(一)时间

选择恰当适宜的时间进行拜访,是决定拜访对象是否接受拜访的首要条件,这既体现了拜访者的个人修养,更表达出对受拜者的尊重。一般说来,可根据拜访的类型不同来选择拜访的时间:公务拜访应选择对方上班的时间;私人拜访,则应以不妨碍对方休息为原则,尽量避免在吃饭时间、午休时间或者是在晚上10点钟之后。一般说来,上午9~10点钟,下午3~4点钟或晚上7~8点钟是进行拜访最适宜的时间。

(二)地点

拜访的地点一般有三处:办公室、住宅及公共娱乐场所。可根据拜访的具体目的选择适宜的场所。一般说来,公务拜访应选择办公室或者娱乐场所,私人拜访则应选择在家里或者娱乐场所。

(三)方式

任何类型的拜访,预约的方式大致包括电话预约、当面预约或书信预约三种。预约时要以客气的、商量的或恳求的口吻征得对方的同意,而不能用命令的口气要求对方,以免引起不快。如果对方拒绝拜访,要委婉地征询对方何时方便,再行约定拜访时间及地点。

违约是很难让人产生信赖感的,也是对对方不尊重的体现,因此,有约一定要遵守。如果确实由于某种特殊原因而不能按时赴约,一定要及时通知对方,诚恳地说明失约的原因,并表示歉意。如实在来不及或没办法通知对方,应在过后及时向对方说明原因,并表示歉意。在致歉的同时还可重新预约拜访,并在拜访时对上次的失约作出解释,以取得对方的谅解。

二、礼节规范

(一)当拜访者的预约得到肯定的答复之后,拜访者应认真做好赴约准备,做到“登门有礼”。

1.仪表要得体

正式的公务拜访,穿着一定要干净、整洁、庄重,要和自己的职业、年龄相称;朋友之间的拜访,穿着则不必太过讲究,但要整洁大方。赴约前还应注意仪容的修饰。

2.材料要详细

拜访是一项有目的的交际活动,因此拜访者在拜访前一般要根据拜访的目的把所需材料准备齐全,以利于拜访顺利圆满完成。

3.交通路线要具体

作为拜访者一定要对拜访的地点有所了解,特别是对自己首次拜访的地点,要提前了解交通路线,以免在来访途中耽误时间,不能按时赴约。

4.名片礼品要备齐

拜访前,拜访者应把名片准备好,并置于易取之处,以方便拜访时交换。同时,朋友之间的拜访还可准备一些礼品,如鲜花、糖果、书籍等,以增进相互了解,促进情感交流。

(二)拜访者应做到“为客有方”。

1.按时到达

按时赴约,是拜访的最基本礼节。一般情况下,拜访要按预先约定的时间提前3~5分钟到达。这样,既可以避免因为早到使得主人没有做好迎客的准备,出现难堪的场面;也不会因为晚到而让主人焦急等待。拜访时按时到达,既体现了自己的守信、守时,也为双方的交流合作创造了一个良好的开端。

2.礼貌登门

当拜访者到达受访者的门口时,首先要整理一下自己的衣服、发型,并把鞋擦净,然后按门铃或叩门求进,这体现了拜访者对主人的尊重。按门铃或叩门时要注意力度和节奏,不可用力太大、时间太长,更忌用力敲打或用脚踹门。到达时若受访者的门开着,也不可贸然进入,仍要按铃、叩门或叫一声求进,等主人发出“请进”的邀请之后方可进入。进门之后应把门轻轻关上,并主动脱下外套,摘下帽子、墨镜、手套、手袋、雨伞等物品交给主人安放或将其置于受访者指定位置,而不可随意放置在桌椅、茶几上。

3.进门问候

无论是公务拜访还是朋友之间的拜访,进门后,首先要和拜访对象握手、问好。若有老人、儿童或其他客人在场亦应主动与他们打招呼,对老人可恭敬地问“老人家好”或“您老好”,对儿童应表示爱抚,对其他客人应简单地问候“您好”。如果大家互不相识,点头致意即可。如果自己携带儿童来访,应嘱咐儿童称呼主人及其家人。问候之后,应在主人的安排下入座,以示礼貌。

4.言行适当

在拜访的交谈中,拜访者应语言适度,表达准确,不夸大其词,亦不必过于谦卑。尤其在一些商业性或政治性拜访交谈时要注意语言分寸的把握:能够做到的事情可充满自信大胆地说;做不到的事情,不能信口开河,要以实相告;暂时做不到但通过努力能够做到的事情要留有余地,恰如其分地说。亲朋之间的拜访,交谈中不随意谈论主人不愿提及的话题,不和主人谈及他人隐私,不当着主人的面批评自己的孩子或自家人。

在拜访过程中,主人倒茶水时访客应双手捧杯,并向主人道谢;主人示意用甜点或其他物品时访客应请年长者先取之后自己再取。主人或他人为访客点烟时访客最好站起,身体前倾,并致谢意。拜访者拜访时不随意乱丢果皮、烟头,不随意乱脱乱扔衣服,不随便翻动受访者的书信、报刊或工艺品。如带小孩拜访,则要嘱咐其遵守秩序,莫乱跑、乱翻、乱叫。

5.礼貌告辞

告辞也是拜访的重要礼节,适时告辞既表现了来访者的礼貌和修养,也体现出对受访者的尊重。告辞时应注意以下几点。

(1)讲究告辞时机。来访者在双方对话告一段落,新的话题没有开始之前提出告辞,或者受访者有新客人且与自己不相识时提出。告辞时切忌在别人正在讲话或刚讲完时提出,这样不仅有失礼貌,而且容易被人误解对别人的讲话不感兴趣,对别人不尊重。告辞时最好先讲一段带有告别之意的话之后再行提出,不可贸然告辞。

(2)告辞应坚决。准备告辞时,要说走就走,不要告而不辞,只说不动。

(3)要注意辞谢。告辞时对于主人尤其是女主人的热情招待,要真诚致谢,即便是简单的一句"多谢您的盛情招待"、"给您添麻烦了",也是对主人及家人热情招待的一种诚挚回馈。如准备有礼品,可在这时献给主人。与主人告别时,最好不让主人远送,应主动与主人握手道别,并向其说"您请回"、"请留步"、"再见"等礼貌用语,而不是长时间地与主人在门口惜别。

第四节　接待礼仪

接待是个人或团体以主人的身份招待有关人员,以达到某种目的的社会交往方式。无论是团体还是个人,在接客、待客、送客的过程中,都应认真遵循平等、热情、礼貌、友善的接待原则,使客人乘兴而来,满意而归。为了在接待中体现自身的修养,表示对客人的真诚和热情,做好接待前的各项准备工作是必不可少的。

一、接待的准备

(一)安排布置周全具体

1.明确接待时间

作为接待者,无论是因公接待还是因私接待,都要记清客人来访的日期和具体时间,要在客人到达之前做好各方面的准备工作。

2.安排接待场所

接待场所即我们通常说的会客室,在客人到达前要精心布置会客室。一般情况下应先打扫卫生,并准备一些香烟、水果、饮料、茶具等,也可以根据具体情况适当摆放一些鲜花。如果是商业或其他公务会谈,还应准备文具用品及会谈的相关资料,以便使用和查阅。总之,会客室的布置应遵循整洁、美观、方便的原则。

3.确定接待规格

根据客人的具体情况确定接待的规格，规格应适当，不可过高，也不可过低，同时根据不同的规格安排接待人员。接待的规格主要有以下几种。

(1)对等接待。是指陪同人员与客人的职务、级别等身份大体一致的接待，这在接待工作中是最常见的。一般来讲，来的客人是什么级别，本单位也应派什么级别的同志陪同；在家庭中则是谁的朋友谁接待。单位领导或家庭中其他人只做礼节性的看望即可。

(2)高规格接待。是指陪客比来客职务高的接待。做出这样的接待安排主要是出于以下几种情况的考虑：一是上级领导机关派工作人员来检查工作情况，传达口头指示；二是平行机关派工作人员来商谈重要事宜；三是下级机关有重要事情请示；四是知名人物来访谈或是先进人物来作报告。总的来说，之所以要高规格接待，是由于有重要的事情和重要的人物需要有关负责人直接出面。

(3)低规格接待。是指陪客比来客职位低的接待，这也是一种常见的接待方法。比如：上级领导来调查研究、视察工作；来客目的是参观学习，等等，都可作低规格接待处理。但在这种接待中也要体现热情、礼貌。

4.按时接站

在来访者到来之前，接待者要了解客人是乘坐什么交通工具而来。如果是带车来访，那么就在单位或自家门口做好准备即可；如果是乘汽车、火车、飞机、轮船而来，就应做好接站的准备。接站时如单位有车应带车前往车站、码头或机场候客，同时还要准备一块接客牌，上面写上“欢迎×××代表团”或“欢迎×××先生(或女士)”或“××接待处”等字样。迎接时要举起接客牌，以便客人辨认。妥善做好这些工作，能给客人以热情、周到的感觉，不至于因环境不熟、交通不便给客人带来困难和麻烦。

接到客人后，应致以问候和欢迎，同时作自我介绍。如果还有其他随行人员，也应该一一握手。寒暄之后，应主动帮客人提取、装卸行李。取行李时，最好不要主动去拿客人的公文包或手提包，因为里边有可能放置贵重物品或隐私物品。

5.安排食宿

客人送到住处后，接待者应主动热情地为客人办理住宿登记手续，并把客人领进房间，向客人介绍住处的各项服务和有关设施后不宜久留，以便让客人洗整、休息。

6.准备致词

欢迎词是迎接客人时使用的问候语言,一般情况下不需做出书面准备,在见到客人时可以说"欢迎您的到来"、"欢迎您指导工作"、"欢迎光临"之类的话表示欢迎。对于一些隆重的接待,则要准备一些简短的书面欢迎词。在重要的公务接待中,还要准备一些欢迎标语,以示对来访者的尊敬。

(二)了解客人,有的放矢

了解客人,有的放矢,也是接待工作中不可或缺的重要内容。作为接待者,首先应对来访客人的目的、性别、人数、职务级别、是否有夫妇同行等情况进行详尽了解,才能合理安排客人的食宿、交通工具以及确定接待规格;才能更好地体现出主人的热情与周到,体现出主人对客人的尊重。

二、迎送宾客礼仪

一般来说,迎送宾客应该遵循礼仪原则来进行。

(一)迎宾礼仪

1.家庭接待

家庭中接待客人,一般来说,客人到达前主人应提前做好迎接准备,最好是夫妇一同出门迎接客人。见到客人,主人应热情地打招呼,主动伸手,行握手礼,以示欢迎,同时致问候语"您路上辛苦了"、"欢迎光临"、"您好"等。如客人携带重物,主人应主动接过,对长者或身体不适或者身体不方便的客人应上前搀扶,以示关心。家庭接待时,主人应注意仪表修饰,以良好的形象迎接来访者,要衣着整洁,不得赤着脚、穿着内衣或睡衣接待客人。

2.办公室接待

对于重要的客人,主人应该亲自或安排工作人员在大门口迎接。办公室接待一般比较正式,包括以下两个环节。

(1)遵循起立、招呼、入座的程序。当来访者到达时,主人应马上放下手头的工作,起身相迎,以站立的姿态主动微笑问好,并招呼客人入座。如果客人进来时,主人正在通电话,也应该马上站起来,先跟通话对方说"对不起,请稍等一下,我这儿来了位客人",然后用手捂住话筒,招呼客人入座,并请客人稍等。重新通话后,应长话短说,尽快结束通话。如果你手头工作紧,应起身招呼客人入座后,请客人稍等,或安排其他工作人员接待。

(2)问明来意,为客人引见。客人到访,如果有预约,接待人员应主动联系客人约定见面的部门或人员，通知被访者，为其引见；如果没有预约，则应问明来意，联络妥当后，把客人领到会客室或接待室。主客双方见面后，接待人员应为双方做介绍。如果被访者不在，可以请客人留言。

（二）送客礼仪

1.婉言相留、欢迎再来

无论是接待什么样的客人，当客人准备告辞时一般应婉言相留，这虽是客套辞令，但也必不可少，因为有些客人本来还想与主人作进一步的交谈，但为了试探主人的态度或者恐怕打扰主人，于是就以告辞来观察主人的反应，因此主人一定要热情挽留。但是如果客人坚持要走，也要等客人起身后，主人再起身相送，不能客人一说走，主人马上站起相送，或者站起来相留，这都有逐客之嫌。

2.规格对等、安排交通

送客人时应按照接待时的规格对等送别，不能虎头蛇尾。无论客人的目的是否达到，都要按照原来接待的规格送行，并且还要做好交通方面的安排，帮助购买车票、船票或机票并将其送至车站、码头或机场。如果客人临别时主人不管不问，那就意味着交往关系的破裂，或者是表示对客人的不满。如果客人来访时带有一些礼品，那么在送别时也要准备一些礼品回赠客人。

3.礼貌相送

"出迎三步，身送七步"，这是我国迎送客人的传统礼仪。当客人起身告辞时，接待者应先起身，主动为客人开门，并邀本机构的相关人员或家人热情相送。分手时应说一些诸如"再见"、"欢迎您下次再来"、"祝一路顺风，万事如意"等话语。为了表达对客人及其同事、亲人的友好感情，分别时还可以请客人转达自己对客人的同事或亲人的问候。

如果是将客人送至门口，应在客人的身影完全离去后再返回。另外，送客返身进屋时，应将房门轻轻关上，不要使其发出剧烈声响；那种在客人刚出门就返身"砰"地关上大门的做法是极不礼貌的。

送客人到电梯口时，要为客人按电梯按钮并送客人上电梯，在电梯门关上前道别。与客人一起乘坐电梯时，若有电梯工，则请客人先进先下；无电梯工时，则由送客者先进后下，并按住电梯"开门"键，以免客人被门夹住。

一般送客时可送至大门外、电梯口，甚至送上车并帮客人关上车门，客人往往于上车后将车窗摇下挥手道别，因此接待人员不可于客人上车后马上离去,应待客人的车离开自己的视线后再离去。如与上司一起送客时,站的位置要比上司稍后一步。

送客时还应注意:客人临走时要为其留意是否有物品遗忘,这不仅是一种体贴客人的行为,同时也避免了为客人保管物品而给自己带来的各种不便。另外,在客人离开前应询问客人是否熟悉返程路线,否则应详细告知或为其提供力所能及的帮助。

三、待客礼仪

客人来访,主人在接待客人的整个过程中应该注意下列细节。

1.敬茶

请客人入座后应给客人沏茶敬茶。沏茶时茶叶量要适中,用开水冲泡;斟茶水时,茶具要求完整洁净,不能有残缺或茶垢,水量应以八分满为宜;敬茶时,遵循"尊长者先敬"的原则,面带微笑双手捧上,并说一些诸如"请喝茶"、"请用茶"等礼貌语以示对客人的礼貌和尊敬。

2.交换名片

在交换名片时,要遵循递接名片的礼仪。

3.谈话

谈话是待客过程中的一项重要内容,是关系到接待是否成功的重要一环。谈话首先应紧扣主题,根据主客双方的会谈目的围绕主题进行,不要偏离主题。如果是朋友之间的交流,要找双方都感兴趣的事情谈,不要只谈自己的事情或自己关心的问题,不顾对方是否愿听或冷落对方。其次,谈话应注意态度及语气。谈话时要尊重他人,不强词夺理、恶语伤人,语气温和,不以势压人。第三,会谈应体现尊重他人的良好修养。谈话时应认真听,不东张西望或表现出不耐烦的表情,对于交谈的内容应适时地予以点头或微笑做出反应;谈话时不能随意插话,需要交换观点时,先请别人谈完后再阐述自己的看法和观点。谈话时不能频繁看表或打哈欠,以免对方误解你在下逐客令。

4.陪访

如果接待计划中有关陪同客人参观、访问、游览的工作安排,陪访前应做好有关访问的各项准备工作,例如访问行程及陪同人员安排,食宿安排,导访、导游安排等。陪访时要热情、主动,掌握分寸,不冷淡沉默,也不过分殷勤,应做到不卑不亢。另外,在游览时要注意客人的安全,门票、车票等费用尽量由主人支付。

5.接待未预约的来访者的礼仪

对于没有预约的客人,接待人员也应热情友好,根据情况灵活处理。如果其要求在主人的正常工作程序之内,可直接为其办理;如果需要上司接待,应及时联络上司,请示上司是否方便接待。假如上司正在开会或正在会客,并同意见客,可请客人稍等。如果上司没时间接待,接待人员应礼貌地向来客解释,并请其另约时间。

对上司不能或不愿接待的突然来访者,接待人员应代为挡驾,应对方式一般有两种:一种是请示上司可否派人代理接见客人;另一种是以既热情又坚定的态度告知上司确实无法接待来访者。无论是哪种方式,都应做到礼貌、周到,让客人有宾至如归的感受。

第八章
涉外礼仪

第一节　涉外礼仪概述

涉外礼仪即涉外交际礼仪的简称，指人们在对外交往中，用以维护自身形象，向交往对象表示尊重与友好的约定俗成的习惯做法。其基本礼仪规范在国际交往中必须了解并遵守。

一、涉外礼仪的特点

参加外事活动要遵循外事行为规范。外事行为规范是指外事人员在外事活动中约定俗成或明文规定的行为标准。外事行为规范有国际惯例，也有各国根据自己的具体情况制定的有关规则。外事行为规范在政治上有特殊界定。其特点是。

（一）可操作性

外事行为规范详细地规定了外事活动中应遵循的基本要求，涉及外事活动中的各个方面，具有很强的操作性。各种礼节、仪式都有规范化的做法。

（二）灵活性

由于当代国际局势和不稳定因素的影响，外事行为的某些基本要求（如外事活动纪律，维护国家荣誉和利益等）必须严格遵守。在遇到某些突发事件时，外事活动人员在掌握外事活动基本原则的前提下，可以灵活变通。

（三）国际性

外事行为规范中的某些基本要求，如礼貌、礼节、服装、仪表，都是参照国际惯例，与国际惯例接轨的。此外，外事活动本身的特点，也要求外事行为规范具有国际性。至于礼宾次序、接待规格等，更是必须要参照国际惯例制定。

二、我国对外交往的基本原则

参加外事活动应该遵循的基本原则,也就是我国外交政策的基本原则,主要有以下两条。

(一)坚持独立自主原则

独立自主是马克思主义的一条基本原则,是我国革命胜利最宝贵的经验之一。在新中国成立前,周恩来指出:“我们对外交问题有一个基本立场,即中华民族独立的立场,独立自主,自力更生的立场。”我国独立自主的外交政策,表现为在国际上争取我国的真正独立、平等的地位,保障我国的独立、主权和领土完整,不容许任何外来势力干涉我国的内政。建国初期我国制定的外交行动纲领,其核心就是独立自主,自力更生。党的十二大、十三大、十四大、十五大、十六大、十七大都鲜明地提出要坚持独立自主的外交政策。

(二)坚持和平共处五项原则

和平共处五项原则以主权国家一律平等作为根本出发点。首先,它是双边关系中必须遵循的基本原则。推行和平共处五项原则是各国之间维持和平、实现友好合作、共同发展的唯一抉择。和平共处五项原则,即互相尊重主权和领土完整、互不侵犯、互不干涉内政、平等互利、和平共处。和平共处五项原则准确地反映了国与国之间关系的特点,这个特点就用一个“互”字科学地概括了国际上权利与义务相统一的原则,各国只有相互尊重,才有正常的国际关系。和平共处五项原则高度概括了国际关系中必须遵守的基本准则。

三、外事工作的保密原则

在涉外交往中,必须坚持内外有别,防止无所禁忌,内事外扬。具体而言,就是要在思想上具有保密观念,在行动上严格执行国家与地方的一切保密法规,严格保守国家秘密,不泄露任何内部的情况。外事工作人员在涉外活动中必须加强自己的组织观念,服从组织,依靠组织,在个人的思想上、行动上与组织保持一致。

涉外工作从来都是窃密和反窃密斗争的重要阵地。我国实行对外开放以后,涉外工作渠道增多,内容广泛,增进了外国朋友对我国的了解,进一步发展了我国同世界各国人民的友好往来。但是,由于国际政治斗争和经济竞争的存在,国外各种政治势力和财团不断利用公开的或隐蔽的、合法的或不合法的手段大量搜集我国的情报。因此，做好涉外活动中的保密工作十分重要。

(一)涉外工作中的保密原则

1."内外有别"原则。在对外交流和友好往来以及其他一切涉外活动中，要坚持"内外有别"的原则，既要热情友好，以礼相待，又要提高警惕，防范各种可能的情报搜集活动。凡国内未公开发表的秘密事项，未经中央批准，任何人在与外国人交往中不准泄露。

2.及时上报原则。未经上级同意和安排，任何涉外单位和个人不得擅自接待外国人参观访问；如遇外国人突然来访，要及时向上级汇报。

3.严防泄密原则。严防偷照、窃听、泄露国家秘密。遇有外国人要求来华拍摄电影、电视和录像等，要严格办理审批手续；去非开放地区拍摄的(包括与我方合拍)，应由主办部门事先征得当地军区同意后上报审批。拍摄的胶片应在国内冲洗后由有关部门进行审查。

(二)涉外工作中应注意的问题

1.凡接待外国人参观或洽谈业务的单位，均应从实际出发划清秘密与非秘密、核心秘密与非核心秘密的界限，不明确的要向上级请示；要明确规定参观路线、项目和洽谈的范围、口径等，接待人员要严格遵守规定，不得随意改变。

2.如有外国机构和人员来电、来函或来人了解、索取情况，属于保密事项的应及时向外事等主管部门联系请示，按照规定给予答复。

3.出入外国驻华机构和外国人住处，陪同外国人参观、游览、参加宴会等，不得携带秘密文件、资料和记有秘密事项的笔记本等，如需携带，应经领导审批并采取保密措施。

4.对外国人利用参观考察、游览、洽谈贸易、学术交流、课堂教学、友好交往等名义，搞与其工作和专业无关的"社会调查"，均应制止，并及时报告国家安全和外事部门。

5.凡未公开展示的重要文物，不准对外展示或拍照；凡属内部报纸、书刊以及影印的外文书刊等，未经批准，不得对外销售和提供。

6.接待外国留学生、实习生和聘请外国专家的单位，应制定保密制度。凡未公开的秘密事项，均不得向外国人泄露、扩散；需要他们知道的，按有关规定向他们统一传达。

7.出国人员不得擅自携带秘密文件、资料和记有秘密情况的笔记本等出国;如确因工作需要非带不可的,应经本单位或上级领导批准,并采取保密措施,如备有保密文件箱,应指定专人保管,严防丢失。准备公布的稿件(如讲话稿)在发表之前均系密件,也应妥善保存。在有我驻外使馆、领事馆的地方,应委托他们保存。

8.出国人员在谈判时不得将秘密文件放在桌上;内部商量对策和交换意见应在有保密条件的地方进行。机密电报和文件应在使馆、领馆内草拟。在国外旅馆、饭店、乘车场合,严禁讨论秘密事项及内部问题。

9.凡拟出席国际学术会议的人员即将在国外发表的论文,或携带的资料、样品以及对外交换的书刊等,都要切实遵照国务院和主管部门的规定办理,严格进行保密审查,履行审批手续,不得自行其是。

四、外事出访纪律要求

一般来说,国家公务员在出访时要遵守如下外事纪律。

1.外事工作授权有限,要严格执行请示报告制度,严格遵守外事纪律,一切行动听指挥。

2.对外交往时的行动要符合外事工作人员的身份,言论要有分寸,礼貌要合乎常规。对重大国际问题,对外表态要符合我国对外政策。

3.私人通信中不谈内部问题,不得涉及国家机密。收到信件及时销毁,不得携带私人信件。个人行李物品要严格保管、加锁,发现可疑情况应进行检查。

4.与记者交谈,可简单说几句友好的话;如系采访,应慎重对待,回答应符合国家的统一口径和态度。

5.出国一般不得携带内部机密文件(包括本单位打印的材料)、内部报刊或记有内部情况的笔记本;不得携带工作证、人民币、内部标志性证件等。

6.严格执行外事经费开支制度,注意节约,防止浪费,不得挪用外汇。

7.不得出入不正当娱乐场所。

8.不准随意增加访问国家、地点,不得借故绕道旅行、游览。

9.应主动向对方介绍我对外活动一般不接受礼品的规定,对不便拒绝而收下的礼品应妥善保管,回国后按规定统一处理。

第二节　涉外礼仪通则

一、个人形象通则

(一)个人形象的重要性

1.每一个人的个人形象,都真实地体现着其个人教养和品位。如穿着西装时,按照国际惯例,需拆掉上衣左袖袖口的商标,且不能穿白色袜子。如果其不谙此道,或者明知故犯,就会使人感到其缺乏教养,品位不高,从而使其形象受到损害。

2.每一个人的个人形象,都客观地反映了其个人的精神风貌与生活态度。在日常生活里,假如一个人总是蓬头垢面,衣冠不整,不修边幅,别人恐怕很难认为他热爱生活。

3.每一个人的个人形象,都如实地反映着其对交往对象的重视程度。换言之,在涉外交往中,若是对自我形象毫不修饰 ,不但难言对交往对象的尊重,亦属失礼行为。

4.每一个人的个人形象,在国际交往中还往往代表其所属国家、所属民族的形象。一个中国人在对外交往中要是不注意维护自身形象,从某种程度上讲,就损害了中国的国际形象,损害了整个中华民族的形象。

(二)如何维护个人形象

1.仪容。在国际交往中,通常要求男士不蓄须,不使鼻毛、耳毛外露,不留长发;女士则不剃光头,不剃眉毛,不暴露腋毛,不化过于浓重的妆。任何人不得文身刺字,不得躬身哈腰,不得蓬头垢面。

2.表情。在国际交往中,最适当的表情应当是亲切、热情、友好、自然。不能表情过度夸张或过于沉重,抑或面无表情。

3.举止。在涉外交往中,每个人都应有意识地对自己的举止动作多加检点。当众挖鼻孔、耳孔,剔牙齿,对人指指点点,就座后高跷二郎腿,脚尖直对着他人抖动不止,都被认为是不文明或失敬于人的举止,因此要努力学习文明、优雅的举止动作,做到“站有站相,坐有坐相”。

4.服饰。个人在服饰方面作出的选择,体现着个人的审美品位和个人修养。在涉外交往中,对服饰不加以重视,将会影响自己的个人形象。

5.谈吐。与国外朋友交谈时，一定要遵循国际惯例，自觉地调低声调。同时，还应使用规范的尊称、谦辞、敬语与礼貌语。

6.待人接物。重视待人接物，不光要运用常规的技巧，最重要的是要善于理解人、体谅人、关心人、尊重人。

二、不卑不亢通则

(一)不卑不亢的要求

每一个人在参与国际交往时，都必须意识到，在外国人的眼里，自己代表着自己的国家，代表着自己的民族，代表着自己所在的单位。因此，其言行举止应当从容得体，堂堂正正。在外国人面前，既不应表现得畏惧自卑，低三下四，也不应表现得狂妄自大，放肆嚣张。

(二)怎样才能做到不卑不亢

要在虚心学习国外一切长处、尊重外国风俗习惯的同时，坚决反对自卑自贱的思想。在对外交往中，要以自尊、自重、自爱和自信为基础，表现得堂堂正正，坦诚乐观，豁达开朗，从容不迫，落落大方。

在一切对外交往中，既不可妄自菲薄，也不应高傲自大，盛气凌人，孤芳自赏，目空一切，自以为是，对交往对象颐指气使，冷漠无情。

还应注意对交往对象一视同仁，给予同等的尊重与友好，不要对大国小国、强国弱国、富国穷国亲疏有别，或是对大人物和普通人有厚有薄。

三、求同存异通则

世界各国的礼仪和风俗存在着差异性，在涉外交往中，针对与交往对象所在国之间的差异性，重要的是了解，而不是要评判是非，鉴定优劣。求同在于遵守有关礼仪的国际惯例，重视礼仪的共性。存异则是对他国的礼俗不可一概否定，不可完全忽略其“个性”。交往的时候，对交往对象所在国的礼仪与习俗要有所了解，并表示尊重。

一般而言，在国际交往中应用礼仪时“遵守惯例”，其实就是要求人们遵守涉外礼仪。

四、入乡随俗通则

充分了解与交往对象相关的习俗，“入境而问禁，入乡而问俗，入门而问讳”。比如，准备前往德国参观访问，要同德国人直接打交道，就应当事先对德国人的衣食住行、言谈举止、待人接物的各个方面所特有的讲究与禁忌有一定程度的了解。这样，在与德国人接触来往时，就会胸有成竹，落落大方，表现自如。

尊重对方特有的习俗。在国际交往中，对于其他国家所特有的习俗，没必要照搬全抄，全盘引进，生吞活剥。对于本国的传统习俗，则需发扬光大。这一切，与“入乡随俗”原则并不矛盾。对于别国特有的风俗，不能少见多怪，妄加非议。自己身为东道主时，通常讲究“主随客便”。从本质上讲，这两种做法都是对“入乡随俗”原则的具体贯彻落实。

五、尊重隐私通则

个人隐私，指的是个人由于某些原因而不愿意公开、不希望外人知道的个人秘密。尊重隐私是指在言谈话语中，凡涉及对方个人隐私的一切问题，都应自觉地、有意识地予以回避。在国际交往中，下列八个方面均被海外人士视为个人隐私。

（一）收入支出

在国外，人们普遍认为，个人的实际收入，均与其个人能力和实际地位存在着因果关系。收入的多少，一向被外国人看作是自己的脸面，十分忌讳别人直接或间接地打听。另外，其他可以反映个人经济状况的问题，如纳税数额、银行存款、股票收入、私宅面积、汽车型号、服饰品牌、娱乐方式、度假地点等，因与个人收入相关，在与外国人交谈时也不宜提及。

（二）年龄大小

在国外，人们普遍把自己的实际年龄当作核心秘密，轻易不会告知于人。因为，外国人一般都希望自己永远年轻，对老字讳莫如深。中国人听起来非常顺耳的“老人家”、“老先生”、“老夫人”这一类尊称，在外国人听起来如同诅咒谩骂一般。特别是外国妇女，最不希望外人知道自己的实际年龄。所以在国外，有这么一种说法：一位真正的绅士，应当永远“记住女士的生日，忘记女士的年龄”。

（三）恋爱婚姻

在一些国家里，跟异性谈论此类问题极有可能被对方视为无聊之至，甚至还会因此被对方控告为“性骚扰”而吃上官司。

（四）身体健康

在国外，闲聊时一般都是“讳疾忌医”，非常反感别人对自己的健康状况关注过多，因为，每个人都把健康看作是自己的重要资本。

(五)家庭住址

外国人大都视自己的私人居所为私生活领地，非常忌讳别人无端干扰其宁静。在一般情况下，除非知己和至交，他们一般都不大可能邀请外人前往其居所做客。

(六)个人经历

外国人大都将个人经历看作是商业秘密，反对询问交往对象的既往经历，反对随随便便地擅自查对方的户口。在外国人看来，这样做并不见得是坦诚相见，却可能是别有用心。

(七)信仰政见

在国际交往中，由于人们所处国度的社会制度、政治体制和意识形态多有不同，所以要真正实现交往的顺利、合作的成功，就必须不以社会制度画线，抛弃政治见解的不同，超越意识形态差异，处处以友谊为重，以信任为重。如果动不动就对交往对象的宗教信仰、政治见解品头论足，甚至横加责难、非议，或是将自己的观点、见解强加于人，都是对交往对象不友好、不尊重的表现。最为明智的做法，就是在涉外交往中对此避而不谈。

(八)所忙何事

在国内，熟人见面之际，免不了要相互询问一下对方："忙什么"、"上哪里去"、"怎么好久没见到你"。但是，外国人对于这一类问题却极为忌讳。他们认为，这些问题都属个人私事，向别人探听与此相关问题的人，不是好奇心过盛、不懂得尊重别人，就是别有用心。

第三节　涉外日常礼仪

一、衣着礼仪

根据场合选择适宜的服装，了解并遵守着装的正确方法，了解并遵守着装的搭配技巧。

(一)公务场合

男士最好是选择藏蓝色、灰色的西装或中山套装，内穿白色衬衫，脚穿深色袜子、黑色皮鞋。穿西装套装时，务必打领带。

女士的最佳衣着则是:身着单一色彩的西服套裙,内穿白色衬衫,脚穿肉色长筒丝袜和黑色高跟皮鞋。有时穿单一色彩的连衣裙亦可,但尽量不要选择以长裤为下装的套装。

(二)社交场合

在社交场合,涉外人员的着装应重点突出“时尚个性”的风格,尽可能使自己的衣着摩登一些,并使之充分地体现出自己与众不同的个人特点。按照以上要求,我国的涉外人员目前在社交场合的着装,最为常见的主要有时装、礼服、具有本民族特色的服装以及个人缝制的服装。

(三)休闲场合

在休闲场合,涉外人员的着装应重点突出“舒适自然”的风格,最忌讳的是正正规规,令人不适。我国的涉外人员目前在休闲场合的着装,最为常见的主要为牛仔装、运动装、夹克衫、短袖衬衫、短裤等。

二、餐饮礼仪

(一)中餐招待外宾应注意的礼仪

1.中餐招待外宾,首先应根据外宾所在国的宗教、民族和文化习惯选择恰当的宴请日期。

(1)宴请欧洲国家或加拿大、美国客人时,应避开每月的13日,尤其是13日与星期五是同一天的日期。

(2)应避免使用13号房间,就餐人数应避开13人。

(3)宴请深受伊斯兰文化影响的各国穆斯林客人,则应避免伊斯兰教历九月,因为伊斯兰教九月是斋月;假若必须在斋月宴请穆斯林客人,也宜在日落后进行。

2.中餐宴请外宾,应充分考虑到外宾的饮食结构和饮食特点。例如,德国人忌食核桃,美国人忌食动物内脏,匈牙利人不吃形状奇异的食物,如海参和带壳的虾、蟹等。

3.中餐宴请外宾,切记不可反复劝菜和劝酒。西欧人、美国人、加拿大人一向崇尚独立、自由,讲究个性,不可反复劝菜和劝酒。否则,这种中国式的热情好客会被误认为是一种外来强迫,因而引起反感,影响宴会的友好气氛。

(二)西餐礼仪

1.席次的安排

(1)西餐的坐席排列,同一桌上席位的高低,以距离主人座位的远近而定，右高左低。男女交叉安排。

(2)非官方接待时，以女主人的座位为准。主宾坐在女主人右首；主宾夫人坐在男主人右首。

(3)举行两桌以上的西式宴会，各桌均应有一位主人，其位置应与主桌主人的位置相同，其宾客也依主桌的座位排列方法就座。

2.餐具的排列

(1)西餐餐具一般在开餐前已在桌上摆好。每人面前是食盘和汤盘。

(2)左边放叉，右边放刀(刀叉数目与菜的道数相当，使用顺序按上菜顺序)。

(3)食盘上方放匙(用小匙吃冷饮，大匙喝汤)。

(4)再上方为酒杯，从左到右，由小到大，排成一排。

(5)匙的左方是面包碟，右方是黄油碟(碟内有专用小刀)。

(6)餐巾放在汤盘上或插在水杯里。

除了正式的西餐宴会外，还有散桌的西餐，餐具根据菜和主食而相应配备。

3.餐具的使用礼仪

(1)使用餐具的正确方法是：

①正确持餐刀的方法：右手持刀，拇指抵刀柄一侧，食指按于刀柄上，其余三指弯曲握住刀柄。不用餐刀时，应将其横放在盘子的右上方。

②正确持叉子的方法：若叉子不与刀并用时，右手持叉取食，叉齿向上。当用右手持刀时，则用左手持叉；叉刀并用时，左手持叉，右手持刀，叉齿向下叉取肉；肉被割下后，先把刀放下，叉换右手，用叉子叉上肉送到嘴里。

③正确使用汤匙的方法：用右手拇指与食指持汤匙柄，手持汤匙，使其侧起，不要使汤滴在汤盘外面。餐桌上的小匙是用来调饮料的，无论喝什么饮料，用毕应将其从杯中取出后放入托盘。

(2)使用餐具的礼仪是：

①入席后，不要用餐巾擦拭刀叉，这是极其不礼貌的行为，仿佛嫌主人准备的刀叉不干净。

②在整个进餐过程中，尽量不使刀叉发出声音。

③不要把自己的餐具伸进供全桌用的大容器中，应用公用叉匙。

④公用叉匙用完应放回原处，千万不要顺手将其放入自己盘中。

⑤临时离桌，刀叉可呈“八”字形置于碟前，这表示用餐尚未完毕，一会

儿还要回来继续用餐，服务员便不会收拾餐具。

⑥刀叉并排横斜放在餐盘上，柄向右表示用餐已毕，服务员可收拾餐具。

4.西餐的上菜顺序、酒水搭配及酒杯的使用

普通西餐的上菜顺序是：面包、冷盘、汤、各类菜肴、甜点、水果、咖啡或红茶。一般说来，按照西餐的规则，吃什么菜就要有什么餐具、喝什么酒用什么酒杯，这和中餐相比要复杂一些，西方菜肴大体有：

(1)黄油(或奶油、果酱)：这道菜一般在宴会前五分钟摆上。用餐时，先将面包撕成小块，然后用黄油刀把黄油抹在面包上食用；要吃一块抹一块，不要将整块面包都涂上黄油。由于面包在西餐上主要是用做副食，故量不多。

(2)冷盘：西餐中又叫小吃，食用时用中刀叉。与冷盘一起上的是烈性酒，就餐者用利口杯饮用。

(3)汤：西餐是上热菜前上汤菜，以刺激胃分泌消化液，为进食热菜做准备。喝汤时上舍利酒，用舍利酒杯饮用。喝汤时不能发出"呼啦啦"的声响，也不能盛汤过满，使汤滴在汤盘外。如果汤太热，不可对着盛热汤的汤匙或汤碗猛吹，也不可将汤碗直接就口，而应使用汤匙。

(4)鱼：吃鱼用鱼刀叉。鱼带头尾时，要切掉头尾，从腹部切入，沿背脊从头向尾切开，将鱼肉放在碟子里食用。已经进口的骨、刺应吐在叉上，再放入餐盘的最边缘。通常在鱼上餐桌之前，鱼骨头早就剔净了。上鱼时，一般随上白葡萄酒，用白酒杯饮用。

(5)副菜：也叫小菜，量较少，易消化，用中刀叉。上副菜一般不再单跟酒。

(6)大菜：即主菜，西餐宴会讲究整只熏烤动物，如烤乳猪、烤羔羊、烤火鸡等，以此来衬托宴会的气氛。吃大餐时用大刀叉。上主菜时跟上红葡萄酒，用红酒杯饮用。

(7)甜点：吃甜点时用点心勺和中叉。上甜点一般要跟随香槟酒，用较大的香槟酒杯饮用。香槟酒是西式宴会上的主酒，在西餐中有"酒王"之称，味清凉甘甜，与甜点同用。特别是该酒的气味足，开瓶时能发出清脆的响声，为宴会增添隆重、热烈的气氛。

(8)水果：吃水果时用水果刀，不可直接用手拿水果吃。吃苹果和梨，应使用水果刀将其切成四至八块，去掉皮、核后，再用叉取食。若吃葡萄，不可

整串拿着吃,而应当用手一颗颗揪着吃。

(9)咖啡:上咖啡时另跟一小罐牛奶,有时还上方糖,可与咖啡放在一起,用咖啡勺搅拌后饮用。咖啡勺是专门用来搅拌咖啡的,饮用时应把它取出来。咖啡杯一般是袖珍型的小杯子。喝咖啡时,用手托住杯底或将碟子一起端起来都是不正确的,要端起杯子小口饮用,不要一口饮完。

(10)利口酒:这种酒多为蜜酒,是西餐宴会的收尾酒,用利口杯饮用。

5.吃西餐的礼仪

(1)西式宴会是绝对按照准确的时刻进行的,因此,应邀赴宴,决不能迟到,但也不能到得过早。

(2)到会之后,男女主人照例在一定地点恭迎。只要与主人握手即可,不要过多寒暄。因为来宾将接踵而至,如跟主人聊天,不但是不懂礼貌,而且有碍后面接着来到的宾客。和主人握手,应先和女主人后与男主人招呼、握手,这是西方礼貌。男性手上带有手套时,必须事先脱下,女性不必如此。

(3)男宾还有照顾女宾的义务。比如入席时,男宾应替身边的女宾移开椅子,让她入座,自己才好坐下;进餐时,也得随时照顾她。女宾接受服务后,不要忘记向男宾道谢。

(4)宴会自始至终,客人必须时刻注意女主人的举动,以免失礼。比如,偶有迟到的客人入座,当她从座位上站起来迎接、招呼时,席上的男宾也必须陪同站起来。每一道菜上来时,亦要经女主人招呼,才能开始进食。

(5)在入席之前,每位客人的面前摆着一条白色的西式餐巾,这是为了避免进食时弄污衣服的。在西方的家庭中,日常进餐,多将它塞在领口。但参加宴会时,都是放在膝上的。圈套的餐巾,通常只打开一半,对折摊开用。餐毕离席时,把餐巾拿起,随便地搁于桌上的左边便可以,不必刻意地折叠整齐。万万不可用餐巾擦刀叉或碗碟。

(6)主要的一道菜多半由男主人端上,尤其是需要切分的禽类或烤肉。主人常常要问每一位客人喜欢吃哪个部位的肉,客人可直接地告知喜欢吃的部位,也可以告诉主人:不在乎,什么都行。通常等到每个人面前都有了菜,女主人也拿起自己的叉子时,才一起进食。有时,由于客人太多,等久了怕菜凉了不好吃,女主人可能请客人们先吃。那时,也得等邻近的客人都有了菜再开始吃,这才符合礼仪。

(7)吃肉类时,有两种方法:一是边割边吃,一是先把肉块(如牛排)切好,然后把刀子放在食盘的右侧,单用叉子进食。前者是欧洲的古老习惯,后者是美式吃法,一般来讲前者比较正式。

(8)谈话时无需将刀叉放下,可以一面说着话,一面拿着叉子。如果客人把叉子放下,女主人可能以为他吃完那道菜了。一个例外是,在需要用手做手势时,可以放下刀叉。在讲述一个生动的故事时,万不可拿着叉子在空中挥舞。

(9)如果服务人员依次转到客人跟前上菜,将从左边端上,客人可以很方便地用右手去取菜。如果盘子在右边出现,千万别取,因为那是轮到右边的客人取菜。菜端上来时,最好每样菜都取一点。如果有不喜欢吃的东西,可悄悄地说:"我不要,谢谢。"

(10)女主人如果问客人是不是愿意再添一点菜。客人就有很好的机会表示欣赏女主人所做的菜。当主人问客人:"让我再给你一点鸡,好吗?"客人这样说是很得体的:"好,谢谢你,这鸡真好吃。"或者说:"谢谢你,我不要了,这鸡是很好吃的,不过,你一开始就给了我很多。"

(11)沙拉只准用叉子吃。吃沙拉时,右手拿叉,叉尖朝上。通常有一把吃沙拉的专用叉子,比吃肉的叉子略小一点。如果先上沙拉后上肉,沙拉叉应在肉叉的外侧(肉叉是最大的)。如果先上肉后上沙拉的话,沙拉叉就放在里侧。如果上沙拉的同时又上面包或饼干的话,可以用左手拿一块饼干或面包去帮着把沙拉推上叉子。如果沙拉下面垫着莴苣叶,莴苣可以随意吃或不吃。如果吃的话,只可以用叉子将莴苣叶切断。

(12)和中国礼节一样,女主人要一直陪着吃得最慢的客人。在吃完所要吃的东西以后,就应该把刀、叉或匙放下来,表现出吃完的样子。刀、叉应并排横放在盘子上。汤匙应留在汤碗中。如果碗底有碟子托着的话,就放在碗旁碟子上。茶匙决不可留在杯中,而应放在茶碟上。当想喝一杯茶或咖啡时,茶杯、茶碟及茶匙应全部递给女主人。

客人在进餐过程中离席,或在女主人表示吃饭结束之前离席都是不礼貌的。必须离席的话,则应请女主人原谅,当女主人表示宴会已经结束时,就从座位上起立,与此同时,所有的客人也都应随着起立。按礼节来说,在女客人起立后,男客人应帮助她们把椅子归回原处。在正式社交场合,男客人应围桌谈一会儿话,然后进客厅与女客人们相聚。

三、住宿礼仪

为外国来宾安排住宿,应当注意三个方面的礼仪。

(一)充分了解外宾的生活习惯

不同的国家有不同的风俗,每一个人也有自己独特的生活习惯。为外宾安排住宿时,对于这一方面的问题,务必要认真地加以了解。一般而论,随时可以洗热水澡的浴室,单独使用的干净清洁的卫生间,都是临时居所应当具备的基本条件。

(二)慎重选择外宾的住宿地点

在国内接待的外宾,通常应被安排在条件优越、设施完备的涉外饭店里住宿。除了要照顾外宾的个人生活习惯,尊重其特有的风俗,满足其特有的要求之外,尚有几点应当注意:

1.为外宾安排住宿所需的经费预算情况。

2.住宿地点的实际接待能力。

3.住宿地点的口碑与服务质量。

4.住宿地点的周边环境。

5.住宿地点的交通条件。

6.住宿地点距接待方及有关工作地点的距离的远近。

(三)热情照顾外宾的生活需要

为表示友好,应尊重外宾的生活习惯,尽量满足外宾的生活需要。

四、赠送礼品的礼仪

(一)怎样挑选礼品

1.纪念性。在涉外交往中,许多国家都不时兴送过于贵重的礼品,否则可能让受礼者产生受贿之感。

2.民族性。中国人司空见惯的风筝、二胡、笛子、剪纸、筷子、图章、书画、茶叶,往往会备受外宾青睐,身价倍增。

3.针对性。了解受礼者的性格、爱好、修养与品位,尽量使礼品受到受礼者的欢迎。

4.差异性。向外国人赠送礼品,是绝对不能有悖对方的风俗习惯的,挑选礼品时,要主动回避对方有可能存在的禁忌。

(二)不宜被选作送给外国人的礼品

1.一定数额的现金、有价证券。不少国家规定,在对外交往中,拒收现金和有价证券。

2.天然珠宝和贵金属首饰。

3.药品和营养品。

4.广告性、宣传性物品。

5.易于引起异性误会的物品。

6.为受礼人所忌讳的物品。

7.涉及国家机密或商业秘密的物品。

8.法律法规禁止流通的物品。

(三)馈赠的方法

1.事先精心的包装,所用的材料要尽量择优而用,在色彩、图案形状及缎带结法等方面,都要与尊重受礼人的风俗习惯联系在一起考虑。

2.送礼的时机,应具体情况具体分析。根据双方的关系、具体所处的时间地点及送礼的目的而定。

3.送礼的途径,当面亲自赠送或委托他人转送。委托他人转送礼品时应附上送礼人的名片。尽量不要用邮寄的方式向外国人赠送礼品。

(四)接受礼品的礼仪

1.欣然接受。当外国友人向自己赠送礼品时,应当大大方方、高高兴兴地接受下来。没有必要跟对方推来推去,不要过分客套。在接受时,要起身站立,面含笑容,用双手接过礼品,然后与对方握手,并郑重其事地为此而向对方道谢。

2.启封赞赏。在国际社会里,特别是许多西方国家,受礼人在接受礼品时,通常习惯当着送礼人的面,立即拆启礼品的包装,然后认真地对礼品进行欣赏,并对礼品适当地赞美几句。若不立即拆启,或放置一旁,会被视为失礼。

3.拒绝有方。一般而言,外国人赠送的以下五类物品不宜接受:违法、违禁物品;有辱我方国格人格的物品;可能会使双方产生误会的物品;价格过于昂贵的物品;一定数额的现金、有价证券。

如果不能接受,应向对方说明原因,并将礼品当场退还,可能的话,最好不要在外人面前这么做。若对方并无恶意,在退还或拒绝礼品时,还需向对方表示感谢。

4.事后再谢。接受外方人员赠送的礼品后,尤其接受了较为贵重的礼品后,最好在一周之内写信或打电话给送礼人,向对方正式致谢。

第四节　悬挂国旗与演奏国歌礼仪

一、悬挂国旗的礼仪

国旗是国家的象征，人们通过悬挂国旗来表示对自己国家的热爱和尊重。必须予以强调的是，在国际交往中悬挂国旗是一件极其严肃的事情。在国际交往中依照惯例悬挂本国和其他相关国家的国旗，既表达了对本国的热爱，也表达了对他国的尊重。若悬挂他国国旗，是借此向他国表示尊重与敬意之时，就更是如此。此时，不仅不能将他国国旗弄错、挂错，而且还需在悬挂他国国旗时给予其适当的礼遇。

（一）国旗的升挂

国旗，是一种最为常见的国家标志和象征。它通常指的是一种经由国家法律规定的、具有一定正式规格与式样的旗帜，用以在正式场所内进行悬挂。目前，世界上的大多数国家都拥有正式颁布的国旗。在正式活动中，人们往往通过升挂本国国旗来表达自己的民族自尊心、自豪感以及对祖国的无比热爱。在涉外交往中，恰如其分地升挂本国国旗或外国国旗，不仅有助于维护本国的尊严与荣誉，而且还有助于对外国表示应有的尊重与友好。

出于维护国旗的崇高地位的目的，各国对升挂本国或外国的国旗大都自有一套通行的做法，并且逐渐形成了一些有关国旗使用的惯例，这就是所谓的国旗礼仪。每一个人在面对或者使用国旗时，必须严格地遵守国旗礼仪。

在正式场合升挂本国国旗的礼仪，主要有以下三点：

1.基本规定

各国对本国国旗的制作、使用以及升挂一般都有明确的规定，有的国家以立法形式加以颁布。对于有关我国国旗的一切规定，我们应严格遵守。

(1)标准的国旗：作为国家的标志与象征，各国国旗大都具有标准的固定式样。根据我国宪法的规定，“中华人民共和国国旗是五星红旗”。依照权威部门的解释，在五星红旗上，旗面的红色象征着革命。旗上的五颗黄色的五星，则象征着中国共产党领导下的革命人民大团结。根据规定，我国国旗的形状、颜色应两面相同，旗上五星两面相对。旗面应为长方形，其长与高之比为3:2。旗杆套为白色。

(2)国旗的维护：每一名代表政府执行公务的人员，在日常工作中均应自觉维护我国国旗。《中华人民共和国国旗法》规定："中华人民共和国国旗是中华人民共和国的象征和标志。每个公民和组织，都应当尊重和爱护国旗。"

①必须明确：我国国旗及其图案至高无上。根据惯例，悬挂国旗，应以正面面向观众，不准随便将其交叉悬挂、竖挂或反挂，更不得倒挂。有必要竖挂国旗或使用其反面时，需按照国家的有关规定办理。在室外升挂国旗时，通常不宜令其触及地面，尤其是不得将其直接弃置于地面之上。遇有恶劣天气时，可以不升挂国旗，夜间通常不在室外升挂国旗。倘若必须如此，则必须将其置于灯光照射之下，在任何情况下，我国"国旗及其图案不得用作商标和广告，不得用于私人丧事活动"。

②通常不得升挂破损、污损、褪色或者不合格的国旗。在公共场合，故意以焚烧、涂画、玷污、践踏等方式侮辱我国国旗，均属违法行为，应被依法追究刑事责任。

2.升挂要求

(1)国内举行重大庆祝、纪念活动，大型文化、体育活动，大型展览会，可挂我国国旗。

(2)升挂国旗的地点、机构：我国国旗法规定，下列场所或者机构所在地应当每日升挂国旗：其一，北京天安门广场、新华门；其二，全国人民代表大会常务委员会，国务院，中国人民政治协商会议全国委员会，中央军事委员会，最高人民法院，最高人民检察院，外交部；其三，出境入境的机场、港口、火车站和其他边境口岸、边防。

我国国旗法还规定，国务院各部门，地方各级人民代表大会常务委员会，人民政府，中国人民政治协商会议地方各级委员会，人民法院，人民检察院，应当在其工作日挂国旗。各省、市、自治区人民政府外事办公室，如与省、市、自治区人民政府不在同一建筑物办公，可在其工作日挂国旗。我国驻外使领馆以及其他常驻外交代表机构，我国在外国的投资企业，我国旅居外国的公民，则应根据其所在国的规定或习惯升挂我国国旗。我国国家领导人和各代表团出国访问或者参加各种国际会议时，亦应如此。

我国的各类全日制学校，除寒假、暑假和星期日外，应当每日升挂国旗。

3.升挂方式

升挂国旗时，有一些规范性的做法是必须认真遵守的。

(1)升旗的做法:在直立的旗杆上升挂国旗时,应当将其徐徐升起。升挂国旗时,一定要将其升至杆顶。在同一旗杆上,不得升挂两面国旗。将一面国旗与另外一面其他旗帜升挂于同一旗杆上,亦为不妥。需要同时升挂国旗与其他旗帜时,或者同时升挂我国与其他国家国旗时,通常应当首先升挂我国国旗。

(2)降旗的做法:降下国旗时,应将其缓缓降下。不允许降旗时令国旗直接落地。需同时降下国旗与其他旗帜,或者同时降下我国国旗与外国国旗时,一般应当首先降下我国国旗。

(3)下半旗惯例:按照国际惯例,下半旗,即将国旗降下一半的做法,意在表达某种哀意,因此,平时不得随意下半旗。在有些国家,有以在国旗上方加挂黑纱代表下半旗的致哀方法,但在我国不允许在国旗上方挂任何物品。下半旗的做法是:先将国旗升至旗杆顶,再降至离旗杆顶 1/3 的地方;降下时,也应先将国旗升至旗杆顶,然后再降下。

我国《国旗法》第十四条规定:当中华人民共和国主席、全国人民代表大会常务委员会委员长、国务院总理、中国人民政治协商会议全国委员会主席、中央军事委员会主席、对中华人民共和国作出杰出贡献的人士逝世时,应下半旗志哀。发生特别重大伤亡的不幸事件或者严重自然灾害造成重大伤亡时,可下半旗志哀。

(二)升旗仪式

所谓升旗仪式,一般指的是在正式场合里以一系列的规范化程序郑重其事地升挂本国国旗的整个过程。

《中华人民共和国国旗法》规定:“升挂国旗时,可以举行升旗仪式。”按国际惯例,我国驻外使领馆及外交代表机构,在其开馆时,应举行升旗仪式。

1.升旗的仪式操作。举行正式的升旗仪式时,通常应包括以下五项基本程序。

(1)全场肃立。

(2)宣布升旗仪式正式开始。

(3)出旗。指国旗正式出场。出旗应由专人负责,负责操作者通常由 1 名旗手和双数的护旗手组成。出旗时,通常为旗手居中,护旗手在其身后分列两侧随行,大家一起齐步走向旗杆。

(4)正式升挂国旗。升旗者可以是旗手,亦可由事先指定的各界代表担任。

(5)奏国歌或唱国歌。升旗时,若演奏国歌,宜与升旗同步进行,一般讲究旗升乐起,旗停乐止。若演唱国歌,则也可在升旗之后进行。

2.降旗的要求。作为升旗仪式最重要的后续环节之一,此处的降旗,特指降下升旗仪式中所升挂的国旗。做好此点,升旗仪式才谈得上有始有终。正式的降旗活动,往往称为降旗仪式。一般而言,降旗的具体形式不限,并非需要组织专门仪式。但仍需由训练有素的旗手、护旗手负责操作。届时,所有在场者均应肃立。无论有无他人在场,降旗时其具体操作者均应态度认真,对国旗毕恭毕敬。降旗完毕,旗手、护旗手应手捧国旗,列队齐步退场,然后将其交由专人保管,切不可将其乱折、乱叠、乱揉、乱拿、乱塞、乱放。

3.升降旗时的临场表现。

①肃立致敬:我国《国旗法》规定:"举行升旗仪式时,在国旗升起的过程中,参加者应当面向国旗肃立致敬。"因此,当国旗升降之时,任何在场者均应停止走动、交谈,并向其行注目礼。戴帽者通常应脱帽。

②神态庄严:参加升旗仪式时,每人均应以自己庄重严肃的态度与表情来认真表达对国旗的敬意。此时此刻,绝对不应当态度漠然,或者嬉皮笑脸。

③保持安静:在升旗的仪式上,应自觉保持绝对安静,不在此过程中交头接耳,打打闹闹,更不许接打移动电话。

(三)国旗的排序

在实际工作中接触或使用国旗时,往往会面对具体排序的问题。在正式场合,这一问题通常被视为最敏感、最关键的国旗礼仪问题。

在实际操作中,国旗排序指的是我国国旗与其他旗帜或外国国旗同时升挂时的具体顺序排列。它应被分为中国国旗与其他旗帜的排序;中国国旗与外国国旗的排列顺序。

1.国内排序。国旗与其他旗帜排序,具体是指国旗与其他组织、单位专用旗帜同时升挂时的顺序排列。在国内活动中,此种情景时常可见。我国国旗法规定,升挂国旗,应当将国旗置于显著的位置。在一般情况下,我国国旗与其他旗帜的排序具体有下列三种情况:

(1)前后排列:当我国国旗与其他旗帜呈前后列队状态进行排列时,一般必须使我国国旗排列于最前。

(2)并排排列:国旗与其他旗帜并排升挂,存在两种具体情况:其一,一面国旗与另外一面其他旗帜并列。其标准做法是:应使国旗位居右侧,遵循以右为尊原则。其二,一面国旗与另外多面其他旗帜并列,在此情况下通常必须令国旗居于中心。

(3)高低排列:国旗与其他旗帜呈高低不同状态排列时,按惯例应当使国旗处于最高的位置。

2.涉外排序。国旗的排序问题一定要遵守有关的国际惯例与外交部的明文规定。

(1)只有在下述情况下,外国国旗才有可能在中华人民共和国境内升挂使用。

①外国驻我国的使领馆和其他外交代表机构及其主要负责人的寓所与乘用的交通工具。

②外国的国家元首、政府首脑、副首脑、议长、副议长、外交部长、国防部长、总司令或者总参谋长、率领政府代表团的正部长、国家元首或政府首脑派遣的特使,以其公职身份正式来华访问之际所举行的重要活动,有权在其住所和交通工具上悬挂本国国旗。

③国际条约和重要协定的签字仪式上,可以悬挂中国国旗和有关签约国的国旗。

④国际会议、文化、体育活动、展览会、博览会的举行场所,可以升挂中国国旗和有关国家的国旗。

⑤民间团体所举行的双边和多边交往中的重大庆祝活动时,可以同时升挂中国国旗和相关国国旗。

⑥外国政府经援项目以及大型三资企业的重要仪式、重大庆祝活动,如奠基、开业、落成典礼等,可以同时升挂中国国旗和相关国国旗。

⑦外商投资企业,外国其他的常驻中国机构,可以同时升挂中国国旗和相关国国旗。

此外,在一般情况下,只有与我国正式建立外交关系的国家的国旗,方能在我国境内的室外或公共场所按规定升挂。若有特殊原因需要升挂未建交国国旗,必须事先经过省、市、自治区人民政府外事办公室批准。在任何时候,均不得升挂所谓的"中华民国"的旗帜。

(2)对升挂外国国旗的要求:为维护我国的国家主权,外国国旗即使在我国境内合法升挂,也应受到一定的限制。

①在我国升挂的外国国旗,必须规格标准,图案正确,色彩鲜艳,完好无损,为正确而合法的外国国旗。

②除外国驻华的使领馆和其他外交代表机构之外，在我国境内凡升挂外国国旗时，一律应同时升挂中国国旗。

③在中国境内，凡同时升挂多国国旗时，必须同时升挂中国国旗。

④外国公民在中国境内平日不得在室外和公共场所升挂其国籍国国旗，惟有其国籍国国庆日可例外，但届时必须同时升挂中国国旗。

⑤在中国境内，中国国旗与多国国旗并列升挂时，中国国旗应处于荣誉地位。外国驻华机构、外商投资企业、外国公民在同时升挂中国和外国国旗时，必须将中国国旗置于上首或中心位置。外商投资企业同时升挂中国国旗和企业旗时，必须把中国国旗置于中心、较高或者突出的位置。

⑥并列悬挂多国国旗时，国旗的面积应当大致相同，如果国旗的大小不一，应根据国旗的比例进行缩放，使之基本相同。

⑦多国国旗并列升挂时，旗杆的高度应划一，根据联合国规定，和平时期，任何一国的国旗不得高过其他国家的国旗。在同一旗杆上，不能升挂两国的国旗。

(3)中外国旗并列时的排序。中国国旗与外国国旗并列时的排序，主要分为双边排列与多边排列这两种具体情况。

①双边排列：我国规定，在中国境内举行双边活动需要悬挂中外国旗时，凡中方所主办的活动，外国国旗应置于上首；凡外方所主办的活动，则中方国旗应置于上首。

以中方主办活动为例，说明三种常用的排列方式。

一是并列升挂。中外两国国旗不论是在地上升挂，还是在墙上悬挂，皆应以国旗自身面向为准，以右侧为上位。

二是交叉悬挂。在正式场合，中外两国国旗既可以交叉摆放于桌面上，又可以悬空交叉升挂。此时，仍应以国旗自身面向为准，以右侧为上位。

三是竖式悬挂。有时中外两国国旗还可以进行竖式悬挂。此刻，也应以国旗自身面向为准，以右侧为上位。应当指出，某些国家的国旗因图案、文字等原因，既不能竖挂，也不能反挂。有的国家则规定，其国旗竖挂需另外制旗。

②多边排列：当中国国旗在中国境内与其他两个或两个以上国家的国旗并列升挂时，按规定应使我国国旗处于荣誉位置。一列并排时，以旗面面向观众为准，中国国旗应处于最右方；单行排列时，中国国旗应处于最前面；弧形或从中间往两旁排列时，中国国旗应处于中心；圆形排列时，中国国旗

应处于主席台(或主入口)对面的中心位置。其他国家的国旗旗序,一般按照本次活动的礼宾次序排列。

二、演奏国歌礼仪

国歌,一般是指被某一国家正式确定并对外公布的,用以代表本国的歌曲。因此,国歌与国旗、国徽一样,向来都被视为一个国家所拥有的最主要的标志与象征。不仅如此,在涉外活动中本着相互尊重与平等的原则,涉外工作人员还必须有意识地对其交往对象所在国的国歌表示应有的尊重。尊重对方的国歌,实际上就是尊重对方所代表的国家。

国歌礼仪,通常指的是对国歌表示尊重的一系列规范性做法与国际惯例。

(一)国歌的奏唱

1.熟悉国歌。无论是演奏还是演唱国歌,都必须以对国歌的熟悉了解为前提,离开了这一基本前提,往往难以确保奏唱国歌时的正确无误。

(1)了解本国国歌:对本国国歌要了解得一清二楚,既记准它的每一句歌词,又记清它的每一个音符。必须指出的是,了解本国国歌是每一位公民应有的爱国意识的具体表现之一。

我国现行的正式国歌,是由田汉作词、聂耳作曲的《义勇军进行曲》。它是在 1982 年 12 月 14 日由我国第五届全国人大第五次会议决定的。在此之前,《义勇军进行曲》曾是我国的“代国歌”。

(2)了解外国国歌:在涉外活动中,涉外工作人员应尽可能地对其交往对象所在国家的国歌有一定程度的了解。这样做的好处是,既可以开阔眼界,增长知识,减少不必要的困扰与麻烦,又可以更为充分地、更加合乎礼仪地对对方表示我方的友好与善意。如同我国一样,世界上的绝大多数国家对于本国国歌都有明确规定。在一般情况下,许多国家的国歌一经制定,便未曾发生过任何变化。但是,也有一些国家由于政治发生变动或其他情况,从而使本国国歌随之发生了变化,或者出现了不同的版本。

由于某种原因,有一些国家同时拥有两首国歌,或者仅拥有代国歌、准国歌。此外,还有一些国家共同使用相同的一首国歌。

各国国歌通常都有曲有词,然而也有少数国家的国歌仅仅有曲而无词。

有个别国家国歌的乐曲极短,因此在升挂其国旗时,需将其反复演奏。

2.奏唱国歌。在正式场合演奏或演唱国歌时,在场人员必须全体肃立,庄重、严肃。

(1)国歌的演奏:各国国歌的演奏,均有其一定之规可循。国歌通常只适合在正式的场合或规定的场合进行演奏,不宜随意而为。

依据国际惯例,我国举行欢迎正式到访的国宾的仪式时,应先后演奏中外两国国歌,其标准的先后顺序是首先演奏来宾所在国的国歌,然后再演奏我国国歌。

(2)国歌的演唱:就一般情况而论,各国国歌适合在本国境内演唱,而且只适合在正式场合演唱。演唱时必须注意下列三点:

①全体肃立。

②态度认真。演唱国歌时,每一个都必须认真对待,确保演唱的正确。众人齐唱国歌时,还必须力求节奏适当,与大家保持一致。

③放声歌唱。演唱国歌时,一般均应放声高唱,不要闭口不唱,低声哼唱,或者吐字发声不清晰、不大方、不准确。

(二)国歌的尊严

接触国歌时,人们往往会感觉到它的尊严无所不在。国歌的尊严不仅体现在国歌的自身,而且还体现于其演奏、演唱的整个过程之中,具体而言,是指要做到慎用国歌与尊重国歌。

1.慎用国歌。为了确保本国国歌的尊严不受人为的侵害,各国对本国国歌演奏、演唱的具体场合一般都有不同程度的规定。

按照国际惯例,任何非正式场合,特别是娱乐场所或其他不够严肃的场合,均不得演奏国歌。

在我国,目前对于演奏、演唱国歌或外国国歌的具体场合,又有不尽相同的规定。

(1)适用我国国歌的场合。

①举行正规的升挂我国国旗的仪式时。

②举行隆重的庆典活动时。

③举行大型政治性集会时。

④举行重大的外交活动时。

⑤举行大型体育运动会或进行重要体育比赛时。

⑥举行特殊的维护国家尊严与荣誉的活动时。

(2)适用外国国歌的场合。

根据国际惯例与我国有关规定,其他任何国家的国歌均不得在我国境内随意演奏或者演唱。仅有以下四种情况属于例外：

①举行正式的官方外交活动时。

②举行重要的国际会议时。

③举行形式严肃的文艺演出时。

④举行国际性体育运动会或国际性体育比赛时。

2.尊重国歌。

(1)尊重我国国歌。尊重我国国歌是对每一个中国公民提出的起码要求。在实际行动上,必须时时注意对我国国歌表示应有的尊重。当国歌演奏或演唱之际,演唱者不允许走动、嬉笑打闹、交头接耳或接打移动电话。在场的任何人均应向国歌肃立致敬。其具体做法是:起身端立,目视前方,双手下垂,神态庄严,聚精会神。不允许稍息、端臂、弯腰、垂首或瞻前顾后、东张西望。除身着制服者之外,一律应当脱帽,并摘下太阳镜。若升国旗与奏国歌同步进行,当国歌演奏时,应目视徐徐上升的国旗,向其行注目礼。按惯例,身着制服的公安干警应向国旗行举手礼。

(2)尊重外国国歌。在涉外交往中,各国的国歌均神圣不可侵犯。有意或无意地对别国国歌表现出不恭不敬,通常都会被理解为对对方的失敬,或者是对对方的蓄意冒犯和挑衅,因此,在涉外活动中,必须对外国国歌表示同样的尊重。

第五节　出国出境礼仪

一、了解出国的有关规定

我国对出国人员的有关规定和要求。

1.忠于祖国,忠于人民,坚决维护国家主权和民族尊严,不说不利于祖国的话,不做有损国格、人格的事。

2.坚决执行党和国家的方针政策,自觉遵守法律法规,如实反映情况,严格执行请示报告制度。

3.严格执行保密制度,保守国家机密,坚持内外有别原则,不泄露内部情况。

4.忠于职守,尽职尽责,提高警惕。

5.加强组织观念,自觉遵守纪律。在国外服从驻外使馆的领导,遵守驻在国的法律,尊重驻在国的风俗习惯,不搞大国沙文主义,不搞种族歧视。

6.不与外国机构和外国人私自交往,不利用职权和工作关系营私牟利。

7.严禁索贿受贿,不违反国家规定收受各种名义的回扣归个人所有,严格执行接受礼品的规定。

8.勤俭节约,廉洁奉公,分清公私界限,严格遵守财务制度。

9.谦虚谨慎,不卑不亢,讲究文明、礼貌,注意服饰、仪容。严禁酗酒。

10.顾全大局,发扬风格,协调配合,协同对外。

二、了解国外的有关情况

国外有很多礼节都是相似的,如在正式场合,男士一般着深色西装,穿黑色皮鞋。

在国外常有给小费的习惯,在饭店用餐、在旅馆住宿等都要给服务员小费。但是,对警察、政府工作人员提供的服务千万不能付小费,只能口头道谢或写感谢信,否则将会视为不恭敬的行为。

国外各个国家的礼节更多地表现为不同,例如,在亚洲国家,主人请外宾上汽车,总是和客人一同坐在汽车后座上,他们认为后座是上座;而在欧美国家则恰恰相反,主人通常让客人坐在司机旁边的位置上,他们把这个位置看成是上座,一是因为欧美国家开车的司机往往就是接待的主人,二是坐在前面可以清晰地欣赏车外的景色。

一般国家都认为"摇头不算点头算",而在保加利亚、尼泊尔等国家,摇头表示赞赏,点头表示不同意。

世界上有许多国家的车辆都靠右行驶,而日本、英国、巴基斯坦等国却规定车辆靠左行驶。

意大利人、阿根廷人都认为进餐是一种社交活动,就餐场合不宜谈生意,而美国人、瑞士人习惯在就餐场合谈生意,经常是边吃边谈。

三、怎样办理出国手续

(一)申办护照

1.持派遣部门的介绍信。

2.出具有关主管部门的同意出国出境的任务批件原件。

3.出具有关部门下达的同意出国出境的人员批件原件。

4.出具出国政审批件原件。

5.出具前往国家(地区)邀请单位的邀请函电的原件以及邀请人的名片。

6.交个人的近期小2寸免冠照片3张,背面写上申请人的姓名。

7.填写出国人员卡片。

8.填写《申请出国护照事项表》。

9.领到护照后,认真核对护照内所列内容是否准确无误,并在持护照人栏内用汉字或本民族文字签名,不能使用汉语拼音或英语,也不可由他人代签。出国前凭护照办理所去国家和中途经停国家的签证、购买国际航班机票和车船票等,在国外要凭护照住旅馆、办理居留手续。因此,护照必须妥善保管,不得污损、涂改,谨防遗失。

(二)申请签证

1.提供有效的出国护照。

2.出具国外邀请函电的原件或传真件。

3.出具出国团队和出国人员的任务批件,出具个人政审批件。

4.交个人与护照上同样的照片2~4张。

5.填写《申请出国签证事项表》。

6.填写驻华使馆签证表。

7.交纳签证费。

8.当出国人员取得签证后,要仔细检查签证种类和停留时间是否与申请的相符,领事馆是否已签名盖章等,避免入境时出现不必要的麻烦。

四、订购机票(车、船票)

1.出国前应根据实际情况选择方便、经济、合理的路线,尽可能选择直达航班或过境停留次数较少的航班,减少起落次数,以缩短旅行的时间。

2.据民航有关规定,凡乘坐中国民航班机,需凭单位介绍信和本人身份证或护照提前到民航售票处或代理点办理订票手续,填写"旅客订座单",交纳定座费。确定有座位后,再按照民航规定的日期购票。

3.购票后应仔细核对,以免旅途中遇到麻烦,甚至影响旅行。核对的内容有:

(1)姓名的外文拼音是否与护照、签证上的一致。

(2)每张机票联的右上角是否有售票航空公司的印章、开票人的签字及售票日期。

(3)整个行程所需的各段机票是否齐全，票上所载的航班班次、日期、途经城市、到达城市是否与原定座计划一致。

(4)机座是否得到确认，即是否有“OK”字样。只有得到“OK”字样后才可搭乘飞机。

(5)如售票处开票时写错，最好请其重开，否则涂改处应加盖业务章。

附录一 中国传统节日

习俗是人类发展中长期沿袭下来的各种习惯的总和。世界上有200多个国家和地区，由于文化背景的差异，礼节礼仪形式也大不相同。

礼俗和节庆的礼仪活动，是我国传统文化的一个重要组成部分。我国自古就是个农业国，在长期的农业活动中，许多节日是由古代历法年月日和节气时令结合构成的，后来由于生产、生活、信仰活动的安排，逐渐发展形成了大大小小的节日，并在长期的社会传承中成为我国的传统节日。

民间传统节日起源于民间的生产、生活及人们驱邪避灾、弃恶扬善的善良愿望和美好追求。它对民间生产产生了很大的影响，其民族性、地区性很强，影响到政治、经济、文化、历史等方面，是民族文化的重要组成部分。

我国现在例行的节俗和节庆日，一年中按其时间顺序有：元旦、春节、元宵节、花朝节、清明节、五一国际劳动节、端午节、夏至节、中元节、中秋节、国庆节、重阳节和冬至节。其中，有以二十四节气为内容所进行的节庆活动，如冬至节；有古时对日月星辰、山林川泽、四方百物的祭祀中保留下来的节庆活动，如中秋节；有对民族英雄、烈士先贤、已故亲友表示纪念的节日，如清明节、端午节、中元节；还有现代国家政治生活中法定的纪念节日，如元旦、五一、国庆等。

一、春节

春节俗称“新年”，是我国民间最古老、最隆重、最盛大的一个传统节日。时间在农历的正月初一，是农历的一岁之首，处于“秋收冬藏”和“春播夏耕”之间的农闲季节，所以民间过年前后的活动很多，从腊月二十三的小年——祭灶开始，到正月十五——元宵节结束，以除夕夜和正月十五的闹灶火为节日的两个高潮，主要内容有：守岁、吃年夜饭、拜年、贴对联、贴年画、放鞭炮、走亲戚、闹灶火等习俗。

相传在古时候有个叫年的孩子，为替乡邻驱除腊月三十晚上必来村中夺食人畜的夕，不畏艰险，终于用其聪明和智慧赶走了夕，为人们争来了一个欢天喜地的正月初一。为纪念这个叫年的孩子，人们就称农历正月初一为过年，而腊月三十晚则被称为除夕。

祭灶。这天家家户户烙饼，备灶糖祭献灶王，让他“上天言好事，下界保平安”。传说灶王爷分管人间好恶，每至腊月二十三日上天朝见玉皇大帝，报告所在人家这一年中的行为情况，因此家家户户在这一天举行“辞灶”仪式。灶糖味道好又粘牙，好让灶王爷不能说出家中坏事，直到正月初一五更天返回人间奉旨赐福或降灾。

贴春联。春联，亦称“门对”、“春贴”、“对联”。它以工整、对偶、简洁、精巧的文字，书写人们美好的愿望。春节来临，无论城乡，家家户户都张贴红色对联，表达对来年的祝福。

贴年画。新春佳节，家家户户在居室大门、墙上张贴年画，以示辞旧岁、迎新年。年画的题材十分广泛，如“迎春接福”、“风调雨顺”、“五谷丰登”、“六畜兴旺”以及神话故事、戏曲人物、青牛、婴儿、风景、花鸟、虫鱼等，大都反映了劳动人民美好的祝愿，具有浓厚的生活情趣。天津的“杨柳青”、苏州的“桃花坞”及山东潍坊、福建漳州、广东佛山、四川绵竹、广西柳州、安徽宿县、山西晋南、浙江绍兴等地的年画，都独具风采，深受国内外人士好评，被誉为“东方古艺之花”。

倒贴“福”字。许多人家在大门、院落墙上贴上用红纸书写的大大的“福”字表示“福到了”。在中国民俗中，人们最理想的幸福生活包括五个方面：长寿、富贵、康宁、好德、善终，即“五福”。民间有许多以“福”为题的吉祥图案，如“五福捧寿”、“多福多寿”、“福寿双全”、“福缘喜庆”等，充分表现了人民群众追求幸福生活的美好愿望。

守岁。初为驱除百鬼，以求过年平安，后来这一习俗不再与驱鬼相联系，成了除夕习俗，“一夜连双岁”。除夕之夜，全家老少围坐在一起吃团圆饭，谈笑娱乐，以待天明。现在又加了一项：观看电视春节联欢晚会。

包饺子。春节的年夜饭，北方地区以饺子为主，叫“辞岁饺子”。除夕之夜，全家围坐在一起包饺子，午夜煮食。而南方则吃鱼团、肉团，取“团圆吉祥”之意。

拜年。春节这天，男女老幼穿戴一新，互相走访祝贺新年，恭贺新禧。晚辈向长辈拜年，祝贺长辈健康；长辈们通常要给孩子们“压岁钱”。古代“压岁钱”被用来压恶驱邪，帮助孩子们过年。古人认为小孩子魂魄不全，需要压岁，而到了现代，则主要是祈求孩子岁岁平安，幸福成长，它蕴含了亲友之间团结和睦的美好愿望。

春节的忌讳。在我国许多地区，大年初一扫地的时候，都忌讳从屋里往屋外扫，认为这样会把家里的财扫出去，一年都无财可发。要扫地需从门口往屋里扫，并把这叫做“捞财”。吃饭时忌讳摔碎盘、碗等，认为这很不吉利，如果实在不小心打碎了杯盘碗盏，要及时说“碎碎(岁岁)平安”。节日期间忌讳说不吉利的话，还忌讳与家人或朋友吵架。

二、元宵节

元宵节也称上元节，即每年的正月十五。我国从唐代起，每逢元宵节家家都张灯结彩，故又称灯节。民间正月十五闹元宵，十分热闹，是旧时新年的高潮。元宵节源于汉武帝时对一位名叫“泰一”的天神的祭祀活动。相传汉武帝迷信神仙，对超越众神以上的泰一神大加奉祀，且在正月十五祭祀时，自黄昏始，通宵达旦，灯火彻夜，辉煌如昼。到汉明帝时，为了弘扬佛法，敕令在正月十五夜“燃灯礼佛”，从而形成了神仙方术与佛教礼仪相结合的正月十五张灯结彩的习俗。按民俗习惯，正月十三灯节便已开始，俗称“头灯”，到十五日当天晚上更要在自己家门口张灯。南方吃糯米粉包的小圆子，俗称“糖圆”，北方吃摇成的元宵，以取“团圆”之兆。当天晚饭后常合家外出逛灯市。十六称为“残灯”，灯节到此为止。江浙要到十八日，下灯后家家吃面条，俗称“上灯汤圆下灯面”。

灯会。现在各地正月十五一般都会举行盛大的灯会。灯也称作“花灯”、“彩灯”，是用竹、藤、麦秆等做成的灯笼，是中国传统的精美艺术品。民间常从春节开始到元宵前夕人们动手扎花灯，再加上利用现代科技制成的各式花灯，使灯会更加丰富多彩，千姿百态。

闹灶火。元宵节在民间有“闹灶火”的习俗。形式各种各样，活泼、有趣、热闹，如要龙灯、舞狮子、扭秧歌、划旱船、踩高跷等，给节日增添了快乐的气氛。

吃元宵。元宵是用糯米粉捏成的里面带馅的团子，所以，又称“汤圆”、“圆子”、“浮圆子”，寓意为团圆、吉祥、平安、喜庆。

三、清明节

清明是在每年阳历的四月五日，是二十四节气之一。此时，风和日丽，春光明媚，“万物至此洁齐而清明”。旧时在清明节前两日是晋文公为纪念介子推而定的“寒食节”，这天要禁火冷食，以示对死者的纪念。日久天长，寒食节的原义已被湮没，逐渐与清明节融为一体，所以悼念先人也成为清明节一项重要的习俗。活动内容主要有:扫墓、踏青、放风筝等。

扫墓。到墓地植树,除草添土,祭奠亡故人。机关企事业单位常集体组织青少年去烈士陵园祭扫烈士墓,表示对先烈的哀悼和缅怀之情。旧时民间还有携带鸡肉、水果、酒水到墓地祭供的习俗;北方则在坟头压上三张黄裱纸以表示死者后人对祖先的缅怀,目前这种习俗在民间还有保留。

踏青。清明时节,天朗风清,绿草茵茵,人们三五成群到郊外游玩,在春风中舒展沉寂了一冬的身心,振奋精神。

放风筝。我国民间在这天还有放风筝的习俗。山东潍坊市举行的国际风筝节成为国内外风筝爱好者旅游观光、放风筝的盛大节庆活动。

清明节戴柳。旧时汉族民间有清明戴柳、插柳的习俗,清明不戴柳已是一种禁忌。

除此之外,还有吃青团子、抛球、拔河等活动。

四、端午节

端午节,也叫端五节、端阳节、重五节,时间是每年的农历五月初五。这个节日的真正起源是古代华夏人对传说中的祖先——龙的祭礼活动。由于爱国诗人屈原死于这天,后来端午节的纪念活动又与屈原联系在一起。流传至今的端午习俗主要有龙舟竞渡。这是一项历史悠久的水上竞技运动,源于越王勾践时,当时每年举行盛大的图腾祭祀活动,在击鼓声中,划着龙形的独木舟在水上做竞渡的游戏,现在已成为重要的群众性娱乐项目。

端午节还要吃粽子,粽子又称角黍,汉代曾有“食过五月粽,寒衣收入柜,不食五月粽,寒衣不敢送”的民谚。可见粽子既是一种夏令食品,又是表示季节转换的节物。

五、中秋节

中秋节,也叫秋节,是宋代开始确立的传统节日。时间在每年的农历八月十五。按照中国历法,农历八月是秋季之中,而十五又是仲秋之中,故称“中秋”、“仲秋”。中秋时节正值桂花开放,清香四溢,加上十五月亮正圆,是“一年月色最明夜”,因此“花好月圆”是中秋节的一大特色。旧时人们爱于此时折桂枝放置卧室之中,香气令人心旷神怡。这天家家户户尽可能合家团圆,共度良宵。早在唐代就有饮酒对月、泛舟赏月、登台观月的活动,节日里还有祭月、赏月、拜月、吃月饼的习俗。

六、重阳节

重阳节，时间在每年的农历九月初九，又称“重九节”。古人把九列为阳数，两个九重叠，更视为吉利佳日。重阳节民间有登高的习俗，所以又称“登高节”。每年逢九月初九，人们为取吉利和避灾消祸、长寿不老，就有外出登高、插茱萸、赏菊、饮菊花酒、吃重阳糕的习俗。近年来，随着我国人口寿命的增长，老年人口数量迅速增加，政府已将重阳节确立为老人节。这天社会各界举行各类活动，以表示对老人的尊敬。

七、冬至节

冬至又叫“冬节”，是二十四节气之一，在每年的公历 12 月 22 日左右。冬至前，按民间习俗要吃“虎葱烧豆腐”。中医认为，入九以后是进补身体的大好机会，所以凡家中或亲朋挚友中有老人的，常在冬至前赠与补品。从这天起，开始交“九”。民间习俗，这天要吃饺子，以免冬天冻掉耳朵。民间以这天为吉日，家人团聚，祭祀祖先，过节庆贺。

八、花朝节

花朝节，又叫花节或花会，民间又叫“百花生日”，是赏花的节日，习俗多以赏红、吟诗、踏青等为主，俗传为阳历二月十二日，但也有地方定为二月二日或二月十五日。这天民俗用红纸或红布做成三角小旗，插在花盆里，或用红纸包裹花梗，以表示为花祝寿，贺花神，以祈百花繁盛，百果丰收。现在许多地方都在这一天举行大型花会或花市，展销各种花木盆景，热闹非凡。

九、夏至节

夏至节，也叫夏节，是夏季暑热的开始。按我国民间习俗，当天家家都要吃馄饨。另外无论男女老幼，都要称一下体重，据说，这样做，大人可消灾，小孩可预防夏季常见的无名低热。

十、中元节

中元节为农历七月十五，俗称鬼节。民间这一天要在家中举行纪念列祖列宗的仪式，在先人像前供列蔬菜水果，焚烧一炷清香，以表示祭祀和追念。有些地方还留有迷信色彩，这天还要烧化冥纸和燃放爆竹。

附录二 主要少数民族节日

一、开斋节

信奉伊斯兰教的回族、维吾尔族、哈萨克族等几个民族的盛大节日是开斋节。开斋节在阿拉伯语中的译音为“尔德－菲图尔”，中国的穆斯林俗称开斋节，新疆称“肉孜节”，即“斋戒”、“封斋”、“减食”。按照伊斯兰教义的规定，教历九月为斋月节。在斋月节里，凡成年穆斯林，从每日破晓到日落，整个白天无论怎样饥渴也不准饮水进食。日落后人们才可以自由吃喝。待斋月期满后，即伊斯兰教历十月一日就是开斋节。这天清晨穆斯林沐浴净身，纷纷到清真寺参加节日礼拜。人们身着节日服装，参加茶话会、联欢会、赛马、叼羊等活动，一般要持续三天。还要走亲访友，互致“撒拉木”，相互祝福、畅谈。各家各户都准备好精心制作的食品，如家家都炸“油香”，表示纪念和庆贺之意，有“白油香”、“肉油香”、“糖油香”等，以招待客人。整个节日内容非常丰富，气氛热烈。

二、藏历年

藏历年是藏族人民最盛大的节日。拉萨把藏历一月一日定为新年，也有的地方以十二月一日或十一月一日定为新年。

为了欢度藏历年，藏族人民一般提前一个月就开始准备年货，用酥油和白面做美味糕点，有酿制的青稞甜酒，还有供佛用的物品。除夕之夜，各家各户都在佛像前摆好供，全家围坐欢聚，共吃“糍粑”。新年初一，各家一般都避门自家欢聚，互不访问。从初二开始，亲朋好友互相拜年。比较亲近的朋友，还互相献哈达，以表示敬意。喝酒时，客人要用左手端杯，右手无名指蘸酒少许，向上弹酒三次。藏族的规矩为三口一杯，即客人每饮一杯，女主人倒满，喝三口后一饮而尽。否则主人会不高兴，认为客人不懂礼貌或看不起这家人。然后客人随意。如果一饮而尽则表示不再续饮。喝酥油茶时，主妇或其子女会来敬茶，要等主人捧到你面前时再接过去喝，这样才算不失礼。喝茶时要边喝边添，切不可一饮而尽放下碗就走，这会使主人不悦，藏谚有“一碗成仇”之说。

三、泼水节

泼水节是云南傣族人民的新年,时间是在公历4月12日至14日,为期三天。节日的第一天人们通常到江边观看龙舟竞赛。第二天为泼水日,是三天里最热闹的一天。上午10点左右,人们拿着盆桶纷纷涌上街头,开始泼水。无论男女老少,也不分亲友宾客,不同地方、不同民族的人都可以参加泼水。人们争相将水泼向对方,以相互洗尘祝福;谁被泼得多,表示他收到的祝福多,此人因此而感到体面、高兴。节日的第三天,要数"丢包"活动最有趣,也是青年男女最喜欢的活动。丢包时姑娘和小伙子们各站在一边,姑娘们往往将包投向自己喜爱的小伙子,每丢一次就带来一片欢声笑语,伴随着笑声,爱情的种子已经深深地埋在了对方心中。

四、三月三

三月三是壮族人民举办歌节的日子。歌节进行三天,有成千上万的人参加,从早到晚歌声如潮,此起彼伏,处处都是欢声笑语。青年男女要准备好崭新的传统服饰和彩球,兴高采烈地对唱山歌,选择意中人。传统节目还有盛大的歌节游行,节日那天,人们组成浩浩荡荡的游行队伍,以龙狮队、绒狮队或高跷队为前导,载歌载舞向歌节活动的中心广场进发;抛彩球是必不可少的,是一项民族色彩浓郁的体育活动;抢花炮已经是一项普遍的体育活动,被誉为"中国式的橄榄球";男女对歌场面有大有小,内容丰富,形式生动活泼。

五、三月街

三月街是云南大理白族的传统节日和物资交流大会。每年的农历三月十五至三月二十日,大理的街上人山人海,商品荟萃,汉、藏、傣、侗等各族人民也会来参加这个盛会,购买自己需要的各种商品。节日期间还举行赛马、射箭、球赛、棋赛、唱歌、跳舞等各种文化娱乐和体育活动。商品琳琅满目,有大理石制品、剑川木器,还有腾冲的玉器、永胜的瓷器等。三月街一般举办五至七天,是一个文化娱乐的大集会。

六、苗年

苗年,苗语称"朗卯",是苗族人最隆重、民族色彩浓郁的传统节日。由于苗族居住地区广泛，苗年没有统一固定的日期，一般选择在稻谷进仓、麦种落地后的农历十月至十二月间。过年的时间虽不一致，但日子必须是逢单，最长的过十三天。在苗族人比较集中的地区，往往几个寨子联合起来过年；各寨子依次接着过年。苗族年节之前，家家户户都忙碌着烧酒、杀鸡、捉鱼、打糍粑等。

节日的第一天早上，人们在家摆好酒饭，先以简单的仪式祭祀祖宗，然后全家美餐一顿，开怀畅饮，以庆贺丰收。

节日期间，有斗牛、赛马、走寨、坐妹、对歌等丰富多彩的活动。

节日的最后一天叫"剎搁年"，是来人最多、最热闹的一天。欢乐的人们身着新装、吹着芦笙、唱着歌到寨外的草坪观看最富特色的活动——斗牛。当一名有威望的老人把葫芦酒撒在斗牛场上宣布开始时，两条肥牛被蒙上眼罩，牵上场来。两牛相遇，勇士迅速把眼罩取下，两头牛便猛斗起来。这时观众欢呼雀跃，呐喊助兴。经过几个回合，方见胜负。裁判给获胜的"牛王"披红挂彩，好不威风。

到了傍晚，男女青年便开始进行传统的社交活动——游方。开始时由一群男青年到村寨里唱游方歌、吹木叶。女青年听到后便相约而至。他们在歌声中表达爱慕之情，之后一对对情投意合者单独相会。

"走寨"即拜年，是苗族具有民族特色的文娱活动。由二三十个穿着艳丽民族服装的男女青年组成芦笙踩堂队，在几位老人的带领下，每到一寨，就在芦笙坪上跳芦笙舞。舞罢，观众齐声高呼"务啊务啊"(即是好啊好啊的意思)，表示热烈欢迎。随后分别请客人到家里做客。

苗族人还喜欢在节日期间举行婚礼，这是喜上加喜。

七、那达慕大会

每年七八月，蒙古族居住的地方会举行传统盛会——"那达慕"大会。"那达慕"在蒙古语中是"娱乐"、"游戏"的意思，源于传统的摔跤、射箭和赛马三项游戏。历史上，"那达慕"受喇嘛教影响，特别是庙会、祭敖包等"那达慕"，成为传播宗教的场所。解放后的"那达慕"仍然沿用了传统的民族形式，但是融入了许多新的内容，如下棋、田径、拔河、篮球赛等，使传统的"那达慕"更加丰富多彩，蒙古族男女老少穿着节日盛装，满怀丰收的喜悦，奔向会场。

蒙古人特别喜欢摔跤，男孩从五六岁起就开始练习骑马、射箭、摔跤。

正式摔跤比赛重视礼仪，讲究礼貌。先由歌手用蒙古族长调唱一段歌曲，然后着传统服装的运动员从两边跳跃着出场。摔跤手每获得一次冠军，就在胸前挂上一条彩色布条。

赛马是“那达慕”大会最吸引人的项目。骑手们依次排开，腰扎彩带，头缠彩巾。号角长鸣，骑手们便纷纷飞身上鞍，如箭矢齐发。

八、古尔邦节

“古尔邦”，阿拉伯语意为“牺牲、献身”，汉译为“宰牲节”。相传北部阿拉伯人始祖易卜拉欣一天晚上梦见真主安拉，命他宰杀自己的儿子，以考验其对安拉的忠诚程度。当易卜拉欣遵命举刀宰杀自己儿子的一瞬间，安拉派特使送来绵羊一只，命易卜拉欣宰羊代替献子。此后，在阿拉伯人中形成了每年宰牲献祭的习俗，伊斯兰教根据此传说规定每年教历十二月十日为“古尔邦”节。这一天，穆斯林要沐浴熏香，严整衣冠，汇集到清真寺举行集会，以示纪念。回族群众要宰杀鸡、鸭、鹅或牛、羊等接待宾客或分送朋友。

九、望果节

“望果节”是藏族人民庆祝农业丰收的传统节日。按藏语，“望”是田地，“果”是转圈。从字面讲，“望果”就是转地头的意思。望果节没有固定的日子，一般在谷物成熟之际的七月举行。时间持续3天至5天。

节日的早上，藏族同胞穿着鲜艳的服装，带着青稞酒、酥油茶和油炸饼，扶老携幼奔向旷野。他们搭起五颜六色的帐篷、帷幕，在草坪上铺开美丽的卡垫、地毯。一张张漆桌上摆满糕点、糖食等食物，垫子上放着六弦琴、收音机等。座座帐篷都是酒茶飘香，笑语不绝，人们畅述友情，预祝丰收。中午，26匹骏马披红挂绿，骑手们头系红绸，腰系彩带，足登长筒马靴，手持红绸的青稞穗和蚕豆角等象征丰收的实物，围绕着一派丰收景象的田地举行“望果”仪式。紧接着，人们抬着用青稞、麦穗搭成的丰收塔，有的还背着经卷，敲锣打鼓地围着田地转圈。随着舞姿的摆动，小伙子们头上的毡帽、腰间的佩刀、脚上的马靴在不停地晃动。姑娘们身着五光十色的珠宝和饰物，舞蹈歌唱，舞圈越跳越大，歌声此起彼伏，直至深夜。

十、火把节

每年农历六月二十四日到二十六日的火把节，是云南彝、白、纳西等族的盛大节日。关于火把节的来源,各族人民有着不同的传说。纳西族的传说是:玉皇大帝在天上看见天下山青绿水、牛羊肥壮,非常生气,命一员天将去烧毁人间。天将到了人间,看到这里的一切都是由劳动人民流汗创造的,不忍心焚烧。玉皇大帝发现后,将那员大将斩首。六月的一天,天上滴下一滴鲜血,到地上变成了一个娃娃,哭泣着告诉人们,玉皇大帝今晚要把人间烧焚,只有点燃火把,连烧三天,迷惑玉皇大帝的眼睛,才能渡过这场灾难。以后为了纪念那位拯救人民的天将,就有了火把节。

火把节的第一天,男女青年穿着节日的盛装,到野外对歌谈情,采摘各种野花、野果。成年人选择又好又长的松树,劈成细条,中间夹上易燃的松明子,捆扎成火把。太阳落山,村寨里便响起一片锣鼓声。各族青年高举着熊熊燃烧的松枝,来回奔驰在田野里。村寨里的大型火把这时也燃烧起来了,火把把村寨照得如同白昼。全村的人们兴高采烈地走出家门,围坐在大火把周围,喜气洋洋地谈论着这一年的风调雨顺、五谷丰登。

第二天,亲戚朋友互相拜访,一些妇女回娘家探亲,青年男女到野外会餐,成年人又准备晚上的火把。

第三天是火把节的高潮,人们举行摔跤、斗牛、射箭等活动。到了晚上,大家聚集在村头、寨边或广场,燃起千百支火把举行篝火晚会。青年男子吹起激扬的笛子,弹起动听的月琴;姑娘们跳起优美的舞蹈,欢乐地拍着手掌。半夜,人们举着火把汇成一条火龙,在田间、山野奔跑,表示驱除虫害邪恶,以求幸福昌盛。火光照亮山川,照亮村寨,直到天亮。

附录三
西方国家主要节日

一、情人节

每年的2月14日，是欧洲、美洲和大洋洲许多国家的情人节。情人节是一个表白感情的甜蜜的节日，特别受到青年人的重视。

西方把情人节又叫做“瓦伦丁节”。据传说，公元3世纪的时候，古罗马帝国有一位虔诚的基督徒名叫瓦伦丁。他由于带头反抗罗马统治者对基督教信徒的疯狂迫害而被捕入狱。幸运的是，瓦伦丁在监狱中受到了典狱长之女的精心照料，并且同她相爱。然而爱情未能拯救瓦伦丁的生命，他仍于公元270年被残暴的罗马统治者判处死刑，于2月14日执行。从此之后，基督徒们为了纪念瓦伦丁这位殉教者，便将瓦伦丁被处死之日定为“瓦伦丁节”。

虽然情人节的来历是一个令人伤感的故事，但是民间在欢度这一节日时所注重的却是创造出一种美丽、浪漫、甜蜜的气氛，借以表达对爱情的赞美和对情人的祝福，所以，青年人特别喜欢选择情人节这一天向自己所爱慕的人表明自己的心意。

在情人节，沉浸在爱情之中的人们要互赠礼物。最常见的礼物有：巧克力、精巧的小饰物和郁金香花束，前两种东西以做成“心”的形状最受欢迎。这一天情侣们还喜欢参加舞会或进行效游。

需要提到的是，情人节不仅仅是属于情侣们的。任何年龄的人都可以在这一天向自己的父母、尊长和朋友们表达自己的情意，并互赠礼物。

二、复活节

复活节亦称主复活节，它是基督教用以纪念耶稣复活的一个宗教节日，但已经被世俗化了。复活节的日期是每年春分(3月21日或22日)月圆后的第一个星期日。

传说耶稣受难后的第三天清早，他的信徒们发现耶稣坟墓的墓门大开，耶稣的尸体不见了，只剩下裹尸布堆在那里。信徒们以为有人把耶稣的尸体挪走了，便哭了起来。这时天使显灵说：耶稣已经复活了。当晚，门徒们聚集在一间屋子里,因为害怕犹太人的迫害,所以把门关得紧紧的。忽然,耶稣出现在他们面前。门徒们一见耶稣真的复活了,立即转忧为喜。耶稣对他们说:“我从前告诉过你们的话应验了,基督必受害,第三日从死里复活,并且人要奉他的名,传悔改赦罪的道,你们就是这事的见证。天上地下所有的权柄都赐给我了。你们要去使万民作我的门徒,奉父、子、圣灵的名给他们施洗。凡我所吩咐你们的,都教导他们遵守,我就常与你们同在,直到世界的末日。”

后来,基督教教会就把这一天定为复活节,又称主日。至此,基督教信徒不再像犹太教信徒们那样守安息日,而改守主日,这就是现在的礼拜日。公元 32 年,尼西亚大公会议规定每年春分月圆后的第一个主日为复活节。

复活节是仅次于圣诞节的基督教第二大节日。每逢复活节来临,教会都要举行隆重的纪念礼拜。信徒们相见,第一句话就是“主复活了!”复活节期间,人们经常相互赠送复活节彩蛋,它由鸡蛋涂上各种颜色而成。在古代,鸡蛋象征着生命,并被视为耶稣复活的坟墓。西方还有复活节小兔一说。兔子是繁殖力最强的动物,所以被人们选作生命的象征。时至今日,孩子们过复活节依然少不了吃兔子糖和讲述各种有关兔子的故事。

现在,西方各国在复活节时大都举行传统的游行活动。美国的游行队伍是化了装的,其中最受人们喜爱的是卡通人物米老鼠和唐老鸭。其他国家的游行队伍也都各具民族特色。复活节晚上,各家都要举行复活晚宴。晚宴上的传统主菜是羊肉和熏火腿。用羊祭祀是基督教信徒千百年来的传统,而猪则一直象征着幸运。

三、愚人节

每年 4 月 1 日是西方国家的愚人节,这是一个已有 800 年历史的民间传统节日,欧美各国的人民都非常喜欢这一节日。在愚人节这一天,人们可以随心所欲地说谎和造谣。谁的谎言别出心裁,新奇而刺激,谁的谎言欺骗的人最多,谁就最受欢迎。这时差不多什么玩笑都可以开,搞什么样的恶作剧都不过分。谁都可以被愚弄或欺骗,而且被愚弄、被欺骗的人只许苦笑,不许发火。

根据历史的记载,愚人节的发源地是法国。法国人将愚人节的受骗者叫做“四月的鱼”,意思是他们像小鱼一样容易上钩。一直到 17 世纪末期,英国人才开始过愚人节。随后这个节日流传到了世界各地。

利用愚人节为大家增添一些生活乐趣，这不是坏事。不过过愚人节总得有一个分寸，至少是不能拿国家大事和有损于他人人格的事开玩笑。

四、母亲节

母亲节和父亲节是美国法定的节日。这两个节日意在告诫人们毋忘双亲的养育之恩，并且要用行动去表达对双亲的尊敬和感谢。

美国的母亲节和父亲节不在同一天，它们被确定的时间也是有先有后的。

1906年，美国的安娜·贾维丝小姐在她的母亲去世之后，首先提出了设立母亲节的设想。她为之四处奔走，终于在其家乡举行了世界上第一次母亲节庆祝活动。但她并不因此而满足，反而分别致信国会、政府和新闻界，呼吁在美国设立全国性的母亲节。在她的努力之下，美国国会终于在1914年通过决议，将每年5月的第二个星期天确定为母亲节，以表示对所有母亲的崇敬和感谢。

母亲节这一天，按照传统是全家人团聚并且让母亲从家务中解放出来的日子。当日，父亲们要负责做家务和照料孩子，以便使妻子好好休息一整天。孩子们则不准贪睡，一大早就要爬起来去为妈妈做上一顿早餐。正餐要全家一起到外面去吃。

在母亲节，人们要向自己的母亲赠送表达自己心意的礼品，其中鲜花是最受欢迎的。当天不能赶回家当面向母亲祝贺节日的人，通常要打电话向母亲致意。

五、父亲节

1909年，美国的布鲁斯·多德夫人在庆祝母亲节时忽然想到：既然有一个母亲节，为什么不能有一个父亲节呢？幼年丧母、由慈父一手抚养成人的多德夫人在拉斯马斯博士的支持下，致信州政府，建议设立父亲节，并提议把父亲节定在6月5日。这一天是多德夫人父亲的生日。

州政府基本上采纳了她的建议，正式确定为每年6月的第三个星期日为父亲节，并于次年起庆祝这一节日。此后美国其他的一些州也陆续开始庆祝父亲节。

然而父亲节真正成为美国国会确认的全国性节日，要比母亲节晚近60年。直到1972年，在社会各方的强烈要求下，尼克松总统才正式签署了国会关于父亲节的决议,使得这一节日得到法律的确认。

根据多德夫人的建议,人们在父亲节要佩戴鲜花以表达对父亲的敬意。如果父亲健在,应当佩戴白玫瑰。目前美国各州选定的向父亲表示敬意的鲜花是不尽相同的,如宾夕法尼亚选定的是蒲公英。受西方文化的影响,许多海外华人都讲究过母亲节和父亲节,我们必须对此有所了解。

六、感恩节

感恩节是北美独有的节日。每年 11 月的第 4 个星期四是美国人的感恩节,加拿大的感恩节则定在 10 月的第 2 个星期一。

感恩节起源于北美的普利茅斯。1620 年 9 月,英国清教徒男女老幼共 102 人,为了摆脱宗教与政治上的迫害,乘坐“五月花”号木船,经过 65 天艰难的海上漂泊来到美国马萨诸塞州的普利茅斯。由于严寒、疾病和缺衣少食,第一个冬天便夺走了半数以上人的生命。当地纯朴的印第安人很同情他们,送给他们食物、工具,并教给他们狩猎、种植玉米、荞麦以及捕鱼、盖房等技法。

移民们经过辛勤劳动,终于在第二年获得了可喜的丰收,闯过了生活的难关。为了感谢上帝赐予的收获和增进同印第安人的友谊,他们用火鸡、玉米、南瓜、红薯、果品等劳动成果制成佳肴,自制啤酒,大摆筵席。当时,印第安人也带着鹿和火鸡应邀前来助兴,一连欢庆了三天。白天设宴,举行赛跑、摔跤、射箭等体育活动;夜晚则燃起篝火,载歌载舞。如此年复一年,便形成了感恩节。

1863 年,林肯总统在白宫宣布 11 月的最后一个星期四为全国的感恩节,并号召美国人民不分东西南北,共同为美国的繁荣作出贡献。从此,感恩节成为美国的传统节日之一。

每年的感恩节,总统和各州长都要发表献词,一些大城市举行花车游行。全国放假三天,家人团圆,朋友相聚。感恩节期间的晚餐异常丰富,其中传统食品是南瓜馅饼和烤火鸡,所以感恩节又名火鸡节。

火鸡的烹制方法是将火鸡肚内填满核桃仁、玉米渣、香肠、洋葱、葡萄干碎末拌成的馅,然后刷上油,用火烤。烤成后的火鸡内嫩外酥,味美可口,香气扑鼻。

不过,1979 年普利茅斯的印第安人在感恩节那天不是吃火鸡,而是以绝食来抗议白人对他们的忘恩负义。

七、狂欢节

世界上，不少国家都有狂欢节。它起源于古罗马的农神节，发展于中世纪，盛行于当代。狂欢节的节期各国不一，有的开始于元旦，有的开始于圣诞节或其他日子。即使在同一个国家，各个地区可能也不一样。大多数国家在每年2～3月份气候宜人之时举行。德国的科隆是在11月11日11时11分欢庆狂欢节的到来，而慕尼黑则是在1月6日开始过狂欢节。狂欢节是大多数欧美国家民族送旧迎新、抒发对自由和幸福向往的重要节日。

在世界所有狂欢节中，巴西狂欢节最为引人注目，巴西也历来被誉为"狂欢节之乡"。巴西狂欢节是16世纪中叶由葡萄牙人传入的，在每年2月中下旬举行。在节日的三天三夜里，人们倾城而出，不管白天黑夜，不管男女老幼，不拘平时礼节，没大没小地尽情狂欢。有的戴面具，有的穿着古装，有的画着花脸，也有的男扮女装，穿旱冰鞋，踩高跷，以乐队为先导，在乐曲伴奏下表演各种精彩节目。台上台下气氛交融，欢歌笑语不绝于耳。尤其是桑巴舞的旋律，更是响彻了大街小巷。

相传桑巴舞起源于非洲西海岸，传入巴西后吸收了葡萄牙和印第安人的舞蹈艺术，演变为今日的桑巴舞。可以说，狂欢节的主要内容就是跳桑巴舞。

桑巴舞节奏明快，动作激烈。当你在狂欢节期间看到巴西人跳舞时，你就会觉得跳舞者的每一块肌肉似乎都在随紧张的旋律和节奏而抖动，并且是那样的如醉如痴。尤其是众多来自桑巴学校、桑巴俱乐部的桑巴舞高手们，更是标新立异，出手不凡，争芳斗艳，不断博得震耳欲聋的掌声和欢呼声。许多观众也情绪激昂，随着节奏舞起来，顿时台上台下融为一体，人人都沉浸在这狂欢的气氛中。

"没有桑巴舞，就没有狂欢节"。几乎所有的巴西人都这样认为。每年为了庆祝狂欢节，各个桑巴学校或俱乐部提前半年便开始准备节目。自编、自制有自己特色的舞蹈和服装等，而且互相保密，以便一鸣惊人。这些节目大都来自民间，根据神话故事、民间传说、历史和现实生活创造出来。对光明和正义大力颂扬，对邪恶和时弊进行讽刺和鞭笞，体现了人民爱憎分明的感情。表演者各显身手，风韵独具，而且台上台下互相响应，置身于这样的场面，让人怎能不激动，怎能不对桑巴艺术留下深刻的印象呢？也难怪巴西的狂欢节被称为"地球上最伟大的表演"。

正因为多年来狂欢节在巴西有其独特风格,并保留了巴西人民优良的传统,所以巴西人民视它为宝贵的民族财富,爱护它,珍惜它,并为它而感到骄傲。同时,巴西的狂欢节也吸引着世界各地的人们。

八、圣诞节

圣诞节本是基督教用以纪念耶稣基督诞辰的一个宗教节日,但是随着基督教势力的扩展和西方文化传播的影响,它已经成为一个世界性的民间节日。它的节期延续很长,通常为12月24日至次年1月6日。在许多国家和地区,包括我国港澳地区,圣诞节都是例行假日。

西方人以红、绿、白三色为圣诞色,每逢圣诞节来临,家家户户都要用圣诞色来装饰。红色的有圣诞花和圣诞蜡烛。圣诞花即一品红,它被西方人用来象征圣诞节令。圣诞蜡烛不同于普通蜡烛,它五色俱全,精致小巧。过圣诞节时,家家都要点燃它。绿色的是圣诞树,它是圣诞节的主要装饰品,用砍伐来的杉、柏一类呈塔形的常青树装饰而成。上面悬挂着五颜六色的彩灯、礼物和纸花,还点燃着圣诞蜡烛。圣诞花环是由圣诞树演变而成的室内装饰物,它用松、杉、柏一类常青树的枝条扎成圆形,放上几颗松果,再配上红缎带就做成了。

红色与白色是圣诞老人的颜色,他是圣诞节活动中最受欢迎的人物。圣诞老人名叫圣·克劳斯,传说他白须红袍,每到圣诞夜,便从北方驾鹿橇而来。他身背大红包袱,脚蹬大皮靴,通过每家的烟囱进入室内分送礼物。因此西方儿童在圣诞夜临睡之前,要在壁炉前或枕头旁放上一只袜子,等候圣诞老人在他们入睡后把礼物放在袜子内。在西方,扮演圣诞老人也是一种习俗。

圣诞节前后,大多数西方国家正值严冬,洁白美丽的雪花使圣诞节富有诗意。然而地处南半球的澳大利亚和新西兰此刻恰恰是烈日当空。由于天热,他们的节日活动极少狂欢,而是走亲访友,融洽感情。他们的圣诞食品口味以清凉为主,各种冷盘、沙拉和水果最受欢迎。

传说耶稣是夜里诞生的,因此12月24日之夜被称作圣诞夜。圣诞节庆祝活动自此夜开始,而以半夜为高潮。这一夜,基督教教堂里灯火通明,举行纪念耶稣诞生的半夜弥撒。在圣诞夜里,人们会唱起圣诞歌,圣诞歌很多,以《平安夜》最为著名。

西方人在圣诞夜全家要聚餐一次,餐桌上将出现火鸡、羊羔肉、葡萄干、布丁和水果饼。其中火鸡被称为圣诞鸡，是圣诞大餐中必备的。英美人讲究圣诞之夜吃火鸡，德国人则习惯吃烤鹅。

西方人在圣诞节相见时，要互道“圣诞快乐！”英国人在这天一大早就要通过窗户向邻人或朋友们高呼这一句话。

附录四 礼仪实例

实例 1

六尺巷的故事

清朝时,在安徽桐城有个著名的家族,父子两代为相,权势显赫,这就是张家张英、张廷玉父子。清康熙年间,张英在朝廷当文华殿大学士、礼部尚书。老家桐城的老宅与吴家为邻,两家府邸之间有个空地,供双方来往交通使用。后来邻居吴家建房,要占用这个通道,张家不同意,双方将官司打倒县衙门。县官考虑纠纷双方都是官位显赫、名门望族,不敢轻易了断。在这期间,张家人写了一封信给在京城当宰相的张英,要求张英出面,干涉此事。张英收到信件后,给家里回信中写了四句话:

千里来书只为墙,
让他三尺又何妨?
万里长城今犹在,
不见当年秦始皇。

家人阅罢,明白其中意思,主动让出三尺空地。吴家见状,深受感动,也主动让出三尺房基地,就形成了六尺宽的巷道,成了有名的六尺巷。这条"六尺巷"就成了互谅互让之美德的象征。

实例 2

谦让帮你成功

古人言:"劳谦虚己,则附之者众;骄慢倨傲,则去之者多。"在社会中,我们要想与他人成功交际,需要具备很多要素,其中谦和、谦虚、谦让是必不可少的。

2008 年美国总统大选如火如荼地进行,两大党派针锋相对,奥巴马和麦凯恩被推到政治风口浪尖。当两人为竞选争论得热火朝天时,有人却处心积虑要找出能让奥巴马颜面扫地的把柄。可奥巴马在生活中一向谦让有礼,工作上公正称职,大家都信服他,没人肯站出来戳他脊梁骨。于是,这些人只能在奥巴马的一次违章停车上大做文章,指责他不奉公守法,根本不配当美国总统。

曾获诺贝尔奖的贝克教授站出来说:"在多数情形下,人们犯规甚至犯法,并不是因为当事人很坏。相反,完全是理性选择的结果。"贝克用自己的权威发言为奥巴马解了围,奥巴马感到很意外,因为他完全不认识贝克。

随后,贝克又告诉媒体:奥巴马曾去纽约主持一个会议,因塞车眼看就要迟到,和他一起到达停车场的是为老人,他们几乎看到了这个唯一的车位。老人说:"年轻人,你的工作更重要,你先停吧。"奥巴马将车退出来说:"我没有什么重要事情,还是您先吧。"为了开会不迟到,奥巴马就只有将车停在外面接受罚单。这位老人就是贝克教授。

把自己放低点,退一步海阔天空,吃亏有时就是占便宜,赢得的是比时间和金钱更重要的人际感情。若奥巴马当初自负地认为自己的事情才是最重要的,去与贝克争夺车位,那他永远也得不到贝克教授的声援。可见,乐于谦让的品质对于一个人的事业成功是多么的重要啊。

实例 3

尊重带来的机遇

小王是一位师范学校中文专业毕业生,读大四时就考了教师资格证。毕业后在一家外贸公司做文员,一年后升任总经理秘书,但是他渐渐地发现自己不适合做行政工作,对终日沉浸在文山会海中感到有些厌倦,原有的工作激情也在一点点消退。他认为自己还是比较适合做教师。

一天,小王向总经理提出辞职,总经理有些意外,问其辞职的原因,小王如实回答,他劝了小王几句,见小王去意坚决,沉默了一会儿,又问道:"那你找好工作单位了吗?是本市的哪所学校?"小王笑着说:"我今天刚向您提出辞职,哪有时间联系工作单位呢?最重要的是,我必须先得到您的许可,才会辞职,也才能开始找工作。这是对您的起码的尊重。当然,如果您需要,我还可以再干几个月,直到您找到新的秘书为止。"陈总有些诧异:"你是说,你一直没有找工作?""没有"。

总经理笑了，摇摇头："没想到，真没想到，之前咱们公司几个辞职的，可都是先找到'下家'才走人的。你能做到这一点可真不容易！这样吧，我也不强留你，你再帮我一个月，怎么样？""行"小王痛快地回答。

一个月时间很快就过去了。这天中午，小王把最后一项工作转交给新来的秘书，想到即将重新加入求职大军，茫然之余，也感到一丝恐惧。这时，总经理给小王打电话，叫小王去公司附近的一家饭店，小王想一定是总经理为他送行，心里暖洋洋的。在饭店的包间，小王意外发现还有一位中年男子在座。原来是总经理大学的同学、本市最好的一所私立中学的校长。总经理笑着对小王说："你不是要当老师吗？今天可要在刘校长面前好好表现，我今天特地向他推荐你！"小王又惊又喜，心想："像我这样没有教学经验的本科生，想去当老师可不容易，总经理怎么这么照顾我。"一周后，小王通过了学校的笔试、面试和试讲，单等着签约了。这天，总经理给小王打来电话，闲聊了几句后，小王忍不住说出了自己的疑惑，程总半开玩笑地说："人家尊重我，我总得有所回报吧？我这个人可不想欠人家的情啊！"听完小王也笑了。

放下电话，小王想了很多。有时候，全心全意地尊重别人、帮助别人，即使你不求回报，回报也会不期而至。

实例 4

爱的传承

一位来自山区的男青年要去南方上自己梦寐以求的大学。车厢里非常闷热，男青年口渴难耐。当乘务员推着销售车来到身边时，他望着读高中时只有有钱的同学才喝得起的健力宝犹豫再三，终于从衣兜里摸出一张皱巴巴的五元钱递了过去。健力宝拿在手中了，可如何开启？他尝试了好几次，都没有成功。正当一筹莫展之际，坐在对面的中年妇女对儿子说："童童，快把健力宝给妈妈！"小男孩说："妈妈，你刚喝过水，怎么又渴了？""快！听话！"小男孩把健力宝递给了妈妈。中年妇女眼睛盯着拉环，余光注视着男青年，只听"嘭"的一声，健力宝打开了。随之，车厢里又传出"嘭"的一声，妇女微微一笑，只喝了一小口，便把健力宝放在茶几上，显然她并不渴。

男青年在心里默默感激着：生活在这个世界上，有人关心着，有人爱着，毕竟是美好的，即使这种关爱来自陌生人。

后来,男青年成了一名教师。他班上有一个可爱的小女孩,因为身患肿瘤而进行化疗,美丽的头发全掉光了,每天顶着光秃秃的脑袋去上学。这对小女孩来说,无疑是太残酷了。

于是他热情而郑重地宣布:"从下周一开始,我们要学习认识各种各样的帽子。所有的同学都要戴着自己喜欢的帽子到学校来,越新奇越好!"

周一到了。小女孩正为自己戴了一顶帽子而犹豫时,却发现老师和同学都戴着帽子。和他们五花八门的帽子比起来,自己显得那样普普通通,几乎没有引起任何人的注意。她轻松地笑了,笑得那样甜、那样美。

爱是可以传承的。男青年把当年乘车时获得的小小关爱,传承到了社会的角角落落,给整个世界带来了无限的温馨。

实例 5

袁隆平的幽默

1980 年 5 月 9 日,我国杂交水稻专家袁隆平一行三人应美国圆环种子公司总经理威尔其的邀请乘飞机抵达洛杉矶赴美考察。当专家组三人走下飞机舷梯时,恭候已久的威尔其满面笑容地迎了上来。但是威尔其并不认识袁隆平,竟错把手拎皮包、文质彬彬的农科院副研究员陈一吾当成袁隆平了。陈一吾连忙推过袁隆平,用流利的英语介绍说:"这位才是首席专家袁先生,我们两人是他的助手。"

在迎接贵宾的公众场合,认错人是十分失礼和尴尬的事,威尔其满脸通红,连忙道歉。袁隆平急中生智,主动接过话茬,微笑着说:"谢谢您的热情迎接,威尔其先生。您认错人是完全可以理解的,因为连许多中国人都会把我认错,更别说美国人了。我是一名水稻专家,常年在田间试验,所以浑身上下都染上了不少中国农民的色调。他们都知道,我还有一个绰号,叫作'刚果布',也就是'非洲黑人'的意思,您说这多有趣?"

"您真了不起,袁先生,一认清您,我就能想象出您的伟大成就是怎样取得的了……"威尔其钦佩地说。

实例 6

理发师的批评

日本的著名企业家松下幸之助从前不修边幅，企业也不注重形象，因此企业发展缓慢。一天理发时，理发师不客气地批评他不注重仪表，说："你是公司的代表，却这样不注重衣冠，别人会怎么想，连人都这样邋遢，他的公司会好吗？"从此松下幸之助一改过去的习惯，开始注意自己在公众面前的仪表仪态，生意也随之兴旺起来，现在，松下电器的产品种类享誉世界，与松下幸之助长期率先垂范，要求员工懂礼貌、讲礼节是分不开的。

实例 7

2008 奥运，中国外交的"礼宾战役"

一位外交界老前辈曾说过："外交是国家的人格行为，礼仪是外交的敏感表情。"谈及成功的礼宾案例，应首推北京奥运会。

在被现场直播的欢迎宴会上，习惯用左手的国际贵宾们就坐时发现，他们的餐刀没有一把是放在右手的；考虑到不同民族不同地区的饮食习惯需求，宴会一共提供了 6 种个性化菜单；为了国际贵宾们看到自己熟悉的语言，胡主席的讲话稿被印成了 15 种文字……。

奥运会这样的国际场合同时也是一个展示中国传统文化的场所。宴会前，在贵宾们休息的人民大会堂西大厅里，摆放了从国家博物馆等地借调来的 8 件文物，配有中、英、法三种文字的说明。欢迎宴会的请柬、菜单、席位图、座位卡、讲话稿设计新颖，系列配套，集美观、实用为一体。请柬是以《清明上河图》为背景，竖版排列，菜单则采用线装书形式，里面配有精美的文物插图，深受来宾喜爱，大家争相收藏。

作为奥运会的一个隆重开场，很重要的方面是通过媒体进行展示。实际上，胡主席与国际贵宾们走进宴会厅的那张照片，也是经过精心设计的。

最初的设想是中方联络员陪同各自负责的贵宾走上楼梯，进入宴会厅并引领入座，但众多联络员掺杂在中间，必将影响到镜头的效果。经过反复设计演练，较好地兼顾了现场各项安排。于是，第二天，定格的镜头就成了那精彩的历史瞬间。

此次的欢迎宴会,桌形设计和席次安排也独具匠心。宴会的桌形设计本有九边形、大U形、花瓣形、九圆桌等方案。起先采用了九个长桌拼成九边形的设计,新颖、大气。可是距离奥运会开幕式不到一周的第二次演练中发现,此方案各对应桌间距较远,产生距离感,美中不足。于是宴会筹备人员连夜加班,将桌形改了九圆桌—— 既拉近了距离,又体现了“九九归一”,“团团圆圆”的中国传统思想。

在座次安排上,即遵循奥运惯例,又体现中国特色。首桌突出了奥运大家庭,不仅有重要国家而且兼顾了地区代表性,请胡主席夫妇与罗格、萨马兰奇和美国、俄罗斯、日本、法国、哈萨克斯坦、巴西、菲律宾、加蓬、巴基斯坦等国领导人就座。其他八桌请另外八位政治局常委分别作为主人,款待来自八方的贵宾。

“座次的安排可以说是数十易其稿,改了不知多少回”负责宴会准备工作的同志介绍,既要考虑礼宾次序,,也要考虑国家关系和宗教信仰等因素,避免敏感国家同桌或相邻。为了体现平等性,每张桌子都以花卉的名字来命名,而非采用数字排序。宴会乐曲的选择也是兼顾了中国特色和世界各地区的代表性。

与欢迎宴会类似,8 月 8 日晚间的奥运会开幕式同样是一项巨大的系统工程。

国家体育场鸟巢三层的核心贵宾区面积有限,通道狭窄。入场时,各国元首和政府首脑的随行人员不能进入,无法引领各自政要入座。这种情况下如何保证客人们能在规定的时间就座?礼宾司想了一个办法,在座位上贴国旗与国名,每个通道上安排 3 个工作人员协助指位。退场时,一个局促的空间内数百人都要通过一部手扶电梯下楼,同样容易出现拥堵和混乱。经过演练,礼宾司在协调会上积极建议,退场分批次,外方先走,中方后走,由此保证了“流程”的通畅。

参考文献

[1] 李荣建.礼仪训练.武汉:华中科技大学出版社,1999.(10)

[2] 李树青等.大学生公关礼仪.北京:中国物价出版社,2001.5

[3] 田晓娜.礼仪全书.西宁:青海人民出版社,2002.9

[4] 李莉.实用礼仪教程.北京:中国人民大学出版社,2003

[5] 周芙蓉.礼仪教程.北京:中国长安出版社,2003.8

[6] 王茜.跟我学礼仪.北京:中国言实出版社,2004.6

[7] 张文菲.青年礼仪教程.北京:中国商业出版社,2005.3

[8] 金正昆.大学生礼仪.中国人民大学出版社,2007.3

[9] 王立新、郑宪明、王文礼、陈莉.大学生素质教育概论.北京:科学出版社,2007.

[10] 车彤、罗小涛.大学生礼仪常识.西安交通大学出版社,2008.5

[11] 刘军.演讲与口才,2004 年第 10 期

[12] 王珂.演讲与口才,2009 年第 2 期

[13] 刘军.演讲与口才,2009 年第 3 期

图书在版编目（CIP）数据

大学生礼仪/徐晓霞主编．—济南：山东人民出版社，2011.10重印

ISBN 978-7-209-05209-2

Ⅰ.①大… Ⅱ.①徐… Ⅲ.①大学生—礼仪—医学院校—教材 Ⅳ.①G645.5

中国版本图书馆CIP数据核字(2010)第022505号

责任编辑:袁丽娟　王　晶

封面设计:武　斌

大学生礼仪

徐晓霞　主编

山东出版集团

山东人民出版社出版发行

社　址:济南市经九路胜利大街39号　邮　编:250001

网　址:http://www.sd-book.com.cn

发行部:(0531)82098027 82098028

新华书店经销

山东临沂新华印刷物流集团有限责任公司印装

规　格　16开(169mm×239mm)

印　张　15.75

字　数　230千字　插　页2

版　次　2010年2月第1版

印　次　2011年10月第3次

ISBN 978-7-209-05209-2

定　价　25.00元

如有印装质量问题,请与印刷单位联系调换。电话:(0539)2925659